現代ヨーロッパの安全保障

ポスト2014：パワーバランスの構図を読む

広瀬佳一 編著

JN206214

ミネルヴァ書房

はしがき

　冷戦の終焉はヨーロッパの安全保障にとって大きな転換点となった。冷戦期の米ソ2極構造のもとでは西ヨーロッパ防衛はアメリカ抜きには考えられず，軍事力がその最も重要な手段であった。1949年に発足したNATO（北大西洋条約機構）は，通常戦力と核戦力の適切な組み合わせにより，西ヨーロッパを防衛する軍事的枠組みとしてソ連・ワルシャワ条約機構と対峙した。同時に1955年に再軍備した西ドイツを加えたNATOは，「アメリカを引き込み，ロシアを締め出し，ドイツを抑え込む」（NATO初代事務総長イズメイ卿）という政治的目的をも内包していた。

　冷戦が終わり，ソ連が解体され，ワルシャワ条約機構も解散となったため，西側にとって軍事的脅威は著しく低下した。そのうえドイツ統一が早期に実現（1990年）したことで，東西ヨーロッパの統合が現実味を帯びてきた。市場統合を完成させたEUは，マーストリヒト条約（1993年発効）により外交・安全保障政策の統合をも標榜するようになり，ヨーロッパ安全保障における主役に躍り出るかと思われた。また，伝統的な国家主体の脅威に代わって，「新しい脅威」とされたテロ，大量破壊兵器の拡散，組織犯罪などへの対処に際しては，非軍事的手段を重視したEUの安全保障への取組みが中心になると思われた。軍事力を中心とした力の均衡に基づく冷戦期の安全保障のルールが，法の支配，相互依存，リベラルな民主主義の拡大を中心としたルールへと変容することが期待された。ブッシュ大統領が高らかに宣言したように，世界はまさしく「新しい国際秩序（New World Order）」へ移行しつつあるかのように思われたのである。[(1)]

　もっとも，すべての論者がこのようなリベラルな国際秩序の到来を予想していたわけではない。少数ながら，むしろヨーロッパ国際関係の不安定化を予測した論者もいた。その代表がミアシャイマーであった。彼は，冷戦期の「長い

平和」を規定していた米ソ2極構造やパワーの均衡，ナショナリズムの低下といった諸条件が冷戦後にくずれ，その結果，ヨーロッパは再び多極化し，パワーの不均衡が生まれ，イデオロギーの重しがなくなった中・東欧ではナショナリズムが復活し，その結果，国際関係が不安定化し紛争の可能性が増大する，と予測していた。⁽²⁾

　しかし，ミアシャイマーの予測は，冷戦後のユーフォリア（熱狂）とも称された楽観的な時代の雰囲気の中では，いささか的外れのようにも感じられた。1990年から2年間，ウィーンに身を置いて，東西関係の激動とオーストリアに押し寄せてきた中・東欧の人々の興奮を目の当たりにしていた筆者にも，当時，手に取ったミアシャイマーの論考は，アナクロニズムな議論に映ったものだった。冷戦後の90年代から2000年代はじめには，まさしく法の支配に基づくリベラルな国際秩序がヨーロッパに生まれつつあるように思われたのである。EUはマーストリヒト条約以降，安全保障・防衛政策の領域でも協力強化の動きをみせており，NATOも地域紛争やテロに対処するために，危機管理機能を重視していた。中・東欧は政治経済システム転換をすすめ，2004年までにほとんどがEU・NATOへの加盟を果たし，西側志向を強めた。EU加盟に際して中・東欧は法改正や制度改革を行い，西欧諸国が主導する法の支配に基づくリベラルな秩序を受け入れた。一方で，NATO加盟により中・東欧は軍の民主化と近代化を図った。

　こうした冷戦後のヨーロッパ安全保障のトレンドに，大きな衝撃を与えたのが2014年のロシアによるクリミア併合であった。これは主権国家ウクライナに対する明白な国際法違反であり，紛争の平和的解決や領土不変更，少数民族保護をうたったOSCE（欧州安全保障協力機構）をはじめとするヨーロッパの安全保障の規範に対する重大な挑戦であった。

　EUはアメリカとならんで対ロ制裁を実施した。NATOは対ロ抑止のための新たな戦力整備計画を策定し，バルト三国やポーランドでの軍事的プレゼンスを強めた。他方，ロシアはウクライナ東部での紛争を支援するのみならず，軍事力の近代化を推進し，カリーニングラードや黒海地域において接近阻止・領域拒否（A2／AD）能力を強化し，核兵器による威嚇を行うまでにいたって

いる。こうしたロシアの周辺諸国に対する行動様式は，一種の勢力圏的発想に基づいており，あたかも冷戦期への回帰のようにもみえる。少なくともロシア周辺の中・東欧地域では，パワー・ポリティクス（権力政治）が復活しているようにみえる。

このような状況を一層複雑にしたのは，2017年に誕生したアメリカのトランプ政権であった。トランプ大統領は，大統領選挙中から NATO の負担不均衡を糾弾し，EU への批判も繰り返すなど，米欧関係に緊張をもたらした。トランプの「アメリカ第一主義」は，孤立主義への回帰であり，アメリカはもはや寛大な帝国でも世界の警察官でもないことは明らかであった。

さらに，冷戦後に法の支配，民主主義のもとで，拡大・深化をとげていた EU においても迷走がはじまっていた。とりわけ難民・移民問題をめぐり EU 内では対立が拡大した。同時に各国において移民排斥を訴えるポピュリズムが台頭した。また2016年には，中・東欧からの移民急増に対する不満をきっかけとしてイギリスは国民投票を実施し，EU からの離脱を決めた。

再び勢力圏を回復しようとするロシア，負担共有に不満を抱き内向きになっているアメリカ，難民・移民問題を契機としたポピュリズムが吹き荒れるヨーロッパという情勢の中で，果たして EU は統合をさらに深化・拡大できるのか，NATO は適応できるのか。あるいはヨーロッパの安全保障においては，再びパワー・ポリティクスや地政学に基づくダイナミズムが復活し，国際関係は不安定化するのだろうか。

本書の構成

本書は，以上のような問題意識に基づき，現代ヨーロッパの安全保障の特質とその行方を，2014年を転換点として解読してみようという試みである。冷戦後のヨーロッパ安全保障体制に激震をもたらした2014年に，現代ヨーロッパの安全保障の課題を読み解く鍵があるように思われるのである。そこで，第Ⅰ部では冷戦終焉から2014年までのヨーロッパをとりまく安全保障の基本的枠組みを提示する。その上で第Ⅱ部において2014年以降のヨーロッパ安全保障の変容を扱う。

まず，第1章「冷戦の終焉とヨーロッパの新秩序構築」（広瀬佳一）では，冷戦終焉後にEUが市場統合をふまえ外交・安全保障政策の協力強化を目指す一方で，NATOは脅威消滅により新たな機能を模索していた状況を，ボスニア紛争を手がかりに明らかにする。ついで第2章「NATOの危機管理」（篠﨑正郎）で，その新たな機能＝危機管理を正式任務とし活動を拡大していったプロセスと，それに伴って発生した米欧の能力格差の問題を浮き彫りにする。第3章「NATOの軍事機構・戦力の変容」（小川健一）では，集団防衛や危機管理の任務を遂行する上で基盤となる戦力整備の展開を，通常戦力，核戦力，ミサイル防衛に区分し概観する。第4章「NATOの拡大」（広瀬）は，機能の拡大と連動してすすめられた加盟国の拡大プロセスをとりあげ，冷戦後のヨーロッパ新秩序構築にとって，NATO拡大はいかなる意味を有しているのかを明らかにする。以上のようなNATOを中心としたヨーロッパの安全保障のありように対して，第Ⅰ部最後の第5章「EUによる安全保障」（小林正英）では，冷戦期に経済主体としての役割が中心であったEUが，いかに安全保障・防衛面での協力に着手したのか，どのような危機管理の実践を実施したのかについて検討を加える。

　2014年以降のヨーロッパ安全保障の展開を扱う第Ⅱ部では，まず第6章「クリミア併合とヨーロッパ安全保障」（湯浅剛）において，カラー革命に端を発したウクライナ危機からクリミア併合への2014年の動向を概観した上で，その後のドンバスでの紛争と解決に向けての国際社会の動きを多角的に検討する。第7章「変化する安全保障環境とエストニア」（小森宏美）は，ウクライナ同様にロシアと国境を接し，かつ国内に多数のロシア系住民を抱えるエストニアをとりあげ，ソ連に併合された歴史的経験に基づくエストニアの安全保障認識の変化を明らかにする。続く第8章「取り残されたヨーロッパとしての西バルカン」（中村健史）は，依然として不安定性を有する西バルカン3カ国（ボスニア・ヘルツェゴビナ，セルビア，コソボ）をとりあげ，EU・NATO加盟を通したヨーロッパ安全保障体制への統合の可能性について検討する。さらに第9章「トルコの安全保障政策とNATO」（今井宏平）では，NATO第2の兵力をもつトルコの安全保障観を歴史的に概観した上で，NATOとの複雑な関係につ

いて検討する。第10章「ヨーロッパ安全保障とロシア」(小泉悠) では，ヨーロッパの安全保障に大きな動揺をもたらしているロシア「脅威」の問題に焦点をあて，冷戦期とは異なり複合的な主体と手段による介入で，旧ソ連諸国を勢力圏に留めようとするロシアの論理を明らかにする。

以上のような2014年以降のヨーロッパ周縁部における変動をうけて，ヨーロッパ安全保障の地域的枠組みである EU および NATO はどのように適応しようとしているのか。第11章「EU の安全保障・防衛政策の新たな展開」(東野篤子) は2014年以降の EU の安全保障・防衛政策の新たな制度構築 (PESCO や EDF など) の展開について概観した上で，英国離脱，難民問題，対中国問題など，EU が直面する安全保障上の諸問題について考察する。第12章「漂流の危機にある NATO」(広瀬) では，2014年のロシアによるウクライナ介入と2017年のトランプ政権発足がヨーロッパ安全保障に大きな影響を与えたことを，NATO の戦力，任務，演習の諸点から検討し，一方で，加盟国の負担格差拡大という構造的な問題が，NATO の将来像に大きな影を投げかけている現状を明らかにする。

このように，本書は冷戦後のヨーロッパ安全保障の動きを単に時系列的にあるいは国別に概観するのではなく，ヨーロッパ安全保障に激震をもたらした2014年を軸に，その特質と課題を読み解こうとする野心的な構成となっている。本書が，混迷する現代ヨーロッパの安全保障を理解する上で，なんらかの手がかりを提供できるとすれば，編者・著者にとっては望外の幸せである。

(1) George H.W. Bush, Address Before a Joint Session of the Congress, 1990-09-11, https://bush41library.tamu.edu/archives/public-papers/2217
(2) John J. Mearsheimer, "Back to the Future : Instability in Europe After the Cold War," *International Security*, Vol. 15, No. 1, Summer 1990, pp. 5-56.

編　著　者

現代ヨーロッパの安全保障

——ポスト2014：パワーバランスの構図を読む——

目　次

第Ⅱ部　ポスト2014年のヨーロッパ安全保障

主要略語一覧

A2/AD（Anti-Access/ Area Denial）→接近阻止・領域拒否

ACO（Allied Command Operation）→作戦連合軍

ACT（Allied Command Transformation）→変革連合軍

CARD（Coordinated Annual Review on Defence）→防衛能力組織的年次レビュー

CFE（Conventional Armed Forces in Europe）→ヨーロッパ通常戦力条約

CFSP（Common Foreign and Security Policy）→共通外交・安全保障政策

CIS（Commonwealth of Independent States）→独立国家共同体

CJTF（Combined Joint Task Force）→共同統合任務部隊

CSCE（Conference on Security and Co-operation in Europe）→欧州安全保障協力会議

CSDP（Common Security and Defence Policy）→共通安全保障・防衛政策

CSTO（Collective Security Treaty Organisation）→集団安全保障条約機構

E2I（European Intervention Initiative）→ヨーロッパ介入イニシアティブ

EAPC（Euro-Atlantic Partnership Council）→欧州大西洋パートナーシップ理事会

EDF（European Defence Fund）→欧州防衛基金

EFP（Enhanced Forward Presence）→前方プレゼンス強化

ERI（European Reassurance Initiative）→ヨーロッパ再保証構想

ESDI（European Security and Defence Identity）→ヨーロッパの安全保障と防衛における主体性

ESDU（European Security and Defence Union）→欧州安全・防衛連合

ESS（European Security Strategy）→EU安全保障戦略

EU（European Union）→欧州連合

ICI（Istanbul Cooperation Initiative）→イスタンブール協力イニシアティブ

IFOR（Implementation Force）→和平履行部隊

IMF（International Monetary Fund）→国際通貨基金

INF（Intermediate Nuclear Force）→中距離核戦力

IPAP（Individual Partnership Action Plan）→個別的パートナーシップ行動計画

ISAF（International Security Assistance Force）→アフガニスタン国際治安支援部隊

KFOR（Kosovo Force）→コソボ治安維持部隊

MAP（Membership Action Plan）→加盟のための行動計画

MD（Mediterranean Dialogue）→地中海対話

NATO（North Atlantic Treaty Organization）→北大西洋条約機構

NPG（Nuclear Planning Group）→核計画部会

NRC（NATO-Russia Council）→NATO・ロシア理事会

NRF（NATO Response Force）→NATO 即応部隊

OSCE（Organization for Security and Co-operation in Europe）→欧州安全保障協力機構

PESCO（Permanent Structured Cooperation）→常設構造化協力

PfP（Partnership for Peace）→平和のためのパートナーシップ

PII（Partnership Interoperability Initiative）→パートナーシップ相互運用性イニシアティブ

QMV（Qualified Majority Voting）→特定多数決

R2P（Responsibility to Protect）→保護する責任

RAP（Readiness Action Plan）→即応行動計画

SAA（Stabilisation and Association Agreement）→安定化・連合協定

SAP（Stabilisation and Association Process）→安定化・連合プロセス

UNHCR（The Office of the United Nations High Commissioner for Refugees）→国連難民高等弁務官事務所

VJTF（Very High Readiness Joint Task Force）→超即応統合部隊

第Ⅰ部

冷戦後のヨーロッパ安全保障の基本的枠組み

第1章

冷戦の終焉とヨーロッパの新秩序構築

　　冷戦が終わるとヨーロッパの安全保障は，それまでの2極構造から多極化し，より不安定となった。そこで旧東側諸国が新しい秩序の担い手として期待を寄せたのが EU であり NATO であった。EU が市場統合をふまえ外交・安全保障政策の協力強化を目指す一方で，NATO は脅威消滅により新たな機能を模索していた。そうしたなかで勃発したボスニア紛争は，ヨーロッパの新しい安全保障のゆくえに大きなインパクトを与えた。

第1節　冷戦の終焉

　1989年11月の「ベルリンの壁」崩壊に端を発した冷戦の終焉は，その直後に，全ヨーロッパが安定的に1つになるかのような一種のユーフォリア（熱狂）を人々にもたらした。東欧の自由化がソ連の介入を受けることなく進展したことは，かつて，社会主義の利益は国家主権よりも優先するとの論理（「ブレジネフ・ドクトリン」）でハンガリー（1956年）やチェコ（1968年）の自由化が弾圧されてきた時代からの脱却を意味していた。またヨーロッパ分断の象徴であったドイツの統一が，戦勝4大国（米英ソ仏）との深刻な対立もなく迅速にすすみ，それどころか，統一ドイツの NATO 残留が認められ，旧東独部への NATO 拡大が実現したこと（⇨第4章コラム5参照）もまた，冷戦からの逸脱であった。さらにソ連が，ゴルバチョフに対するクーデタ騒動や民族主義の台頭といった問題はあったものの，懸念された大混乱を引き起こすこともなく1991年末に解体されたことは，冷戦的な対立の時代の終わりの象徴であった。こうしたことから，ヨーロッパはすぐに再び1つになるのではないかとのユーフォリアがもたらされたのである。これは軍事面では大規模戦争の危険性が大きく遠のいた

という実感を伴っていた。

　1990年11月のヨーロッパ通常戦力条約（CFE）調印（92年発効）は，こうした軍事的安全保障環境の変化を象徴していた。CFE は NATO とワルシャワ条約機構との間で，5つのカテゴリー（戦車，装甲戦闘車両，火砲，戦闘用航空機，攻撃ヘリコプター）を設け，それぞれのカテゴリー別に低いレベルで戦力を均衡させることを目的とした条約であった。もともとこの条約は，1973年に開始された中部欧州相互均衡兵力削減交渉（MBFR）にその起源をたどることができる。この交渉は15年あまり続いたものの成果をあげることができず1989年に終了していた。その後，対象地域を中欧から全ヨーロッパに拡大してはじめられたのが CFE であり，前者が15年も続いて成果がなかったのに対して，わずか1年あまりで調印された。まさに軍事的な国際環境の急激な変化を象徴する動きであった。⁽¹⁾

　中・東欧諸国の一部は，こうした楽観的な気分の中で，自らの安全保障とヨーロッパの新秩序に関する枠組みとして，当初，欧州安全保障協力会議（CSCE）（1995年以降は欧州安全保障協力機構〔OSCE〕）の安全保障・紛争処理機能に過大な期待を抱いていた。しかし1990年10月にパリ CSCE 首脳会談で採択された「パリ憲章（正式には Charter of Paris for a New Europe）」では，CSCE の安全保障機能の強化・制度化について，NATO との競合を懸念した英米にも，EU の外交・安全保障機能の強化を求めていたフランスにも，受け容れられるところとはならなかった。

　また，こうした動きの中で，新たな秩序構築は中・東欧においてはリスクを伴うことが次第に明らかとなった。旧東側の社会主義体制の崩壊とその後の政治経済面の混乱は，もともと歴史的にも文化的にも多様であった中・東欧各国において，民族主義の台頭を招いたのである。エストニア，ラトビア，リトアニア，ウクライナ，ベラルーシ，モルドバが次々に独立を果たし，チェコスロバキアはチェコとスロバキアに分裂した。これらは比較的平和裡に推移したが，ユーゴスラビア連邦の解体は，暴力的なプロセスを伴った。北部のスロベニアとクロアチアは1991年に，ボスニア・ヘルツェゴビナ（以下，ボスニア）は1992年に，それぞれ独立を宣言したが，それを認めないユーゴスラビア連邦政府と

Column 1　ヨーロッパの徴兵制

　冷戦が終わると，「平和の配当」としてヨーロッパ NATO 加盟各国で軒並み軍事費削減が進み，戦力が削減された。それとあわせて各国の軍は徴兵制から志願制へと移行した。1990年時点でヨーロッパの NATO 加盟国のうち，軍のないアイスランドを除く13カ国中11カ国が徴兵制をしいていたが，2018年にはわずか4カ国にまで減少した。

　徴兵制の機能とは，いうまでもなく第1に，兵力基盤の保持であった。冷戦期に通常戦力においてはソ連ブロックに比して劣勢だと考えられていたので，ヨーロッパ各国は防衛のための自助努力として兵力確保に努めた。第2に，国民統合の機能があった。これは市民としての自覚を促す一種の学校としての機能であり，特に移民の多いフランスなどの国においては重要な機能であった。第3に，徴兵の代替義務としての社会福祉活動における人材確保という機能もあった。これは徴兵制本来の機能ではないのだが，福祉に手厚い制度を有しながら若年労働力が減少するヨーロッパにおいては，無視できない問題であった。例えばドイツはこの機能のために徴兵制停止の決定が遅れた（2011年）。

　しかし，ソ連の大規模侵攻のような脅威が消失したことで，最も重要な兵力基盤保持の必要性もなくなり，徴兵制廃止は急速に進んだ。さらに，NATO の域外での危機管理任務が増えると，ますます各国軍はプロフェッショナル化が進み，徴兵制廃止を促進した。

　一方，冷戦が終わっても徴兵制を維持しているヨーロッパの国もある。これは中立・非同盟諸国と，近隣諸国との間に紛争を抱えている国である。前者は，そもそも冷戦の2極構造がなくなったことで「中立」の意味こそ失われたが，軍事的非同盟という観点から自主防衛を求められるスイス，オーストリア，フィンランドなどである。また，北欧の中で非同盟的な志向をもっており，徴兵制の職業訓練などの社会的機能を重視しているデンマークも制度を維持している。一方，後者については，ロシア脅威からノルウェーが徴兵制を維持しており，そのほか，トルコとの間でキプロス紛争を抱えるギリシャも徴兵制を維持している。

　徴兵制があたかも軍国主義に直結するかのようにいわれることがあるが，徴兵制を維持しているのが主として中立・非同盟国であることが，現代ヨーロッパ安全保障の特徴の1つであるといえよう。もっとも2014年以降，対ロ脅威認識の高まりにより，スウェーデン，リトアニア，ウクライナなどで徴兵制が復活する動きがでており，依然としてヨーロッパの安全保障には不安定の芽があることを象徴している。

の間に戦闘が勃発し，スロベニアこそ約10日間で戦闘が終わったものの，クロアチアの一部とボスニアでは1995年まで戦闘が続いた。

　こうした秩序移行期のヨーロッパにおける安全保障の担い手としては，当初，国連に大きな期待が寄せられていた。冷戦の 2 極構造の中で機能不全に陥っていた国連は，東西対立の解消により，安全保障理事会（以下，安保理）の機動性が増していた。1990年のイラクによるクウェート侵攻に際して，国連安保理の決議をもとに国際社会が結束して行動することができたのは，まさしく国連復権の象徴ともいうべき出来事であった。このような背景から，ガリ国連事務総長は，1992年 6 月に国連の平和機能強化に関する報告書『平和への課題（An Agenda for Peace)』を発表し，1995年にはその追補版を出した。ここでガリは，予防外交から制裁，平和強制，平和維持，平和構築にいたるまでの各機能において，国連の能力を強化するという，危機管理に対する新たなコンセプトを打ち出した。第 2 次世界大戦末期に作られた国連に基づく集団安全保障システムが，本来の機能を取り戻すかに思われたのである。

　また，EU も，1992年調印のマーストリヒト条約により共通外交・安全保障政策（CFSP）を掲げ，1997年調印のアムステルダム条約により独自の危機管理のための共通安全保障・防衛政策（CSDP）を打ち出すにいたった。やがて能力面でも1999年には EU 緊急展開部隊の創設を決定し，2003年以降は各地に展開するにいたっている。このように，EU も安全保障・危機管理へと協力の領域を拡大させようとしていた（⇨詳しくは第 5 章参照）。

　これらに対して，脅威が消滅した軍事同盟である NATO は，その存在意義を求めて，新たな役割の模索を余儀なくされていた。

第 2 節　NATO の機能拡大

　1990年 7 月に NATO は首脳会議を開催し，ワルシャワ条約機構加盟国をもはや敵とみなさないとの内容を含む「ロンドン宣言」を発表した上で，戦略の見直しに着手することを言明した。ソ連ブロックが事実上解体しその脅威が大幅に減退した以上，同盟としての組織の存続を前提に，機能的，制度的な見直

しが開始されたのは当然の流れであった。やがて1991年11月，ローマで開催された NATO 首脳会議は，NATO の新しい戦略概念（以下，1991年戦略概念）を発表した。これは冷戦期から数えると NATO 史上 5 回目の戦略概念であったが，冷戦期と異なり，一種の広報外交の一環として最初から公開を前提とした文書であった。

　1991年戦略概念の大きな特徴は，従来通り東西戦略バランスの均衡に注意を払うとしつつも，「ヨーロッパ正面での大規模全面攻撃の脅威はほぼ消失した」との認識を示した上で，「中・東欧諸国が直面する深刻な経済・社会問題や，民族対立・領土紛争など含む政治問題からくる地域的不安定性」がもたらすリスクに備えるべきことを強調した点にあった。したがって NATO の役割も，北大西洋条約第 5 条（加盟国領土に対する攻撃の抑止と防衛）に加えて，民主的制度に基づく安定的な安全保障環境の提供，北大西洋条約第 4 条（加盟国の安全が脅かされた際の協議）に基づく協議フォーラムの提供ということがあげられていた。[3]

　これは新しい安全保障環境への NATO の機能拡大のはじまりであった。これに伴いアメリカは，ヨーロッパ配備の通常戦力および核戦力の削減に着手し，コンパクトで即応性の高い戦力の構築と機能的な統合軍事機構への再編を推進した（⇨詳しくは第 3 章参照）。その上で NATO は，域外の非加盟国と対話・協力を行うための新しい枠組「北大西洋協力理事会（NACC，1997年からは欧州大西洋パートナーシップ理事会〔EAPC〕）」を開始した。

　NACC は1991年10月 2 日，ベーカー米国務長官とゲンシャー独外相によって提案された。これはワルシャワ条約機構が解体され，東側の枠組みが崩壊していく中で，安全保障上の空白を埋めるために NATO 加盟国と旧ワルシャワ条約機構諸国との対話を制度化し，それによって秩序変革期における不確実性を除去するというものであった。NACC は11月のローマでの NATO 首脳会談で設置を承認された。

　ところでこのベーカー＝ゲンシャー提案は，実は単なる東側との対話枠組みではなく，これを活用して平和維持活動へ NATO が参加することも想定していた。実際に1992年 6 月，NATO はオスロの北大西洋理事会において，

CSCE の権威のもとで実施される平和維持活動を,「ケース・バイ・ケースで, かつ NATO の手順にしたがって」支援する用意のあることを明らかにした。さらに1992年12月には NATO 外相会議は, 国連安保理の委任を受けて平和維持活動を実施する用意のあることを明らかにした。[4] アメリカのクリストファー国務長官も翌年 6 月の NACC において,「NACC は政治・安全保障問題に関しての協議を強化し, 紛争解決能力を向上させるべきだ」とした上で,「平和維持活動における協力のための NACC のプログラムを強く支持する」と言明していた。[5] この平和維持活動における協力のためのプログラムとして提案されたのが「平和のためのパートナーシップ (PfP)」であった。

　PfP は, 冷戦後に NATO 加盟を求める中・東欧の求めを受けて開始されたという側面がよく知られているが, その起源をたどると, このように NACC を通して NATO の機能拡大を推進するための制度であった。PfP を1993年10月の NATO 非公式国防相会議で提案したアメリカのアスペン国防長官はその内容について「ヨーロッパ安全保障のための多国間での軍事的協力の基盤となり, それによって非加盟のパートナー国が平和維持, 災害救助, 捜索救難などの活動において, NATO の作戦に参加できるようになる」[6] としていた。

　1994年 1 月, ブリュッセルで開催された NATO 首脳会議において, PfP は正式に採択された。ここで PfP は「新しい安全保障の関係」として安定を支え, 平和への脅威を除去し, 民主主義への具体的な協力と義務を推進することで関係強化を図るものと規定され, 主な活動内容として, ①国防計画および国防予算の透明化, ②軍の民主的統制, ③国連・OSCE のミッションへの貢献, ④平和維持活動, 救難活動, 人道的援助などの実施に際しての NATO との協力的な軍事関係の発展, ⑤NATO 軍との長期的な相互運用性向上, の 5 つが提示されていた。[7]

　一方, 中・東欧諸国からみると, PfP は NATO への加盟要求を背景に出されたものでありながら, その枠組み文書は NATO 東方拡大についての具体的な記述を含んでいなかった。このことから PfP は当時, 西側の対ロシア配慮による一種の妥協の産物であるとの見方がなされ, 事実, ロシア外務省は PfP を外交的勝利ととらえていた。[8] しかし加盟を希望する中・東欧諸国は, PfP が

Column 2　パートナーシップの拡大と深化

　NATO は冷戦後に地域が分断され不安定化することを防ぐため，様々なパートナーシップを非加盟国との間で締結した。その中心が PfP で，1997年までに27もの国がこれに加わった。これら参加国は，その目的に応じて 3 グループに大別された。第 1 は，加盟を切望する国で，ポーランド，チェコ，ルーマニアなどがこれにあたり，やがて1999年以降，順次，NATO 加盟を果たした。第 2 が，NATO との国際平和活動への参加を求める国で，フィンランド，スウェーデン，オーストリアなど伝統的に国連平和活動に積極的な非同盟・中立国がこれにあたる。第 3 は，冷戦後に新たに独立したため，軍創設のために「民主的な軍隊のための学校」としての機能を求めるヨーロッパ域外の国で，アゼルバイジャン，ウズベキスタン，カザフスタンなどの中央アジアの国がこれにあたる。

　この他に，北アフリカから中東においてもパートナーの枠組みが設けられた。地中海対話（MD，1994年発足）［アルジェリア，エジプト，イスラエル，ヨルダン，モーリタニア，モロッコ，チュニジア］，イスタンブール協力イニシアティブ（ICI，2004年発足）［バーレーン，クウェート，カタール，アラブ首長国連邦］などは，北アフリカから中東地域の安定性を支えるのみならず，NATO がキリスト教の価値に基づく同盟としてみられることで新たな分断を引き起こさないための工夫であった。実際にムスリム系勢力が多数派であったボスニア，コソボ，アフガニスタン，リビアにおける作戦では，いくつかの MD，ICI のパートナー国が参加している。さらに，2008年以降は，日本，オーストラリア，ニュージーランド，韓国，イラク，アフガニスタン，パキスタン，モンゴル，コロンビアなどが「世界におけるパートナー（Partners across the globe）」との位置づけとなっている。このようなパートナーシップの拡大は，NATO が地域を問わずグローバルな危機管理対処を重視するようになった証であった。

　さらに NATO はパートナーシップに関して2014年に「相互運用性イニシアティブ」という新たな枠組みを打ち出し，平和維持活動の運用計画策定レベルにパートナー国がより深く関与できるようになった。特にスウェーデン，フィンランド，ジョージア，オーストラリア，ヨルダンは「高次の機会が提供されるパートナー国」と指定され，いまや NATO の危機管理において，作戦運用上，不可欠な存在となっている。

そのプログラム内容を参加国と NATO との二者間取り決めで作成するという個別性に着目し，加盟に向けての準備段階として活用した。

　このように PfP は，対話フォーラムである NACC/EAPC の具体的な協力プログラムの実施を担いながら，NATO の機能的拡大を促進するという面と，中・東欧諸国が望んでいたような加盟に向けての協力関係を促進するという面との，2 面性を当初より有していた。このような NATO の機能拡大の成果が試された最初の試練が，ボスニア紛争であった。

　ボスニア紛争は，冷戦後のヨーロッパ安全保障の担い手をめぐる国際機構の競合状態の中で，最初に勃発した紛争であった。つまりボスニア紛争は，冷戦後のヨーロッパ国際社会による紛争解決の，いわば実験場となったのである。結果的に，ボスニア紛争以降の安全保障においては，国連や EU による和平調停失敗の中で，NATO が，その機能・役割を拡大させることとなった。ポスト冷戦期のヨーロッパにおける安全保障の担い手として，NATO が再び浮上したのである。

第 3 節　ボスニア紛争

　ボスニア紛争の勃発は，ユーゴスラビア連邦が解体する過程で，スロベニア，クロアチアが1991年に相次いで独立宣言を出したことに端を発している。これらを受けてボスニアで1992年 3 月に独立をめぐる国民投票が実施され，その結果翌 4 月に独立宣言が出されると，人口の43.5％を占めるムスリム系勢力と，31.2％のセルビア系勢力との対立を軸に，17.4％のクロアチア系が絡むという三つ巴の構図のもとで，武力紛争がはじまった。この紛争は95年夏まで 4 年近く続き，その間に死者約10万人，難民・避難民80万人以上を出すなど，冷戦後のヨーロッパで最も大きな民族紛争となった。[9]

　ボスニア紛争においては，当初から新ユーゴスラビア連邦の支援を受けたセルビア系勢力が優勢であった。そして，この紛争が長期化し，のちに民族浄化ということばで知られるようになるほど血なまぐさいものとなった背景には，人口比で最大勢力のムスリム系勢力に対して，旧ユーゴスラビア軍の主流で

あったセルビア系勢力が，軍事力では他を圧倒していたことがあった。

　ボスニア紛争は，解決を目指した国際社会の主体に着目すると，およそ３つの局面に分けることができる。第１の局面が1992年２月から1994年はじめまでで，これは EU および国連が中心になって調停を試みたことによって特徴づけられる。第２の局面は1994年に入って以降で，ロシアを含めた大国間協調により調停が試みられたことによって特徴づけられる。第３の局面が1995年５月以降で，アメリカおよび NATO 主導により事態の収拾が図られた時期である。

　1992年２月から３月に住民投票を実施し独立宣言を行ったボスニアでは，多数派のムスリム系住民に対して不満を抱いた少数派のセルビア系住民による投票ボイコットを契機に，内戦がはじまった。多くの民族問題を抱える不安定なバルカン地域全体に紛争が拡大するのをおそれた国際社会は，国連安保理決議743に基づき1992年６月から国連防護軍（UNPROFOR）を派遣，８月にはユーゴスラビア国際和平会議を開催して紛争の平和的解決に努めた。これ以降，和平調停の一環として EU や国連は，10のカントンと呼ばれる自治州からなる緩やかな連邦制構築を目指すバンス＝オーエン案や，ボスニアを３分割した上で国家連合を目指すバンス＝シュトルテンベルク案などの国家構想を提唱した。しかしセルビア系，ムスリム系，そしてクロアチア系の間で，①具体的な領土の境界策定の問題，②国家形態に関する意見の相違，③モザイク状の飛び地に対する安全保障上の懸念，などから合意に至らず，戦闘が継続された。

　この間，すでにみたように NATO は1992年12月に国連安保理の権威の下での平和維持活動への支持を表明していた。それに基づき NATO は，国連による武器禁輸の履行を監視するためのアドリア海の海上封鎖や国連が設定した飛行禁止区域（NFZ）の監視活動などを実施した。このようにこの時期の NATO は，基本的に国連平和維持活動への限定的な協力を行うという姿勢に終始していた。

　しかし戦闘激化に伴い UNPROFOR が危険にさらされると，国連は武力行使を容認する安保理決議776に基づいて NATO に対し近接航空支援（空爆）を要請するにいたり，ここに第２局面がはじまった。1994年４月には国連が設定していた「安全地域」ゴラジュデを包囲していたセルビア系勢力に対して，初

の空爆が行われた。その後，和平調停努力は，米英仏独露5カ国により形成された「コンタクト・グループ」主導に移行した。1994年末にはアメリカのカーター元大統領を特使として行われた交渉が成功し，1995年1月より4カ月停戦合意が成立した。

　1995年5月，停戦切れとともに再び戦闘がはじまったことでボスニア紛争は第3の局面に移行した。セルビア系勢力はNATOの空爆に対してUNPROFORの兵士を人質にとるという暴挙にでた。これを契機に西側諸国は態度を一気に硬化させ，アメリカが大規模空爆のオプションを確認する一方で，英仏蘭はUNPROFORを地上で補強するため，より重装備の緊急対応部隊を投入した。その結果，8月から9月にかけて，NATOは，「デリベレート・フォース」作戦を敢行し，50あまりのセルビア系勢力の目標地点に対して，航空機およびトマホーク巡航ミサイルによる攻撃を行った。この作戦は，それまでの近接航空支援とはまったくタイプの違う攻撃であった。全作戦の出撃規模（3515ソーティ〔航空機の出撃回数〕）は，1991年の湾岸戦争時の1日分でしかなかったが，NATOにとっては初の大規模な戦略爆撃であった。[11] NATOによる攻撃と平行して，9月9日にボスニア系勢力とクロアチア系勢力は，ともにセルビア系勢力が支配している地域に進攻を開始した。両勢力は，前年の1994年3月に，アメリカの斡旋により，ワシントンで協力関係の樹立について合意をしていた。

　NATOの空爆および地上での戦闘の結果，セルビア系勢力は，1992年夏から支配していた7割近くの全ボスニア領土のうち約20%を喪失，ボスニア内におけるムスリム系勢力・クロアチア系勢力とセルビア系勢力との支配地域の比率は，ほぼ均衡状態となった。こうした戦況を受けて，1995年11月アメリカのオハイオ州デイトン市郊外のライト・パターソン空軍基地でアメリカと3勢力首脳の会議が開催され，ボスニアの2分割（ムスリム系・クロアチア系51%，セルビア系49%）を原則とする包括的和平で合意がなされ（「デイトン合意」），12月にパリで正式調印が行われた（パリ協定）。[12] 同協定によると，ボスニアの新しい国家体制は，単一国家を維持したまま，ムスリム系とクロアチア系からなる「ボスニア連邦」（全領土の約51%）と，セルビア系からなる「スルプスカ共和国」

（約49％）という 2 つのエンティティ（自治政府）を有する，高度に分権化した体制とされていた。それぞれのエンティティは，独自の議会，行政機関を擁し，広範な自治権を付与されていた。

　また同協定は，国際社会の関わりについて，一種の国際的分業を求めていた。すなわち難民帰還を国連難民高等弁務官事務所（UNHCR）が調整し，OSCEが選挙監視を実施，世界銀行，IMF，EU が経済復興を支援し，国連が警察の訓練を監督するというような体制である。この中で NATO は国連から停戦の軍事的側面の実施についてマンデートを付与された（国連安保理決議第1031号）。NATO 主導の多国籍軍派遣については，すでに 8 月に国連安保理によって提案されており，9 月に NATO 理事会で兵力 6 万人規模の陸上部隊の派遣が承認され，準備が開始されていた。やがて12月16日に NATO 主導の和平履行部隊（IFOR）が結成され現地に展開した。この作戦の主な任務は，停戦継続の監視，定められた停戦ラインへの兵力引き離し，重火器の撤収促進，国連防護軍の安全で迅速な撤収の援助，ボスニア上空の空域確保などであった。IFOR は NATO の指揮・命令系統に服することとなり，最高指揮権は NATO 欧州連合軍司令官に与えられた。IFOR はデイトン合意の違反に対して，必要な軍事力を行使する権限を与えられていた。

　IFOR は，冷戦後の NATO にとって，新しい任務のはじまりを意味していた。IFOR には NATO 加盟国のほか，18カ国の非 NATO 加盟国が参加，そのうちムスリム系勢力に配慮したイスラーム系の 4 カ国以外は，すべて PfP に参加するパートナー国であった。アメリカのクリストファー国務長官は1995年12月ブリュッセルでの NATO 外相会議で，実施の決まった IFOR へのパートナー国参加のもつ意味を，次のように明確に述べていた。

　　　われわれがボスニアに展開する部隊には，多くの中・東欧のパートナー国が参加する。過去 2 年間，われわれは PfP のもとで数多くの訓練や演習を協力して行ってきた。……いまやその訓練や演習の成果が，難しい実戦で試されることになるだろう。

　アメリカがこのようにパートナー国の IFOR 参加を重視した背景には，ヨーロッパの新秩序構築をめぐる思惑があったように思われる。それは第 1 に，

ワシントン条約上の「域外」において，ロシアを含むパートナー国と協調しながら，集団安全保障の論理に基づく平和維持活動を NATO 主導で行うことは，冷戦後のヨーロッパ新秩序構築において NATO が中心的役割を担うことの，またとない効果的デモンストレーションであった。第2に，パートナー国側の同盟への「貢献」（と米軍の負担軽減）を示すことは，ヨーロッパによる「ただ乗り」に警戒を示すとともに死活的利害のない地域への地上軍派遣に難色を示すアメリカ議会の反発を和らげる効果があった。第3に，NATO 軍との相互運用性をパートナー国が実戦によってさらに向上させることができるという効用があった。これはやがて NATO の中・東欧への拡大を軍事面から促進する要因となった。

　ボスニア紛争の結果，NATO は冷戦後の民族紛争や地域紛争の解決に不可欠な枠組として復権した。こうした状況を好感してスペインが1997年，それまで加わっていなかった NATO 軍事機構への参加を発表し，フランスのシラク大統領も同時期，復帰の可能性を示唆した。軍事機構という強力な手段を有し，民族紛争のような新たな脅威への対処に有効であると証明されたことは，NATO の機能拡大を促進した。同時にパートナー国は IFOR に部隊を派遣し戦力として貢献することができた。このようにして PfP は，NATO の機能の拡大と構成国の拡大とを連動させる重要な結節点となったのである。

第4節　ボスニア紛争のヨーロッパ安全保障にとっての　　　　　　　インプリケーション

　NATO はその後もコソボ，アフガニスタン，リビアなど領域外の紛争において積極的な役割を果たしている（⇨第2章参照）。ボスニア紛争はその最初のケースであった。しかしボスニア紛争の重要性は，単に時間的に早かったのみならず，のちに NATO が正式に主任務化する「危機管理」機能のほぼすべての要素を見出すことができる点にある。そうした意味において，ボスニア紛争への介入は，NATO に2つの重要なインパクトを与えた。第1に NATO は，危機管理に際して，武力行使を中心とする平和強制のみならず，紛争解決の各

局面において効果的な役割を果たした。その上で第2にNATOは，任務遂行に際して，国連，EUや他の国際機関，NGO，現地の自治体などとの連携を重視するようになった。

　第1の点について具体的にみると，国連の目指す紛争予防から制裁，平和強制，平和維持・平和構築の紛争解決メカニズムにほぼ平行する形で，NATOはその各局面において一定の貢献をした。いうまでもなく，NATOがその独自性を最も主張しうる武力行使において，ボスニア紛争への関与はその有効性を示した。約3年あまりの間の国連，EUによる平和的解決の試みにもかかわらず多大な犠牲をだしていたボスニア紛争は，約2週間のNATOの平和強制（空爆）で停戦にいたったのである。[16]

　またNATOは平和維持・平和構築局面において，軍事組織として初めて「民軍協力」として知られるようになる活動に，現場の要請に応じて取り組んだ。その上でNATOは，民軍協力指針を策定（1997年）し，正式任務として取り入れた。その後のコソボ治安維持部隊（KFOR）においてもアフガニスタンの国際治安支援部隊（ISAF）においても，NATOの民軍協力は，平和構築局面において重要な役割を担っていた。さらに，平和構築局面での治安部門改革（SSR）の一環として，軍改革についても関与するようになった。これは，治安回復のための国軍の育成，訓練と，NATO加盟を念頭においた政策誘導（加盟コンディショナリティ）による政治的アプローチとからなっていた。ボスニアでは直接戦火を交えたあとだけに，3民族でそれぞれが指揮権をもつバラバラの状態の軍を指揮権のみならず軍組織まで中央政府のもとで一元化するためには，NATOの強力な圧力と政策誘導が不可欠であった。

　第2の点，すなわち他の機関との協力については，すでにみたような民軍協力の正式任務化のほかに，国連との関係が特に重要である。NATOは，ボスニア紛争での武力行使の正統性を常に国連安保理の決議に基づいていた。これに対して国連側の立場は微妙であった。国連憲章第52条に基づく地域的取極ではなく，第51条の個別的・集団的自衛権に基づいたNATOの活用は，国連からすれば例外的であり，あくまで緊急避難的措置であった。冷戦の東西対立の中で西側のパワーの象徴であったNATOに対して，国連のまなざしは冷やや

かであった。しかし，冷戦後の紛争解決の必要性から，次第に NATO の能力の有効性・有用性が明らかになるにつれ，国連との距離は徐々に縮まった。ボスニア紛争がはじまった1992年に NATO は，国連安保理から武力行使についての正統性を得たはじめての地域機構となったのである。

　国連の側も，史上はじめて国連 PKO に平和強制を行わせた1993年のソマリアでの失敗の経験や，自らの財政難から，地域機関との協力やその積極的活用を提唱するようになった。2005年の国連首脳会合成果文書においても，「国連と地域機関のそれぞれの事務局が，正式な取り決めをとおして協議・協力を行う」ことの必要性が指摘されるにいたった[18]。

　こうした背景のもとで，2005年9月に NATO 事務総長は国連事務総長に対して協力協定締結の提案をした。国連はまず EU，アフリカ連合（AU），ASEAN などとの協力に関する共同宣言を発表した上で，2008年10月に，NATO との紛争解決における協力をうたった「国連＝NATO 事務局間共同宣言[19]」に合意した。この共同宣言は，国連と NATO の「事務局間」の実務的な協力を約したものであり，なんら具体的な政策を打ち出してはいなかったが，その政治的意義は決して小さくなかった。国連との取り決めがあることで，国連と協力関係にある NGO や，アフリカ連合，アラブ連盟など他の地域機関との関係改善が期待できるほか，各機関の官僚・スタッフに対して，NATO との協力が必要であるとの明確なメッセージを示すことになったのである[20]。

　第1次世界大戦後に提唱された集団安全保障は，戦争を禁止するとともに，普遍的国際機構のもとに武力行使を一元化する思想であった。集団的自衛権に基づく同盟は，そうしたメカニズムにおいてはあくまで緊急避難的な措置であった。ところが冷戦後の NATO は，集団防衛の機能を保持しつつも，ボスニア紛争への関与を契機に集団安全保障を支援し補完する方向へ，その役割を拡大させた。2010年11月に出された NATO の戦略概念（⇨第3章参照）は，主要な3つの任務として集団防衛に加えて，危機管理，協調的安全保障をかかげていた。このことは，NATO が機能的な変貌を遂げることで，再びヨーロッパ安全保障の主役に躍り出ようとしていることを象徴しているように思われる。

推薦図書

佐瀬昌盛『NATO──21世紀からの世界戦略』文藝春秋社，1999年。

　　すでに20年前の本だが，冷戦期から冷戦後の NATO 変革を力強く分析したもの
　　として，未だに最もコンパクトでわかりやすい。

Alexander Moens, Lenard J. Cohen and Allen G. Sens (eds.), *NATO and European Security : Alliance Politics from the End of the Cold War to the Age of Terrorism,* **Praeger, 2003.**

　　冷戦終焉から「9.11」以降のアフガニスタン介入まで，NATO の機能拡大を
　　「適応」プロセスとして多面的に分析した論文集。

⑴　本条約はその後，ロシアが NATO 拡大など国際情勢の変化を理由に全面改定を
　　要求，やがて2015年にロシアは一方的に脱退通告をしている。

⑵　Boutros Ghali, "An Agenda for Peace : Preventive diplomacy, peacemaking and peace-keeping," UN Doc. A/47/277, S/24111 (17 June 1992) 〈http ://www.un-documents.net/a47-277.htm〉; Supplement to an Agenda for Peace : position paper of the Secretary-General on the occasion of the 50th anniversary of the United Nations, UN Doc. A/50/60, S/1995/1(25 January 1995) 〈http://www.un.org/documents/ga/docs/50/plenary/a50-60.htm〉

⑶　1991年の戦略概念は 〈http://www.nato.int/cps/en/natolive/official_texts_23847.htm〉参照。ただし NATO が主要任務として「危機管理」を取りあげるのは，ボスニア紛争後の1999年の戦略概念まで待たなければならなかった（第 2 章参照）。

⑷　Final Communique of the Ministerial Meeting of the North Atlantic Council, Oslo, 04 June 1992, para 11 ; Final Communique of the Ministerial Meeting of the North Atlantic Council, Brussels, 17 Dec. 1992, para 4.

⑸　"NACC's Essential Role," 1993 U.S. Dept. of State, Department of State Dispatch (JUNE 21, 1993), Vol. 04, No. 25.

⑹　Les Aspin, "New Europe, New NATO", *NATO Review*, No. 1 (Feb. 1994), Vol. 42, p. 12.

⑺　Paul E. Gallis, "Partner for Peace," *CRS Report for Congress*, 9 August 1994, pp. 2-3.

⑻　News Briefing by Representatives of the RF Security Council and Foreign Ministry on the Partnership for Peace Initiative (Russian-American Information Center, Khlebny Pereulok) 19 January 1994, Official Kremlin Int'l News Broadcast,

21 January 1994.

(9)　Ewa Tabeau and Jakub Bijak, "War-related Deaths in the 1992-1995 Armed Conflicts in Bosnia and Herzegovina : A Critique of Previous Estimates and Recent Results," *European Journal of Population*, 2005, 21, pp. 206-210.

(10)　飛行禁止空域については，その履行違反をめぐり武力行使を容認する国連安保理決議816が1993年 3 月に出されると，NATO も翌 4 月に「ディナイ・フライト」作戦を発動した。この作戦の中で，1994年 2 月，NATO は歴史上初めて空中戦闘行動に従事し，空域を侵犯したセルビア系勢力の 4 機［Soko J-21 Jastreb］を警告の上で撃墜した。

(11)　Allen G. Sens, "From Collective Defense to Cooperative Security ? - The New NATO and Nontraditional Challenges and Mission," In Papacosma, S.B., Kay, S. & Rubin, M. R. (eds.), *NATO : After Fifty Years*, Scholarly Resources, 2001, pp. 131-132.

(12)　付属文書を含めてテキスト全文は以下を参照。The General Framework Agreement for Peace in Bosnia and Herzegovina. 〈http://www.ohr.int/dpa/default.asp?content_id=380〉

(13)　以上の展開について詳細は以下を参照。Ivo Daalder, *Getting to Dayton : The Making of America's Bosnia Policy*, Brookings Inst. April 2000 ; "NATO's Role in Bringing Peace to the Former Yugoslavia", NATO Basic Fact Sheet, No. 4 (March 1997) ; Elinor C. Sloan, Bosnia and the New Collective Security, Praeger, 1998 : pp. 71-88.

(14)　Warren Christopher, "NATO : Reaching Out to New Partners And New Challenges," Intervention at the North Atlantic Council Meeting, Brussels, December 5, 1995, U.S. Department of State Dispatch, Vol. 6, Nos. 50, 51, 52.

(15)　このときフランスは軍事委員会への部分的復帰を果たしたが，軍事機構への正式な復帰は2009年。

(16)　Andrew Corttey, *Security in the New Europe*, Palgrave, 2007, p. 133. なお武力行使の有効性は UNPROFOR の初代司令官も認めていた。B.K. Shrivastava and M. Agarwal "Politics of Intervention and the Bosnia-Herzegovina Conflict," *International Studies* 40, 1 (2003), p. 84.

(17)　"A More Secure World : Our Shared Responsibility, Report of the High-level Panel on Threats, Challenges and Change," UN Doc. A/59/565, 2 Dec. 2004, para. 273. および Kofi Annan, "In Larger Freedom : Towards Development, Security and Human Rights for all," UN Doc. A/59/2005, 21 March 2005, para. 213.

(18)　UN General Assembly, "2005 World Summit Outcome," UN Doc. A/RES/60/1, 24 Oct. 2008, para. 170 (a).

(19)　Joint Declaration on UN/NATO Secretariat Cooperation (New York on 23 September 2008), 〈http://streitcouncil.org/uploads/PDF/UN-NATO%20Joint%20 Declaration.pdf〉

(20)　Michael F. Harsch and Johannes Varwick, "NATO and the UN," *Survival,* Vol. 51, No. 2, April/May 2009, pp. 10-11.

（広瀬佳一）

第 2 章

NATO の危機管理

　冷戦後に危機管理を担うようになった北大西洋条約機構（NATO）は，1991年に続いて1999年に戦略概念を改定し，活動の領域をさらに拡大していった。しかし，加盟国が増え，NATO のグローバル化が進むにつれて，同盟内部で足並みを揃えることは困難になった。また，NATO 域外での危機管理の実践は，米欧の軍事能力格差を浮き彫りにしたのである。

第1節　ヨーロッパ周辺での危機管理

1 　危機管理とは

　危機管理（crisis management）は，集団防衛と並んで NATO の主な任務を構成している。集団防衛が同盟創設当初からの任務であったのに対し，危機管理は冷戦後にはじまった活動である。集団防衛において想定していたソ連の脅威が消滅すると，NATO では「域外か，役割の喪失か（out of area or out of business）」との問いかけがなされ，「NATO 地域」の外に活路を見出さなければ，組織の存続が困難だと考えられるようになった。「NATO 地域」とは，集団防衛の発動の対象となる地理的範囲であり，北大西洋条約第 6 条で規定されている。すなわち，ヨーロッパ，北アメリカ，トルコ，北回帰線以北の島嶼などの領域である。そして，「NATO 地域」を超えた場所を，「域外（out of area）」と呼び，ここが危機管理の舞台となったのである。

　NATO において危機管理とは，広範な活動を含んでいる。危機管理は，紛争期間中のみならずその前後にも実施される軍事的・非軍事的措置の総称である。紛争に際しては，外交によって危機を回避することが目指されるが，武力行使を含めた強硬な措置が必要となることもある。時系列的な流れに沿ってい

えば，NATO の危機管理では，まず武力行使の威嚇を背景とした強制外交を
展開し，交渉が決裂した場合は空爆を軸に軍事介入し，そして休戦合意後は地
上軍を投入して安定化作戦を担当する。これらのうち，現実にどの任務が実行
に移されるかは，それぞれの紛争により異なってくる。

2　1999年の戦略概念と危機管理

　危機管理が NATO の任務として戦略概念に明確に規定されたのは，1999年
4 月であった。8 年ぶりに改定されたこの戦略概念は，深刻な危機に発展しう
る不安定性とリスクが存在しているとの情勢認識に立ち，それまでのバルカン
半島での危機管理の経験を踏まえて定められたものであった。そして，危機管
理の対象となる領域は「欧州・大西洋地域（the Euro-Atlantic area）」へと拡大
した。ただし，この戦略概念改定とほぼ同時期に実施されたコソボ介入は，
ヨーロッパ周辺での活動にとどまっており，ボスニア紛争の延長という性格の
ものであった。

3　コソボ介入

　1998年から1999年初頭にかけて，ユーゴスラビアのコソボ自治州では，セル
ビア人政府によるアルバニア系住民への弾圧がエスカレートし，そのことが
NATO の介入を招くこととなった。NATO は当初，外交的解決を模索したが，
ユーゴスラビア側が和平案を拒否すると，NATO 軍は1999年 3 月24日に空爆
を開始した。ボスニア紛争における近接航空支援（空爆）が 2 週間で終了した
のに対し，コソボ空爆は11週間に及んだ。出動した航空機は 3 万8000ソーティ，
投下された爆弾は 1 万2000トンにのぼった。78日間に及ぶ空爆の末，6 月上旬
にユーゴスラビアのミロシェビッチ大統領は和平案を受諾した（⇨コラム 3 参
照）。

　結果的に NATO はコソボ介入において目的を遂げたものの，この空爆はい
くつかの問題を伴うものであった。第 1 は，国際法上の適法性である。ボスニ
ア紛争と異なり，コソボでは中国・ロシアが軍事介入に反対していたため，
NATO は国連安保理からの武力行使容認決議を得ないまま介入に踏み切った。

　第2は，手段の人道性である。NATOは「人道的介入」を唱えて空爆を実施したが，セルビアの対空火器の危険を回避するために，NATOの航空機は当初，1万5000フィート以上の高度を維持していた[(4)]。そのことが，目標の確認を困難にし，誤爆のリスクを増大させたのである。自軍の安全を優先した結果，付帯的被害（軍事行動に随伴する民間人の被害）の発生を許してしまったといえる。これについて，空爆の動機のみならず手段も人道的であるべき，との批判がなされた[(5)]。第3は，軍事作戦の効率性である。NATOにおける全会一致の原則のために，しばしばエア・パワーの効率的な使用は妨げられた。これは，「委員会による戦争（war by committee）」と揶揄され，後に米欧間の亀裂の伏線となった。19カ国が政治的一体性を保ちつつ軍事的な進展を図ることの困難さは，現場の軍人からも指摘された[(6)]。

　コソボ介入のスタイルは，ボスニア紛争への介入の延長といいうるものであった。すなわち，ヨーロッパ周辺への介入であった点，そしてNATOが軍事介入（空爆）にまで踏み込んだという点において共通しているのである。コソボ介入の新たな点としては，ドイツが戦後初めて戦闘任務に参加したことであった。第2次世界大戦の敗戦国であった（西）ドイツは，軍事面において様々な制約を受けていた。しかし，1994年に連邦憲法裁判所が国外への派兵は合憲との判決を下し，ボスニアなどへの派兵実績を積むことで，ドイツ軍の活動に対する制約は徐々に取り払われてきたのである。

　また，NATOとロシアとの関係では，コソボ空爆をめぐってロシアの反西側感情を呼び起こし，ロシアが権威主義的かつ排外主義的な方向へ向かうよう促すことになったとの指摘もあったが[(7)]，実際にはロシアはミロシェビッチに和平案を受諾するよう促したり，コソボ治安維持部隊（KFOR）に兵力を供出するなど，NATOに対して協力的な一面もみせた。KFORとは，コソボ空爆が終結した後に，国連安保理決議第1244号に基づき，コソボの人道的状況の解決と難民帰還を目的として派遣された部隊である。KFORは1999年6月12日からコソボに展開した。当初の兵力は，NATO諸国が中心に派遣した約5万人であったが，その後，治安が回復するにつれて徐々に規模を縮小していった。2018年11月の時点で，KFORには28カ国から約4000人の部隊が参加している。

Column 3　エア・パワーのみによる戦争？

　20世紀初頭に活躍したイタリアの軍人であるドゥーエは，陸海軍の支援なしに空軍だけで戦争に勝利するという戦略爆撃の思想を生み出した。コソボ介入では，NATO は航空機のみの作戦でミロシェビッチに和平案を受諾させた。ドゥーエの思想は実現に近づきつつあるのだろうか。

　ミロシェビッチが和平に応じた要因をめぐっては諸説がある。第 1 は，エア・パワー単独に帰する立場である。それによれば，コソボ介入は史上初めて空軍のみで決着がついた戦争となる。しかし，空爆によるセルビアの地上部隊の損害は限定的であった。コソボでは，悪天候，起伏の多い地形，陣地偽装などにより空爆は困難をきわめ，NATO はセルビアの重火器の 7 ～10％しか破壊できなかった。そのため，多くの専門家から支持される見解として，第 2 に，空爆の効果も認めつつ，NATO が地上部隊を投入する可能性が決定的であったと指摘される。NATO 軍は 4 月からセルビア周辺に段階的に地上部隊を展開し，6 月 2 日にクリントン大統領が地上部隊の投入に言及した。それにより，ミロシェビッチは敗北を確信したと推測されるのである。第 3 は，外交的圧力である。ロシアが NATO 側に傾いてセルビアに和平案の受諾を迫ったことが決定的だという。第 4 は，国内的支持の動揺である。NATO の空爆により経済的損失を懸念したユーゴスラビア国内の有力者がミロシェビッチの退陣を促したといわれる。これは第 1 の立場と近く，戦略爆撃で相手国の厭戦気分を喚起しようとしたドゥーエの思想にも近い。このように様々な議論があるが，エア・パワー単独に帰する見解は専門家の間では少数派である。

　コソボにおいてエア・パワーの成果が割り引いて評価されるのは，空爆が不徹底であったからである。エア・パワーは，奇襲的かつ集中的に投入してこそ効果を発揮する。しかし，コソボ空爆当初に NATO の航空機の出撃率（＝出撃回数／戦域内の航空機数）は0.35であり，湾岸戦争時の1.25～2.5をはるかに下回っていた。こうした NATO の中途半端な戦争手法が，ミロシェビッチに勝機を誤信させてしまったのである。

KFOR の任務は，当初は難民帰還の支援，再建，地雷除去，医療支援などであった。2008年 6 月からは，コソボの軍事力であるコソボ治安部隊（KSF）の設立と能力構築を支援するようになった。

4 マケドニアでの作戦

　ユーゴスラビアの隣国であるマケドニア[(9)]も，コソボ自治州に隣接する国境付近に少数民族としてアルバニア系住民を抱えていた。1999年にコソボ紛争がひとまずは終結した後にもコソボをめぐる状況の改善が遅々としていたことから，アルバニア系住民は過激化していったといわれる。

　2001年初頭，マケドニアではアルバニア系武装勢力（NLA）による反乱が勃発した。武装勢力による攻撃は，当初はコソボとの国境付近で始まり，後にマケドニアの首都であるスコピエにまで及んだ。この武装勢力には，コソボ解放軍（KLA）からの武器，人員の流入があった。マケドニア政府軍は3月から対反乱作戦を開始し，紛争は夏にまで及んだが，米欧の外交的介入もあって，8月13日に紛争当事者は敵対行為の停止，アルバニア系武装勢力の武装解除などを含めた枠組み合意に署名した。

　紛争の再開を防ぐためには，枠組み合意のすみやかな履行が必要と考えられた。そのため，紛争後の8月22日に，NATOはアルバニア系武装勢力の武器を回収するために「欠かせない収穫作戦（Operation Essential Harvest）」を開始した。この作戦のために，NATOは11カ国からなる合計約4500人の部隊をマケドニアに展開した。作戦は約1カ月で完了し，武装勢力からおよそ4000の武器を回収した。回収した武器は，戦車，対空火器，迫撃砲，機関銃，小銃などであった。NATOの部隊は，さらに40万個近くの地雷，爆発物，弾薬も回収した。この作戦にあたって，武器供給ルートを断つために，コソボ自治州の側に展開していたKFORも国境警備を強化する形で関与した[(10)]。

第2節　9.11テロとNATOのグローバル化

1 アメリカ同時多発テロの影響

　NATOが活動範囲を大きく拡大した契機は，2001年9月11日に発生したアメリカ同時多発テロであった。このテロによって，ワシントンの国防総省とニューヨークの世界貿易センターが同時に攻撃を受け，アメリカの軍事・経済の中枢が深刻な損害を被るとともに，約2800人の死者を出した。この「9.11テ

ロ」を実行したのが国際テロ組織アル・カイーダであることが明らかになると，
ブッシュ大統領は「テロとの戦い（war on terror）」を行う決意を固めた。

　それは，「新しい戦争（new war）」でもあった。従来，NATO が想定してい
たのはソ連軍の脅威であり，国家の有する正規軍同士の戦争であった。「新し
い戦争」では，非国家主体であるテロリストが脅威とみなされ，従来は警察な
どの治安機関が担当していた任務が，軍隊の任務とされるようになったのであ
る。

　アメリカが「9.11テロ」の被害を受けたことに対し，主要国はただちに協力
姿勢をあらわした。なかでも，NATO においてそれまで独自路線を貫いてき
たフランスのシラク大統領は，「9.11テロ」後に外国の指導者としては初めて
ワシントンとニューヨークを訪問し，アメリカに対する「完全な支持」を表明
するとともに，フランス軍の派兵にまで言及した。加えて，政治的な立場の隔
たりが大きい中国，ロシアさえもアメリカの「テロとの戦い」を歓迎した。
もっとも，これら両国がアメリカを支持したのは，アメリカの戦略的関心を自
国から逸らせることができる上，これら両国もチェチェンやウイグルで「テロ
との戦い」を遂行していたからであった。ただ，そうした背景があるにせよ，
冷戦が終結した後にも依然として緊張していた米ロ関係が一時的にではあれ好
転したことは，「9.11テロ」の 1 つの効果であった。

2 　NATO による「5 条任務」の発動

　「9.11テロ」を受けて，10月 2 日，北大西洋理事会は北大西洋条約第 5 条に
定める集団防衛の適用を史上初めて宣言した。そして， 2 日後に NATO のロ
バートソン事務総長は在欧米軍施設の警備強化，東地中海への海上部隊の配備，
アメリカへの早期警戒機の派遣などを主な内容とする 8 つの対米支援措置をと
ることを発表した。

　このうち，東地中海への海上部隊の配備のみが条約第 5 条に基づく作戦で
あった。これは，「アクティブ・エンデバー作戦（Operation Active Endeavour）」
と名づけられた。アメリカは10月からアフガニスタン空爆を開始していた。
「アクティブ・エンデバー作戦」は，その空爆作戦を支援する形で東地中海に

おいて抑止・監視を行うものであった。2003年には，地中海全域をカバーするようになり，イラク戦争に際しては，アメリカの要請に基づいてジブラルタル海峡を通航する船舶の護衛も行った。「アクティブ・エンデバー作戦」は，当初はNATO加盟国のみで実施していたが，2003年以降，それ以外の国も参加した。NATOのパートナー国や地中海ダイアローグ（MD）諸国である。2006年からはロシアも参加した。アメリカは情報共有を促進するという理由から，この作戦を重視していた。もっとも，国際法に基づき，検査対象となる船舶への乗船は，船長または旗国の同意が得られた場合に限られていた。「アクティブ・エンデバー作戦」は2016年10月に終了し，それ以降は非5条任務としての「シー・ガーディアン作戦（Operation Sea Guardian）」に引き継がれている。

3 NATO のグローバル化

　アフガニスタンのタリバーン政権が崩壊した後，12月に国連安保理決議第1386号に基づき，国際治安支援部隊（ISAF）が結成された。NATOは，これに対する後方支援も担当するにいたった。「9.11テロ」以降，アフガニスタンへのNATOの関与は，危機管理に関する地理的制限を事実上取り払っていた[14]。

　こうした地理的制限の撤廃については，2002年5月にレイキャビクで開かれた北大西洋理事会で承認された。共同コミュニケでは，対テロ作戦や大量破壊兵器の拡散防止の重要性に触れた上で，「こうしたすべての任務を遂行するために，NATOは，必要とされるところであればどこであれ，部隊を迅速に出動できなければならない[15]」と記された。これにより，NATOによる域外作戦の地理的制限は消滅したのである。

　その後，2003年にNATOはISAFの指揮権を継承し，アフガニスタンで中心的な役割を担っていくようになる。グローバル化が進んだ世界では，ある地域での出来事があらゆる地域の人々の安全保障，繁栄，福利に影響してくる。遠隔地での危険に対処するために，NATOの活動もまたグローバルなものとなっていったのである。NATOはアフガニスタンで活動したのみならず，イラクで治安部隊を訓練し，ダルフールでアフリカ連合（AU）の活動を後方支援し，インドネシアの津波に際して救助を行い，またアメリカのハリケーン・

カトリーナやパキスタン地震の被害者に対して救援物資を提供した。そして，こうしたグローバルな活動を展開する中で，NATO は域外の友好国との関係を強化・公式化する必要性を認識するようになったのである[16]。

　もっとも，こうした「グローバル NATO」に対しては懐疑的な声もあった。2008年のロシア＝グルジア（こんにちでは「ジョージア」と呼称）戦争以後は，ロシアの脅威を感じる東欧諸国を中心に NATO は「欧州・大西洋地域」に戦略的な焦点を戻すべきとの要求が高まった。「グローバル NATO」は，当時のアメリカ 1 極構造を維持するため，ないしはアメリカの利益追求のための道具に過ぎないとみる国もあれば，5 条の信憑性を損なうと主張する国もあった。ただ，逆説的なことに，5 条任務を重視する東欧諸国こそが，対米支援という考慮から域外での危機管理のために多数の部隊を展開していたのであった[17]。

第3節　NATO をめぐる様々な分断

［1］　イラク戦争における NATO の分断

　アフガニスタン攻撃の後，2002年からブッシュ大統領はイラン，イラク，北朝鮮を「悪の枢軸（axis of evil）」と位置づけるようになり[18]，大量破壊兵器を開発しているとの理由から，2003年 3 月にイラクを攻撃した。イラク攻撃に際し，国連安保理においてフランス，ロシア，中国の賛同を得る見込みが立たなかったため，アメリカは国連安保理での決議を得ずに，「有志連合（coalition of the willing）」を率いて戦った。

　アメリカが NATO による作戦ではなく「有志連合」を選択したのは，フランスなどによる反対だけが理由ではなかった。アメリカのラムズフェルド国防長官は，コソボ紛争での苦い経験を念頭に，「戦争は委員会によって行われるべきではない」と述べた上で，「任務が連合を決定するのであり，連合が任務を決定するのではない」と論じていた[19]。つまり，アメリカは同盟国との政治的協調よりも，軍事的合理性を優先したのである。

　米欧の亀裂は，政治的なスタンスのみにとどまらなかった。軍事能力という点でも，両者の間には隔たりがあった。当時，米軍の62％が迅速な海外展開に

対応可能であったのに対し，それ以外のNATO加盟国軍の平均は６％に過ぎなかった[20]。NATOはグローバルに展開するという政治的意思決定を行ったものの，その裏づけとなる能力は不十分だったのである。

　もっとも，ヨーロッパ諸国の立場も様々であり，一括りにはできない。ラムズフェルド国防長官は，「古いヨーロッパ」と「新しいヨーロッパ」の区別を示し，東欧の新たな加盟国への期待を表明したのであった。

〔2〕　平和のためのパートナーシップと危機管理

　冷戦後，NATOは旧ワルシャワ条約機構の加盟国を含めた近隣諸国との協力を段階的に進めてきた。その協力関係の１つが，「平和のためのパートナーシップ（PfP）」であった。PfPは1994年に始まり，1999年の戦略概念改定により定式化された。PfPを通じて国防計画・予算の透明化，軍の民主的統制，NATOとの相互運用性の向上などに努めてきた東欧諸国は，NATOに加盟する前から，PfPの枠組みを通じて域外での危機管理に貢献してきた。東欧諸国はロシアの脅威を強く感じており，NATOへは集団防衛機能を期待していた。その見返りとして，対米支援という考慮から，NATOの危機管理に自国軍の兵員を参加させたのである。

　アフガニスタンやイラクでの東欧諸国の貢献は，単なる兵員（マン・パワー）の提供のみにとどまらず，質的にも重要なものであった。それら両国では治安部門改革（SSR）がなされていたが，そこで最も実質的な貢献が期待されたのは，新国軍への装備の提供と保守管理であった。アフガニスタンやイラクの新国軍では，AK-47ライフルやT-54，T-72型戦車等，旧ソ連製の装備が再利用されていた。そうした面で，旧ワルシャワ条約機構の加盟国であった東欧諸国による訓練や整備が大きな役割を果たしたのである[21]。

　従来より，NATOのパートナーである国々はPfPの枠組みを通じてNATOの作戦に参加することが可能であった。2014年９月にNATOは，それをさらに推し進めて，「パートナーシップ相互運用性イニシアティブ（PII）」を決定した。これにより，NATOはパートナー国のうち「高次の機会が提供されるパートナー国」である５カ国（オーストラリア，フィンランド，ジョージア，

ヨルダン，スウェーデン）とは危機に際して，また作戦準備に際して緊密な関係をとることとなった。[22]

〔3〕　アフガニスタンにおける危機管理

　アフガニスタンでは，2001年10月に米英軍の空爆によりタリバーン政権が崩壊してから，安定化・復興支援が課題となっていた。そのため，同年12月にISAF が設立され，多国籍の部隊が派遣された。NATO は2003年8月からISAF の指揮権を継承した。当初，ISAF の任務は首都カブール近郊の安全確保であった。後に，アフガニスタンの北部，西部，南部，東部へと拡大し，全土での安定化作戦を担当するようになった。

　1990年代にバルカン半島で行われた危機管理と比べると，アフガニスタンでは米欧の役割分担が1つの特徴として浮かび上がってきた。すなわち，米英が戦闘作戦を担当し，他のヨーロッパ諸国が安定化・復興支援作戦を担当するという緩やかな役割分担である。[23]もっとも，戦闘作戦のほうが安定化・復興支援作戦より烈度は高いが，危険度までも高いことは意味しない。住民の中に入っていく安定化・復興支援作戦は，しばしばテロの標的となった。2014年末にISAF が任務を終了するまで，要員の約3500人が死亡している。

　NATO がアフガニスタンで取り組んだのは，現地の警察や軍を育成する治安部門改革であった。アフガニスタンでは，復興支援と反乱鎮圧が同時進行し，いわば硬軟両面の作戦により「民心の掌握」を目指していた。その成功の鍵となるのは，アフガニスタン人自らの手による治安部門改革であった。アフガニスタンでは紛争状態が20年以上も継続してきたことから，軍閥間の対立関係が錯綜していた上，反政府勢力は警察や軍を標的にして改革阻止を狙ったため，治安部門改革は困難を極めた。[24]

　NATO 諸国による ISAF への貢献の態様は，一様ではなかった。一部の国々は，ISAF へ部隊を派遣するにしても，「自国の免責事項（national caveats）」と呼ばれる制約を設けていた。各国政府や議会が，自国の部隊を配備する地域や実施可能な任務についての制約を設けたのである。ISAF に派遣された部隊のほぼ半数が，何らかの形で「自国の免責事項」を課せられていた。

こうした制約は，NATO の各種作戦への参加を一般的に禁じたものではなかった。しかし，現地の NATO 軍司令官は，指揮下にある部隊をつとめて柔軟に運用することを模索しており，「自国の免責事項」の存在が，運用の妨げとなっていたのである。アメリカ，カナダ，イギリス，オランダの部隊がアフガニスタン南部・東部といった不安定な地域に展開していたのに対し，ドイツは比較的平穏な北部に展開していた。また，ドイツの部隊は，パトロールをする場合も装甲車に乗った形でのみ行い，夜間に基地から出ることはなかった。こうした様相を指して，アメリカのゲイツ国防長官は，NATO が「住民の安全確保のために戦って死ぬ覚悟がある国と，そうでない国」とに分裂することへの警鐘を鳴らした。

　さらに，NATO による治安部門改革の過程で，現地のアフガニスタン住民の間にも分断が生じかねなかった。アフガニスタン国軍の訓練を担当していたのは，アメリカ，イギリス，カナダなどの軍であった。識字率が３割程度に過ぎないアフガニスタンで外国語（英語）による教育訓練を施すことは，一部のエリート層を重用しているような印象を与えやすかったのである。こうした中，非欧米勢力としてアラブ首長国連邦（UAE）が ISAF に協力するように変化した点は，国際部隊への反発を軽減する上では有益であったが，全体に占めるその比率はわずかであった。

　ところで，NATO がアフガニスタンに ISAF を駐留させていたことは，2005年10月のパキスタン地震に引き続いてなされた救援活動への参加の契機ともなった。これは，NATO 即応部隊（NRF）が地上部隊を含めて本格的に投入された初めてのケースであった。パキスタンの側では，隣国に展開している NATO には，山岳地帯での救援活動に不可欠な航空能力の点で，何らかの支援を受けられるのではないかとの漠然とした期待があった。一方，NATO の側では，パキスタンが災害対処への遅れから不安定化してアフガニスタンにも影響が及ぶ事態を避けたいとの戦略的思惑があったのである。

　アフガニスタンでの安定化作戦は，バルカン半島のようには進展しなかった。バルカン半島では時間の経過とともに部隊の規模は縮小していったが，ISAF は増派により拡大していった。当初，ISAF がカブール周辺の警備を引き受け

た時は約5500人に過ぎなかったが，一時は13万人を超える部隊を展開していたのである。しかし，2014年末にアフガニスタンの治安責任はアフガニスタン国軍と治安部隊に移管され，ISAF は任務を終了した。その後，NATO は2015年1月より「確固たる支援任務（RSM）」を開始している。その任務はアフガニスタン治安部隊に対する訓練，助言，支援であり，2019年3月の時点で約1万7000人が展開している。

第4節　リビア介入と NATO

[1]　「保護する責任」としてのリビア介入？

　2010年のチュニジアでの革命を皮切りに，中東・北アフリカでは「アラブの春」と呼ばれる民主化運動が広がり，リビアではこれが内戦に発展した。カダフィ政権による反体制勢力の弾圧を懸念した国際社会は，事態の悪化をおそれて介入に踏み切った。2011年3月17日には，国連安保理決議第1973号によりリビア上空に飛行禁止空域が設定されるとともに，武力行使が容認され，19日からイギリス，フランス，アメリカによる空爆が始まった。31日からは NATO が指揮権を引き継ぎ，数カ月の紛争ののちにカダフィ政権は崩壊した。

　このリビア介入は，「保護する責任（R2P）」の初の実践事例であったという議論がある。「保護する責任」は，2000年代に入ってから提唱された考え方である。これによれば，各国には住民をジェノサイド，戦争犯罪，民族浄化，人道に対する罪などから保護する責任があるが，この責任を果たせない場合，国際社会は住民の保護のために介入することが是とされる。リビア介入にあたって，「保護する責任」という概念が重要な役割を果たしたとの主張がある一方，国連安保理での審議では「保護する責任」が決定的な要因であったとは言い難いとの見方もある。

　さらに，実際の軍事介入の態様をみた場合も，NATO 諸国の軍事行動が住民の保護にとどまるものであったかどうかには争いがある。NATO は住民の保護を超えて，カダフィ政権の打倒まで意図していたのではないか，という指摘である。その一例として，撤退しつつあったリビア軍部隊やカダフィの根拠

地の部隊に対してまで NATO が攻撃を行ったという事実があげられる[31]。とはいえ，一般に軍事行動において，攻撃の対象となるのは戦闘準備の整った部隊のみに限られず，相手国の指揮中枢や戦闘配置にない部隊も含まれうる。結果として，住民の保護という目的は，弾圧する側の部隊の撃滅，つまりはその体制を打倒することにつながりやすいのである[32]。

2 リビア介入の特徴

　2000年代に NATO が取り組んだ危機管理は，安定化・復興支援に限られていたが，2011年のリビア介入では軍事介入（空爆）にまで踏み込んだ。この点で，リビア介入は1990年代の軍事介入パターンへの回帰を示唆する[33]。ただし，NATO は当初から空爆に関与していたのではなく，多国籍軍による作戦を途中から引き継ぐという形をとった。当初から NATO の枠組みを用いなかった理由として，フランスの反対が指摘される。フランスは，NATO を用いることで自国の存在感を減じてしまうことや，アラブ諸国との間に距離が生ずることを懸念していたのである。しかし，後に NATO の作戦に対するフランスの懸念は払拭され，またアラブ諸国も NATO 主導となることに反対ではないことが明らかになった[34]。そのため，NATO は 3 月31日から「ユニファイド・プロテクター作戦（Operation Unified Protector）」の指揮をとったのである。

　また，リビア介入はイギリスとフランスの政治的主導によって進められ，大西洋同盟内でのヨーロッパの浮上を一時的にせよ印象づけることとなった。NATO の作戦には加盟国のうち14カ国とパートナー国のうち 4 カ国が参加した。リビア介入において，アメリカはインテリジェンス，給油，目標選定などで重要な役割を果たしたものの，軍用機出撃数の40％以上，目標破壊の 3 分の 1 以上はイギリス，フランスによるものであった。パートナー国として参加したのは，アラブ首長国連邦，ヨルダン，スウェーデン，カタールであった[35]。イスラーム諸国を介入の側に巻き込んだ点は，西欧とイスラームとの対立構造という見方を緩和する上で意義があったと考えられる。なお，カタールはリビアの反体制派に対して武器，訓練，通信なども提供した。

　他方，同盟内政治に目を向けると，2000年代に米欧の亀裂が目立ったのに対

し，リビア介入ではヨーロッパ内部の分裂が表面化した。イギリス，フランス
がリビア介入に積極的であったのに対し，ドイツは慎重であった。リビアへの
武力行使を容認する国連安保理決議第1973号は，イギリス，フランスが提案し
たものであった。その審議過程において，当時，非常任理事国であったドイツ
は武力行使の有効性に疑いを抱いていた上，介入は事態をさらに悪化させかね
ないと考えていた(36)。ドイツはこの決議に対して棄権し，結果的に，独仏協調と
いう伝統的外交政策から逸脱し，中国，ロシアの側と行動をともにする形と
なったのである(37)。さらに，NATO として取り組んでいる課題に対して，大半
の加盟国が関与する能力ないしは意思を欠いていることが明らかになった。当
時，28の加盟国のうち，リビアでの戦闘任務に参加したヨーロッパ諸国はわず
か 6 カ国（イギリス，フランス，ベルギー，イタリア，ノルウェー，デンマーク）に
すぎなかったのである。

3　NATO による危機管理の課題

　リビアでの空爆はイギリス，フランスが主導した。それが可能であった要因
として，そもそも小規模な作戦だったということが指摘できる。動員した軍事
アセットの規模からみれば，コソボ介入の際の 5 分の 1 に過ぎなかった。それ
でも，リビアでの作戦の枢要な部分ではアメリカへの依存が目立った。アメリ
カは情報，監視，偵察の75％を担当していたのである(38)。大西洋同盟内のバード
ン・シェアリング（負担共有）は引き続き課題と認識されており，ヨーロッパ
諸国は軍事能力を向上するために防衛支出を拡大することが求められている(39)。

　また，コソボからリビアまで，NATO は一貫してムスリム住民の保護とい
う立場から危機管理を行ってきた。しかし，NATO の部隊が中東や北アフリ
カに展開し，ときに武力行使に踏み切る様相は，西欧とイスラームの対立構造
として，ないしは形を変えた「新植民地主義」としてとらえられかねない側面も
ある。2000年代からこんにちに至るまで，ヨーロッパの主要都市ではイスラー
ム過激派によると思われるテロが散発的に発生した。そこには，NATO によ
る軍事行動への反感も込められていよう。NATO が危機管理のため域外で努
力を傾注したことが，かえって域内での危機を招いたのであろうか。NATO

として，いかに自らの活動の正統性を説得的に訴えかけていくかは，依然として課題であるといえよう。

推薦図書

月村太郎編著『解体後のユーゴスラヴィア』晃洋書房，2017年。

　　旧ユーゴスラビアについて各国別に著されており，特に第 6 章では1999年の紛争から現在に至るまでのコソボについて理解できる。

吉崎知典「紛争処理における同盟の役割──NATO による治安部門改革を中心に」『防衛研究所紀要』第11巻第 3 号，2009年 3 月，25-44頁。（防衛省防衛研究所 HP よりダウンロード可能）

　　アフガニスタン，イラクにおける NATO の危機管理，特に治安部門改革を簡潔にまとめた論文である。

『社会と倫理』第27号，2012年。（南山大学社会倫理研究所 HP よりダウンロード可能）

　　NATO によるリビア介入について，イギリス学派の複数の研究者が「保護する責任」の視点から分析した論文集である。

---

(1)　金子譲『NATO 北大西洋条約機構の研究──米欧安全保障関係の軌跡』彩流社，2008年，271頁。

(2)　吉崎知典「危機管理」広瀬佳一・吉崎知典編著『冷戦後の NATO──"ハイブリッド同盟"への挑戦』ミネルヴァ書房，2012年，194頁。

(3)　NATO website, "The Alliance's Strategic Concept,"〈https://www. nato. int/cps/en/natohq/official_texts_27433.htm?mode=pressrelease〉, 24 February 2019 アクセス.

(4)　Benjamin S. Lambeth, *NATO's Air War for Kosovo : A Strategic and Operational Assessment*, RAND, 2001, pp. 21-22.

(5)　最上敏樹『人道的介入──正義の武力行使はあるか』岩波新書，2001年，106-108頁。

(6)　Ian Garnett, "My Job : The Challenge of Joint Command," *RUSI Journal*, Vol. 144, Issue 4, August 1999, p. 7.

(7)　Erik Yesson, "NATO and Russia in Kosovo," *RUSI Journal*, Vol. 144, No. 4, August 1999, p. 22.

(8)　NATO website, "NATO's role in Kosovo," 〈https://www.nato.int/cps/en/
natohq/topics_48818.htm?selectedLocale=en〉, 24 February 2019 アクセス.

(9)　2019年以降, 正式国名は「北マケドニア共和国」となったが, 本章の記述はそれ
以前のものであるため, 当時の呼称であった「マケドニア旧ユーゴスラビア共和国
(FYROM)」を簡略化した表記としての「マケドニア」を用いる。

(10)　CRS Report for Congress, "Macedonia : Country Background and Recent
Conflict," 28 March 2002.

(11)　Philip H. Gordon, "NATO After 11 September," *Survival,* Vol. 43, No. 4, Winter
2001-02, p. 91.

(12)　Robert Kagan, "The September 12 Paradigm," *Foreign Affairs,* Vol. 87, Issue 5,
Sep/Oct 2008.

(13)　8つの措置とは, ①テロに関する情報共有・協力の強化, ②テロの脅威にさらさ
れている同盟国等への支援, ③アメリカ等の施設の警備強化, ④対テロ作戦に必要
な NATO 責任区域内のアセットの再配置, ⑤アメリカや同盟国の航空機, ならび
に対テロ作戦に関連した軍用機に対する上空通過の許可, ⑥対テロ作戦のためにア
メリカおよび同盟国に対する港湾・飛行場へのアクセス確保, ⑦東地中海への海上
部隊の配備, ⑧対テロ作戦を支援するための早期警戒機の派遣であった。NATO
website, "Statement to the Press by NATO Secretary General, Lord Robertson," 4
October 2001, 〈https://www.nato.int/docu/speech/2001/s011004b.htm〉, 24
February 2019 アクセス.

(14)　広瀬佳一「冷戦の終焉と NATO の模索」広瀬・吉崎編著『冷戦後の NATO』
29頁。

(15)　NATO website, "Final Communiqué : Ministerial Meeting of the North Atlantic
Council Held In Reykjavik on 14 May 2002," 〈https://www.nato.int/docu/pr/
2002/p02-059e.htm〉, 24 February 2019 アクセス.

(16)　Ivo Daalder and James Goldgeier, "Global NATO," *Foreign Affairs,* Vol. 85, No.
5, September/October 2006.

(17)　Jens Ringsmose and Sten Rynning, "Come Home, NATO ? : The Atlantic
Alliance's New Strategic Concept," *DIIS (Danish Institute for International
Studies) Report,* April 2009, pp. 17, 19.

(18)　George W. Bush, "State of the Union Address," 29 January 2002.

(19)　Donald H. Rumsfeld, "Transforming the Military," *Foreign Affairs,* Vol. 81, No.
3, May/June 2002, p. 31.

(20)　イギリスは21％, フランスは10％, ドイツは 5 ％である。なお, この数値の算出

の基礎データは2000年前後の統計資料に拠っている。Michael O'Hanlon and P. W. Singer, "The Humanitarian Transformation: Expanding Global Intervention Capacity," *Survival,* Vol. 46, No. 1, Spring 2004, p. 84

(21) 吉崎知典「紛争処理における同盟の役割――NATO による治安部門改革を中心に」『防衛研究所紀要』第11巻第3号, 2009年3月, 43頁。

(22) NATO website, "Partnership Interoperability Initiative," ⟨https://www.nato.int/cps/em/natohq/topics_132726.htm⟩, 24 February 2019 アクセス.

(23) 吉崎「軍事的変革」広瀬・吉崎編著『冷戦後の NATO』67-68頁。

(24) 吉崎「紛争処理における同盟の役割」32-34頁。

(25) CSR Report for Congress, "NATO in Afghanistan: A Test of the Transatlantic Alliance," 3 December 2009, pp. 10-11.

(26) 吉崎「紛争処理における同盟の役割」25頁。

(27) 同上34頁。

(28) 鶴岡路人「NATO 変革の中の災害救援――パキスタン地震救援活動と同盟変革の方向性」『国際安全保障』第34巻第3号, 2006年12月, 97-98頁。

(29) NATO website, "NATO and Afghanistan," ⟨https://www.nato.int/cps/en/natohq/topics_8189.htm⟩, 15 August 2019 アクセス.

(30) リビア介入にあたって「保護する責任」概念の役割を強調する論考として, 例えば Alex J. Bellamy, "Libya and the responsibility to protect: the exception and the norm," *Ethics and International Affairs,* Vol. 25, No. 3, Fall 2011 が, 一方, 否定的にみるものとしては Justin Morris, "Libya and Syria: R2P and the spectre of the swinging pendulum," *International Affairs,* Vol. 89, No 5, 2013 などがある。

(31) Alan J. Kuperman, "A Model Humanitarian Intervention?: Reassessing NATO's Libya Campaign," *International Security,* Vol. 38, No. 1, Summer 2013, pp. 113-114.

(32) 大庭弘継「『保護するべき人々を犠牲に供する』というアポリア――2011年のリビア介入の教訓」『社会と倫理』第27号, 2012年, 63頁。

(33) 吉崎「危機管理」広瀬・吉崎編著『冷戦後の NATO』206頁。

(34) ヒラリー・ロダム・クリントン／日本経済新聞社訳『困難な選択（下）』日本経済新聞出版社, 2015年, 115-118頁。

(35) Ivo H. Daalder and James G. Stavridis, "NATO's Victory in Libya: The Right Way to Run an Intervention," *Foreign Affairs,* Vol. 91, No. 2, March/April 2012.

(36) Morris, "Libya and Syria," p. 1272.

(37) 中村登志哉「ドイツの安全保障規範の変容――1999-2011年の海外派兵政策」『言

　語文化論集』第35巻第 1 号，2013年10月，106頁。

(38)　Daalder and Stavridis, "NATO's Victory in Libya."

(39)　Jeffrey H. Michaels, "NATO After Libya : Alliance Adrift ?," *RUSI Journal*, Vol. 156, No. 6, December 2012, p. 58.

(40)　以下の議論は，Lambeth, *NATO's Air War for Kosovo* ; Daniel R. Lake, "The Limits of Coercive Airpower : NATO's, "Victory" in Kosovo Revisited," *International Security*, Vol. 34, No. 1, Summer 2009 ; Daniel L. Byman and Matthew C. Waxman, "Kosovo and the Great Air Power Debate ; " Barry R. Posen, "The War for Kosovo : Serbia's Political-Military Strategy," *International Security*, Vol. 24, No. 4, Spring 2000 による。

(41)　Charles Dick, "Why the alliance could not be seen to fail," *RUSI Journal*, Vol. 144, Issue 3, June 1999, p. 33.

（篠﨑正郎）

第3章

NATO の軍事機構・戦力の変容

　冷戦後の NATO は安全保障上の要請に応じ，軍事機構・戦力を変化させてきた。このうち，通常戦力については域外での危機管理活動を遂行するために必要な能力が整備されてきた。一方，冷戦期に戦力の中核を担ってきた核戦力は大幅に削減されている。また，21世紀に入りミサイル防衛（MD）システムの構築も進められている。

第1節　軍事機構・戦力整備の指針としての戦略概念

　NATO は平時から独自の軍事機構[(1)]を有する軍事同盟である。冷戦期には西ヨーロッパに対する共産主義勢力の大規模な軍事侵攻を抑止・防衛するための軍事機構・戦力が整備されてきた。冷戦の終焉により大規模侵攻が生起する蓋然性は大幅に低下したが，ヨーロッパ内外で新たな危機や課題が現出するようになった。冷戦後の NATO は，このような新たな安全保障環境に適応するために軍事機構・戦力を変化させることが求められてきた。

　この変化の方向性は，戦略概念（strategic concept）で規定されてきた。戦略概念は，今後10年の国際状況を分析し，脅威認識を明らかにした上で，戦略方針を定めたものである。これは NATO 加盟国に今後の軍事力整備の方向性を示す指針ともなる。本節では，冷戦後に策定された戦略概念において，軍事機構・戦力の変容の方向性がどのように規定されてきたのを明らかにする。

　冷戦終焉とともに策定された1991年戦略概念では，ヨーロッパの全正面に対する大規模攻撃という冷戦期のような軍事的脅威は事実上消滅したが，地域紛争やテロ行為などの不特定・不確実な脅威に対処していく必要があろうと分析されていた。そして，NATO の主任務が依然として集団防衛であることに変

わりはないが，中・東欧や中東などの不安定な情勢に対処するために，紛争予防や危機管理活動を重視していくことが合意された[(2)]。

　北大西洋条約の調印50年の1999年４月にワシントンで開催された NATO 首脳会議において1999年戦略概念が採択された。そこでは，大規模な通常戦力による NATO への軍事侵攻はほとんど生起しないであろうと分析されていた。一方で，安全保障上の課題とリスクとして，NATO 域外における民族・宗教上の抗争，領土紛争，国内変革の失敗や破綻，人権侵害などの不安定が域内に波及することや，大量破壊兵器（WMD）およびミサイルの拡散，情報中枢に対する妨害（サイバー攻撃），テロ行為，破壊活動，組織犯罪などの多様なものがあげられていた。このような事態に対処するために，ケース・バイ・ケースで加盟国のコンセンサスを得て，危機管理活動に従事していくと述べられていた。そして，危機管理活動を北大西洋条約の第５条で規定されている集団防衛任務と対比して非5条任務と規定し，これが NATO の正式な任務であると明示した。この危機管理活動は，NATO 域外での行動が求められる。また，いつ，どこで，どのように危機が発生するのかも不明である。このため，即応性・有効性・持続性・展開性を備えた戦力を整備していくことも合意された[(3)]。

　2001年９月の同時多発テロや，08年８月のロシアのジョージアへの軍事侵攻という安全保障環境の変化を踏まえ，10年11月のリスボン首脳会議において，NATO の最新の戦略概念である2010年戦略概念が採択された。そこでは，NATO 領域に対する通常戦力による攻撃の可能性は低いと分析されていた。一方，弾道ミサイル，WMD の拡散，サイバー攻撃，テロ行為，エネルギー安全保障といった広範かつ進展した脅威が存在するとも述べられていた。そして NATO の中核的任務を，集団防衛および危機管理に加え，協調的安全保障であると規定した。また，MD が集団防衛の構成要素の一つであると述べられていた。さらに，テロ行為やサイバー攻撃といった新たな脅威も集団防衛の対象となることも明記された[(4)]。

　2010年戦略概念では，加盟国の領域防衛という伝統的な集団防衛任務の重要性が再認識された。しかし，そのための軍事力整備の方向性については，各国の脅威認識の違いから合意にいたらなかった。このため，2012年５月のシカゴ

首脳会議では，抑止・防衛を効果的に行うための軍事力整備の方向性を示した「抑止・防衛態勢見直し（DDPR）」が採択された。DDPR では，NATO の抑止・防衛態勢は，核戦力，通常戦力，MD および軍備管理・軍縮・不拡散という 4 つの要素を適切に組み合わせることが重要であると述べられていた。この DDPR の詳細は公表されていないが，NATO の中核任務である抑止・防衛に必要な能力や態勢について加盟各国の実務者が参加して検討する過程自体が，同盟の結束と集団防衛の継続的な信頼性の強化に貢献していると評価されている[5]。

　以上のように，冷戦後に策定されたいずれの戦略概念においても，本来任務としての集団防衛機能を維持しつつも，安全保障環境の変化に対応するために軍事機構・戦力を変化させる必要性が明言されてきた。次節以降，NATO の軍事機構・戦力の変容の軌跡を，通常戦力，核戦力，MD システムに区分して述べていく。

第 2 節　危機管理活動を担う通常戦力

[1]　「平和の配当」による通常戦力の大規模削減

　冷戦期の NATO は，共産主義勢力の西ヨーロッパへの大規模な軍事侵攻をできるだけ前方で阻止することにより加盟国の人的・物的被害を最小限にするという前方防衛の軍事戦略を採用していた。このため東西の最前線であった西ドイツには，アメリカ，イギリス，ベルギー，オランダ，カナダなどの NATO 加盟国の部隊が，西ドイツとの協定に基づき駐留していた[6]。ただし，これらは一部の警戒・監視部隊を除いて平時は各国政府の指揮・統制下にあった。有事になると各国は，あらかじめ定められた作戦計画に基づき，定められた時期に定められた編制の部隊を定められた NATO の司令部に差し出すという固定的な態勢をとっていた。冷戦期の NATO の軍事機構は，軍事委員会の配下に，欧州連合軍（ACE），大西洋連合軍（ACLANT），海峡連合軍（ACCHAN）という 3 個の戦略連合軍の司令部からなる地域別の指揮機構（Command Structure）を有していた。また，戦略連合軍司令部の配下には，作戦地域を割

図 3 - 1　在欧米軍の兵員数の推移

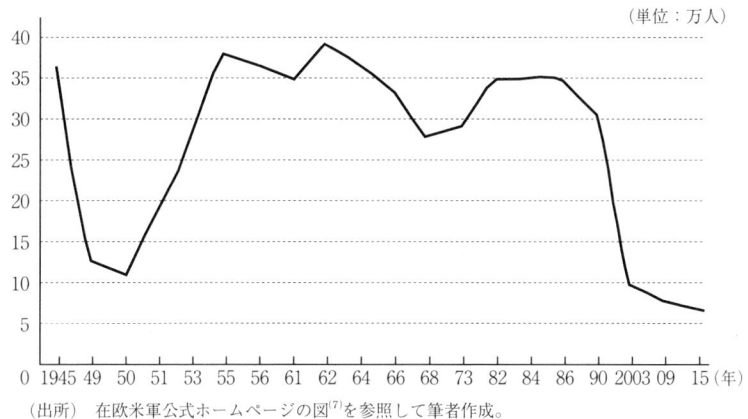

(出所)　在欧米軍公式ホームページの図[7]を参照して筆者作成。

り当てられたいくつかの戦域連合軍司令部があった。さらに，戦域連合軍司令部もその配下に準戦域連合軍司令部や軍種連合軍司令部を保持し，その下に各国から差し出される軍団や師団が存在していた。このように，冷戦期のNATO の指揮機構は典型的な階層構造であった。

　1989年11月のベルリンの壁崩壊や翌年10月のドイツ統一に引き続き，ワルシャワ条約機構（WTO）が91年 3 月に解散し，同年12月にソ連が解体され冷戦が終焉した。これにより，冷戦期にヨーロッパの最前線で NATO と対峙していた共産主義勢力の通常戦力は大幅に縮小された。また，この冷戦終焉の過程の中で，90年11月に NATO 加盟16カ国と WTO 加盟 7 カ国は，ヨーロッパの通常戦力を低い水準で均衡させ，奇襲や大規模攻撃の能力を制限する目的で，戦車 2 万両，装甲戦闘車両 3 万両，火砲 2 万門，戦闘機6800機，戦闘ヘリコプター2000機と上限を定めたヨーロッパ通常戦力条約（CFE）に調印した。さらに，92年 7 月の欧州安全保障協力会議（CSCE）では，NATO 加盟国および旧WTO 加盟国が保有できる兵員の上限が定められた「ヨーロッパ通常戦力の兵員に関する交渉の最終議定書（CFE-1A）」が調印された。

　このように，冷戦終焉に伴う共産主義勢力の自主的な武装解除に加え，CFE による軍縮の義務化もあり，NATO 諸国ではこれまで軍事に費やしてきた予算や人員，技術を民生に振り向けるべきという「平和への配当」を求める

表3-1　ヨーロッパ主要国の通常戦力および国防費の比較

年	イギリス		フランス		ドイツ		イタリア	
	1991-92	2013	1991-92	2013	1991-92	2013	1991-92	2013
総兵力 (万人)	30.0	16.6	45.3	22.9	47.6	19.6	36.1	18.1
陸　軍 (万人)	15.0	9.7	28.0	12.2	33.5	7.0	23.4	10.6
戦　車 (両)	1,314	227	1,349	254	7,000	322	1,220	320
主要水上艦 (艦)	48	18	41	24	14	19	32	18
潜水艦 (艦)	24	11	17	10	24	4	9	6
作戦機 (機)	530	318	845	336	638	209	449	234
国防費 (米億＄)	360	608	348	491	356	404	196	236
GDP比 (％)	3.64	2.50	2.93	1.90	2.37	1.20	1.80	1.19

（出所）　*The Military Balance 1991-1992* および The *Military Balance 2013* を参照して筆者作成。

声が高まった。このため，西ドイツに駐留していた NATO 加盟国の部隊も大幅に削減された。[8] アメリカの在欧米軍も，冷戦期には2個軍団で30万人を超える大兵力を擁していたが，冷戦の終焉に伴い10万人態勢に移行した（図3-1）。また，ヨーロッパ諸国においても，通常戦力が大規模に縮小されるとともに，国内総生産（GDP）に占める国防支出の比率も大幅に低下した（表3-1）。

［2］　指揮機構のスリム化

　冷戦終焉により NATO の通常戦力が大幅に削減されるとともに，NATO が直面する脅威が不特定・不確実なものに変化したことから，従来の階層的で固定的な指揮機構をスリムにし，柔軟な対応ができるように改編することが求められるようになった。1991年12月，戦略連合軍の1つであった ACCHAN の廃止が決定された。また，危機管理・平和維持活動に従事させるために，ACE の配下に即時対応部隊および緊急対応部隊を編成することも合意された。

図 3-2　作戦連合軍の軍事機構（2018年10月）

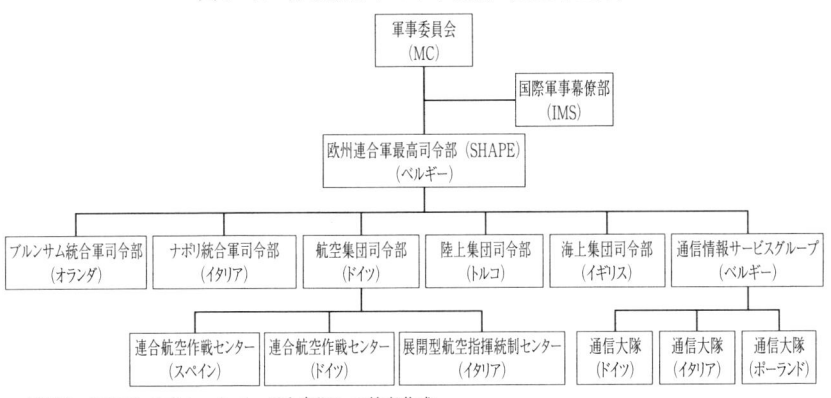

（出所）　NATO 公式ホームページを参照して筆者作成。

　さらに96年 6 月，NATO 域外での危機管理・平和維持活動に対処するために，共同統合任務部隊（CJTF）を設置することが合意された。CJTF は，平時には司令部の中枢機能だけしか存在しないが，必要な時期に司令部を増強し，NATO 非加盟国をも含めた有志諸国から必要な部隊の提供を受け，域外での任務に従事するというものであった。

　1997年 7 月にマドリードで開催された NATO 首脳会議において，指揮機構のさらなる改編が合意された。これにより，冷戦期に69個存在した各階層の司令部が20個に激減し，司令部の階層構造も 4 階層から 3 階層になった。2002年11月のプラハ首脳会議では，ACE と ACLANT という地域別で 2 個存在していた戦略連合軍を，作戦・運用の担当と研究・開発・教育・訓練の担当という 2 個の機能別連合軍に改編することが合意された。

　作戦連合軍（ACO）は，戦略レベルのヨーロッパ連合軍最高司令部（SHAPE）の配下に，ブルンサム統合軍司令部とナポリ統合軍司令部という 2 個の戦域レベルの司令部がある。また，SHAPE の配下には，陸・海・空の軍種別集団の司令部もあり，各軍種部隊の相互運用性や指揮・統制能力の向上のための訓練や司令部要員の訓練を行っている。また，航空集団司令部はヨーロッパ戦域での対空監視や MD の作戦統制を，海上集団司令部はヨーロッパ周辺海域での警戒・監視活動を作戦統制している（図 3-2）。

３ 戦略連合軍から変革連合軍（ACT）への改編

　NATO の1999年戦略概念では新たなタイプの脅威に対処する危機管理活動が任務化された。この任務を遂行するには，部隊の編成・装備や戦術・戦技等を研究・開発し，これを加盟国の部隊に教育・訓練する必要があった。このため，2002年11月のプラハ首脳会議において，これまで作戦・運用に従事していた ACLANT を，研究・開発・教育・訓練を担当する変革連合軍（ACT）に改編することが合意された。

　2003年6月に改編された ACT は，装備や教義を開発・改善および実験し，これを各国の部隊に普及教育や訓練することを通じて，NATO 部隊の軍事能力の改善，相互運用性の向上に貢献することを任務としている。ACT の配下には，統合戦闘センター，統合部隊訓練センター，海上阻止行動訓練センター，統合分析戦訓センター，訓練グループ，NATO の各種学校がある。教育・訓練を担当する各種学校や訓練センターは，冷戦期には NATO の軍事委員会付属の機関であったが，ACT への改編に伴いこの下部組織になった。

　また，NATO における研究・開発において特筆する制度として，ACT から独立した機関である中核研究拠点（COE）があげられる。COE は，NATO が直面する特定課題を研究し，その成果を加盟国やパートナー国に普及することを目的として，一国または複数の加盟国が資金を提供して設立された研究機関である。NATO では，全加盟国からコンセンサスを得ることが困難であるので，加盟国の増加に伴い有志諸国が共同して先行的に対処するようになっている。2005年に統合航空機能 COE がドイツに，対テロ防衛 COE がトルコに設立されたのを皮切りに，民軍協力 COE，冬季作戦 COE，指揮統制 COE，協同サイバー防衛 COE，諜報活動 COE，工兵 COE，衛生 COE など，2019年1月現在で25の COE が存在する。これらは，ACT と調整しつつ新たな脅威の研究・対応，産・官・学の連携，専門人材の育成・交流，域外との連携等を行っている。[9]

４ 初動対処を担う NATO 即応部隊（NRF）

　冷戦終焉後の1990年代に，即時対応部隊や緊急対応部隊の編成，CJTF の設

置が合意され，域外での危機管理・平和維持活動に従事するための組織が整備された。しかし，これらによっても不特定・不確実な脅威に必ずしも有効に対処することができなかった。このため，1999年戦略概念では，即応性・効率性・持続性・展開性を備えた多国籍な統合部隊を，ローテーションで紛争予防や危機管理活動に従事させることができるような態勢を整備していくという指針が示された。

　1999年戦略概念における指針を具体化したものが，2002年11月のプラハ首脳会議において合意された NATO 即応部隊（NRF）である。NRF は，地球上のあらゆる地域に，命令を受けてから 5 日以内に，最低30日間は展開することを目標に整備されると首脳会議のコミュニケでは述べられていた。これは，陸・海・空や専門の部隊から編成され，ローテーションで任務に就く統合部隊である。03年10月に NRF のプロトタイプの部隊が編成され，04年10月に初期の作戦能力の保有が，06年11月に完全な作戦能力の保有が宣言された。この時期の NRF は，加盟各国から差し出される，陸上 1 個旅団（戦闘部隊，戦闘支援部隊，後方支援部隊等から編成される9500人），海上 1 個任務部隊（航空母艦を含む水上戦闘艦艇，潜水艦，揚陸艦，掃海艇，補助支援艦等から編成される6300人），航空 1 個構成部隊（1 日200戦闘ソーティの能力を有する部隊で，迎撃戦闘機，戦闘爆撃機，輸送・空中給油・救難活動・早期警戒機等から編成される5500人），特殊部隊400人，特殊武器防護部隊1000人，統合後方支援部隊1900人などから構成される約 2 万5000人規模の部隊であった。これらの部隊は，統合軍司令部内に設置される展開型統合任務部隊（DJTF）司令部に配属され，陸上部隊は半年間の，その他の部隊は1年間のローテーションで任務に就いていた。NRF はこれまでに，04年のアテネ・オリンピックに伴う警備活動，同年 9 月のアフガニスタンでの大統領選挙の支援，05年にアメリカで発生したハリケーン・カトリーナおよび同年のパキスタン地震に伴う災害救助活動を実施した。

　NATO では，各国から差し出される部隊を，NRF のローテーション任務に就く前に 6 カ月にわたり訓練し，その後に能力判定を行っている。このため NRF には，ヨーロッパ各国の部隊の能力を向上させる触媒としての役割をも有している。ヨーロッパ各国の部隊は，NRF に参加することによって，米軍

の統合・遠征作戦のノウハウを学び，相互運用性を含む様々な能力を向上させている。[10]

第3節 米欧間の「くさび」としての核戦力

〔1〕 核共有と米欧関係

一般に NATO の核抑止という場合，その手段としては，加盟国であるアメリカ，イギリス，フランスの戦略核兵器[11]とヨーロッパの有志諸国も運用に関与しているアメリカの在欧戦術核兵器[12]を指す。戦略核兵器の運用は実質的には米英仏に委ねられており，在欧戦術核兵器の最終使用権限はアメリカが保持している。冷戦期，これらの核兵器が自国の生存の鍵を握っていたヨーロッパ諸国は，核兵器の運用に関与することを欲してきた。本節では，NATO 独特の核共有（Nuclear Sharing）制度について，冷戦期に遡って変遷とその意味を問う。

NATO では，共産主義勢力の西ヨーロッパへの軍事侵攻を抑止・対処するために，創設当初からアメリカが提供する核兵器に依存してきた。アメリカは，西ヨーロッパに対する他国からの攻撃に対しても自国の核兵器を用いて報復する意図があることを明言することで，共産主義勢力の西ヨーロッパに対する軍事侵攻を抑止する戦略を採ってきた。これを拡大抑止（核の傘）という。しかし，1950年代半ば以降，ソ連がアメリカ本土を直接攻撃できる核兵器を保持するようになると，西ヨーロッパ諸国はいざというときにアメリカがヨーロッパを助けてくれないのではないかという「見捨てられの懸念」を抱くようになった。このため NATO では核共有が模索されるようになる。核共有とは，アメリカが提供する拡大抑止にヨーロッパ諸国を関与させることにより，彼らに安心感を供与するとともに，彼らの独自核武装を防止することも目的としていた。また，核兵器をめぐる責任とリスクを米欧間で共有することにより，同盟の戦略的一体感を醸成することも企図されていた。

1957年12月，西ヨーロッパ諸国の部隊に戦術核兵器を配備させるための核備蓄制度が承認された。これは，平時から西ヨーロッパ諸国が戦術核兵器の発射台・運搬手段である火砲や短距離ミサイル，核攻撃および非核攻撃の両用任務

が可能な航空機（DCA）などを配備し，有事にはアメリカがそれらに核弾頭を
供与するというアメリカと配備国との 2 国間での核共有制度であった。アメリ
カはこれにより，西側の通常戦力の劣勢を戦術核兵器で補完することを目的と
していた。核備蓄制度へは，ベルギー，西ドイツ，イタリア，オランダ，トル
コ，カナダ，ギリシャ，イギリスが参加した。この制度下でアメリカは，最盛
期の71年には7300発の核弾頭を西ヨーロッパに備蓄していた。核備蓄制度によ
り，ヨーロッパ戦域では共産主義勢力の侵攻を迎え撃つ戦術核兵器の量を確保
できるようになった。ただし，核兵器を使用するか否かの権限は，核弾頭を提
供するアメリカのみが保持していた。このため，核備蓄制度によっても西ヨー
ロッパ諸国が抱いていた「見捨てられの懸念」が解消されることはなかった。
また，55年 5 月に主権を回復した西ドイツは，NATO 軍による即時・大量の
核使用により自国に深刻な被害がもたらされることを不安視していた。さらに
西ドイツは，アメリカが核兵器に依存する戦略を推進するのをみて，同国が
ヨーロッパ防衛への関与を減少させるのではないかとの不信感も抱いていた。

　そこで1966年12月，NATO の核攻撃作戦計画や核兵器の開発・配備計画の
策定に核兵器をもたない加盟国も参画できる核計画部会（NPG）の創設が合意
された。NPG は，NATO の核問題に関して，NATO 理事会と同等の権限を
有する最高の協議機関である。NPG は，年に 1 回，国防相が参加する会合が
開催され，また，必要に応じて NATO 本部において各国の常駐代表が参加す
る会合も開かれている。NPG では，核兵器の配備等に加えて安全管理や情報
通信システムなど NATO の核政策に関わる幅広い問題や，核軍備管理や核拡
散などの加盟国共通の課題などが幅広く協議されている[13]。なお，1966年に
NATO の軍事機構から脱退したフランスは，2009年に復帰して以降も NPG
には参加していない。

［2］　冷戦終焉後の在欧戦術核兵器

　冷戦期の NATO において核兵器は，共産主義勢力の軍事侵攻を抑止・防衛
するための中核戦力であり，また，核共有制度は米欧間の戦略的一体感を維持
するための重要なツールであった。しかし冷戦終焉後，大規模な軍事侵攻の蓋

然性が事実上消滅するという安全保障環境の変化を受けて，NATO は急速に核兵器への依存を低下する。

　1991年10月の NPG において，DCA に搭載する核爆弾以外の核弾頭を撤去するとともに，DCA 搭載用の核爆弾も80％削減することが合意された。2016年の時点で，アメリカがヨーロッパに備蓄している核弾頭は DCA 搭載用のB-61 重力落下核爆弾のみであり，その数も150〜200発である。また，核備蓄制度へも，冷戦期の84年のカナダに加えて，92年にイギリス，2001年にはギリシャ，05年にはトルコが参加を取り止めた。さらに，核攻撃任務を付与されているDCA の即応態勢も大幅に低下している。冷戦期には一部の核攻撃任務飛行隊は直ちに出撃できるように分単位での警戒態勢をとっており，その他の部隊も時間単位での出撃が可能な態勢を維持していた。これが89年には全部隊が時間単位の警戒態勢となり，99年までには核攻撃任務飛行隊の半分が週単位，残りが月単位での警戒態勢に変更された。

　2016年の時点でヨーロッパにおいて核攻撃任務を有する航空機は，ベルギー空軍およびオランダ空軍の F-16 と，イタリア空軍およびドイツ空軍のトーネード IDS，トルコに駐留するアメリカ空軍の F-16 のみである。これらすべての部隊は月単位での警戒態勢になっている。なお，トルコは核搭載仕様のF-16 を保有しているが，05年以降は核攻撃任務に就いていない。NATO の核攻撃演習においても，トルコ空軍の F-16 は核攻撃機の護衛任務を付与されている。これは核攻撃支援（SNOWCAT）の１つであり，これ以外にも，通常爆弾によって敵のレーダー施設を破壊する等の任務がある。SNOWCAT に関しては，トルコ以外にも，チェコ，デンマーク，ギリシャ，ハンガリー，ノルウェー，ポーランド，ルーマニアの７カ国の空軍に任務が付与されている[14]。

　冷戦後に核兵器への依存を低下させたとはいえ，2010年戦略概念においても，世界に核兵器が存在する限り NATO は核同盟であり続けると宣言されている。2012年の DDPR においても，核兵器が抑止・防衛能力の中核的要素であることが明言されている。冷戦期に確立された核備蓄制度と NPG からなる核共有制度は冷戦後にも引き続き維持されており，NATO の核戦力にはアメリカとヨーロッパ諸国の連携を維持するという「くさび」としての政治的な意義があ

Column 4　ドイツ空軍のトーネード後継機問題

　ドイツ空軍は2018年現在，DCA として68機のトーネード IDS を保有している。トーネードはイギリス，西ドイツ，イタリアが共同開発した戦闘機である。トーネードの初飛行は1974年であり，老朽化のため後継機の選定が進められている。後継機の候補にあがっているのは，ユーロファイター・タイフーン，F-35A ライトニングⅡ，F/A-18E/F スーパーホーネットなどである。ユーロファイターは，イギリス，ドイツ，イタリア，スペインが共同開発した戦闘機であり，初飛行は1994年である。ドイツ空軍は非核攻撃任務のユーロファイターをすでに123機保有している。ヨーロッパでは，仏・独が中心となり，2040年頃の運用開始を目指した次期戦闘機の共同開発が模索されている。ユーロファイターが後継機に選定された場合，これまでの繋ぎの位置づけとなろう。一方，アメリカは，自国製でステルス性能が高い F-35 の導入を強く勧めている。これには，ドイツの国防費が GDP 比で1.2％と NATO 目標の2.0％に届いていないことや，同国が巨大な貿易黒字を享受していることに対するアメリカの不満も背景にある。

　ユーロファイターが後継機に採用された場合，トーネードが担ってきた核攻撃任務を継続するのかという問題が生じる。現行のユーロファイターは核攻撃任務を遂行する仕様になっていない。このため，核爆発の際に発生する電磁パルスから通信・電子機器を防護する等，ユーロファイターの機体を核搭載仕様に改修しなければならない。また，改修後にアメリカから核搭載の認証を受ける必要もある。アメリカは F-35 の改修を優先するとの理由から，ユーロファイターの認証がトーネードの退役予定の2025年に間に合わない可能性があることをほのめかしている。ドイツ国内では核攻撃任務を今後も続けるか否かについて世論が割れている。ドイツが核攻撃任務から手を引くことになると，核備蓄制度の意義にも議論が波及し，NATO の核共有そのものに影響が及ぶと考えられる。

ることに変化はない。NATO 公式ホームページでは，アメリカが平時からヨーロッパに前方展開している戦術核兵器には，①ロシアを抑止する，②アメリカのヨーロッパ防衛への関与を保証する，③非核保有の同盟国の核開発を防止する，という役割があると述べられている[15]。このためアメリカは，在欧戦術核の近代化も推進している。

　すでに述べたように，在欧戦術核兵器の運搬手段は，ベルギーおよびオラン

ダの F-16 とイタリアおよびドイツのトーネード IDS，トルコに駐留するアメリカの F-16 である。アメリカは F-16 の後継として，最新鋭のステルス戦闘機である F-35A ライトニングⅡを選定し，核搭載可能な仕様への改修を行っている。F-35 は2024年頃から核攻撃任務に就く予定である。しかし，現行の DCA 搭載用 B61 重力落下核爆弾は，その大きさから F-35 の内部爆弾槽に収納することができない。これを F-35 で使用するには機外に吊り下げるしかなく，これでは高いステルス性が損なわれてしまう。そこで13年にアメリカは，F-35 の内部爆弾槽に収納可能な核爆弾を20年までに開発することを決定した。新型核爆弾は，核爆発により放出されるエネルギー量を0.3・1.5・10・50キロトンと４段階に調整することができ，GPS とレーザー誘導機能および爆弾に取り付けられた垂直尾翼により平均誤差半径（CEP）がわずか30m と精密性を大幅に向上させることを目指して開発されている。[16]ヨーロッパでは，オランダおよびベルギーが，F-35 を F-16 の後継機として決定している。また，イタリアも，トーネードの後継機を F-35 にすることを決定した。一方，ドイツはトーネードの後継機を選定中である（⇨コラム４参照）

　このように，在欧戦術核兵器の近代化が進められている一方で，アメリカが核爆弾を備蓄しているドイツ，ベルギー，オランダの国内世論をみると，戦術核兵器の撤去を要求する動きもある。NATO の核共有制度の一翼を担ってきた核備蓄制度が解消されることは，ヨーロッパにおけるアメリカの拡大抑止の物理的な保証手段がなくなることを意味する。これは，ロシアとの関係が悪化している中で，中・東欧の加盟国の懸念を招き，NATO 内の対立を深めることにもなりかねない。

第４節　ミサイル防衛（MD）への取組み

　冷戦期の NATO の核戦略の基本は，核兵器による報復攻撃の能力を示すことによって相手に攻撃を思いとどまらせる報復的抑止（懲罰的抑止）であった。しかし冷戦後の NATO では，弾道ミサイルによる核攻撃から加盟国を防御する態勢を構築することによって相手の攻撃を無効化する拒否的抑止も模索して

いる。本節では，MD システムの構築に向けた冷戦期から2014年頃までの取り組みについて述べていく。

　ソ連がアメリカ本土に対する核攻撃能力を保持するようになった1950年代から，アメリカでは弾道ミサイルを迎撃するための防御システムを研究・開発してきた。しかし，防御態勢の強化がかえって戦略的安定を損なうことになるとの理由から，米ソは72年に弾道弾迎撃ミサイル（ABM）制限条約を締結し，その開発・配備が制限されるようになった。これにもかかわらず，70年代半ば以降にソ連が複数の核弾頭の個別誘導化（MIRV）などにより核戦力の強化を推進すると，アメリカではミサイル迎撃システムの構築が模索されるようになる。アメリカでは，80年代には戦略防衛構想（SDI），90年代初頭には限定的な弾道ミサイル攻撃に対する地球規模の防衛（GPALS）構想，90年代半ばからは国家ミサイル防衛（NMD）と戦域ミサイル防衛（TMD）の 2 本立てからなる弾道ミサイル防衛（BMD）構想が検討されてきた。2000年代初頭からは，NMD とTMD を一体化させ，弾道ミサイルの発射直後の上昇中（ブースト），大気圏外での慣性飛行中（ミッドコース）および着弾前の再突入中（ターミナル）の各段階において多層的に迎撃ミサイルで撃ち落とすミサイル防衛（MD）の開発が進められてきた。この過程で ABM 条約も，01年12月のアメリカによる脱退通告の後，02年 6 月に無効となった。

　NATO では，2000年代初頭から射程3000km までの短・中距離弾道ミサイルの攻撃から有事に作戦展開した NATO 部隊を防護するための限定的な迎撃システムを構築するための検討が進められてきた。06年に各国のシステムをNATO 内で連携し，多層戦域弾道ミサイル防衛（ALTBMD）システムとして構築することが合意された。ALTBMD は11年 1 月に暫定的な作戦能力を達成したと宣言され，NATO の作戦統制の下で運用が開始された。

　2010年11月のリスボン首脳会議において，部隊防護を目的とした ALTBMDを NATO の領域全体を防護するシステムに拡大することが合意された。これは，12年 5 月に暫定作戦能力を，16年 7 月に初期作戦能力を獲得したことが宣言された。この NATO の MD は，各国から提供される各種装備・施設で構成されている。アメリカは，09年 9 月に提案したヨーロッパ段階的適応アプ

ローチ（EPAA）により，トルコにレーダー施設，ルーマニアに地上配備型イージス・システム（イージス・アショア）を構築し，また，4隻のイージス艦の母港をスペインに設け，これらをNATOのMDシステムに提供している。また，ポーランドにはイージス・アショアを建設中であり，2020年完成予定である。ヨーロッパ諸国では，ドイツがパトリオット迎撃ミサイル，デンマークがレーダー搭載フリゲート艦，イギリスが地上配備BMDレーダーなどを提供している。これらはドイツのラムシュタイン空軍基地に設けられた指揮センターで作戦統制されており，その運用コストは全加盟国が供出する共通財源によって賄われている[17]。

　このNATOが進めるMDに関して，ロシアとの間で軋轢の要因となっている。そもそもNATOは，MDの対象はイランであると説明している。しかしロシアは，中・東方諸国へのMD関連施設の配備に対して疑念を抱いており，反発を強めている。

　冷戦終焉以降のNATOは，新たなタイプの脅威に対処するために，指揮機構をスリムにし，即応性・効率性・持続性・展開性を備えた多国籍な統合部隊を整備してきた。また，ACTが中心となり，NATO部隊の軍事能力の改善も引き続き進められている。一方，核戦力については，冷戦期に構築された核備蓄制度およびNPGという核共有制度が冷戦後も維持されているが，核兵器への依存度は冷戦期に比べると著しく低下している。しかしながら，NATOは核同盟であり続けることを明言しているように，核兵器が報復的抑止の最終手段であることや，米欧関係を維持するための「くさび」であるという存在意義には変わりがない。さらに，21世紀になって顕著になってきたWMD拡散の脅威に対しては，MDシステムの構築という拒否的抑止によって抑止態勢を強化することが進められている。

　以上のように，冷戦期に想定されていた脅威が消滅したことにより，NATOは新たな任務を遂行するために軍事機構・戦力を変化させてきた。この一方で，同盟のレゾンデートルともいえる集団防衛のための最小限の機能も維持し続けてきた。

推薦図書

金子譲『NATO　北大西洋条約機構の研究——米欧安全保障関係の軌跡』彩流社，2008年。

NATO 研究の日本における泰斗が，創設から21世紀初頭までの歩みを，創設の経緯や核問題，デタント，冷戦終結，冷戦後の活動などに焦点を当てて詳述した通史である。

David S. Yost, *NATO's Balancing Act*, Washington D. C.: United State Institute of Peace Press, 2014.

NATO 研究の第一人者が，NATO の中核任務である集団防衛，危機管理及び協調的安全保障に関する冷戦終焉後の活動について分析した研究書である。

Sebastian Mayer ed., *NATO's Post-Cold War Politics: The Changing Provision of Security*, Basingstoke: Palgrave Macmillan, 2014.

独特の国際組織と評されている NATO の冷戦後の変革に関し，意思決定や事務総長の役割，内部の非公式協議などを取り上げて考察した論文集である。

---

(1) NATO の軍事機構は，北大西洋理事会の統制のもとで軍事的な助言や勧告を行う軍事委員会と，そのもとで加盟国から提供された部隊を運用する指揮機構およびこの配下にある部隊からなる。NATO の軍事機構については，広瀬佳一「NATO 入門」広瀬佳一・吉崎知典編著『冷戦後の NATO——"ハイブリッド同盟"への挑戦』ミネルヴァ書房，2012年，9-11頁の図序-2～図序-5を参照。

(2) "The Alliance's New Strategic Concept," Rome, 7-8 November 1991. 〈https://www.nato.int/cps/en/natohq/official_texts_23847.htm〉, 7 April 2019 アクセス.

(3) "The Alliance's Strategic Concept," Press Release NAC-S (99) 65, 24 April 1999. 〈https://www.nato.int/cps/en/natohq/official_texts_27433.htm〉, 7 April 2019 アクセス.

(4) "Active Engagement, Modern Defence—Strategic Concept for the Defence and Security of the Members of the North Atlantic Treaty Organisation," 19 November 2010. 〈https://www.nato.int/cps/en/natohq/official_texts_68580.htm〉, 7 April 2019 アクセス.

(5) "Deterrence and Defence Posture Review," Press Release (2012) 063, 20 May 2012. 〈https://www.nato.int/cps/en/natolive/official_texts_87597.htm〉, 7 April 2019 アクセス.

(6) 冷戦末期の1989年時点で，アメリカが23万9200人，イギリスが6万9700人，フラ

ンスが 5 万2700人，ベルギーが 2 万6600人，カナダが7100人，オランダが5700人の部隊を西ドイツに駐留させていた。*The Military Balance 1989-1990* (London : The International Institute for Strategic Studies, 1990), p. 65.

(7)　EUCOM Fact Sheet, EUCOM By the Numbers, "U.S. Military Presence in Europe (1945-2016)," 26 May 2016. 〈https://www.eucom.mil/about/history/fact-sheets〉, 7 April 2019 アクセス.

(8)　1999年時点のドイツ駐留部隊は，アメリカが 6 万8200人，イギリスが 2 万8000人，フランスが3300人，ベルギーが2100人，カナダが7100人，オランダが3000人であった。*The Military Balance 1999-2000* (London : Oxford University Press, 2000), p. 58

(9)　NATO topic, Allied Command Transformation (ACT). 〈https://www.nato.int/cps/su/natohq/topics_52092.htm#〉, 7 April 2019 アクセス.

(10)　NATO topic, NATO Response Force. 〈https://www.nato.int/cps/en/natohq/topics_49755.htm〉, 7 April 2019 アクセス.

(11)　戦略核兵器（長距離核戦力）は，米ソ間の核軍縮協定などでは射程が5500km 以上のものと定義されており，これは米ソが自国本土内から相手国中枢を攻撃できる核兵器である。また，戦域核兵器（中距離核戦力）は，ヨーロッパ等の戦域内で使用することを想定しており，射程が500〜5500km のものと定義されている。戦術核兵器（短距離核戦力）は，戦場で使用することを想定しており，射距離500km以下のものと定義されている。

(12)　冷戦期にはアメリカがヨーロッパに配備していた中距離核戦力（INF）も NATO の核抑止の手段の 1 つであった。しかし，1987年に米ソ間で INF 全廃条約が締結され，すべての地上配備型 INF の廃棄と，将来の生産・実験・保有が禁止された。ソ連の崩壊により，これはアメリカとロシアとの条約となった。2000年代半ばより，旧東欧諸国の相次ぐ NATO への加盟や中国の INF 開発を背景とし，ロシアはたびたび条約からの脱退をほのめかすようになる。これに対してアメリカは，ロシアが条約に違反して INF の開発・配備を進めていると再三にわたり非難した上で，2019年 2 月にロシアに対して脱退を通告し，同条約は 8 月に失効した。

(13)　NATO topic, Nuclear Planning Group (NPG). 〈https://www.nato.int/cps/en/natohq/topics_50069.htm〉, 7 April 2019 アクセス..

(14)　Matthew P. Anderson, "NATO Nuclear Deterrence : The Warsaw Summit and Beyond," *Connections*, Vol. 15, No. 4, Fall 2016, pp. 11-13.

(15)　NATO topic, NATO's nuclear deterrence policy and forces. 〈https://www.nato.int/cps/en/natohq/topics_50068.htm〉, 7 April 2019 アクセス.

⒃　"B61-12 Nuclear Bomb," *Air Force Technology.*〈https://www.airforce-techno
logy.com/projects/b61-12-nuclear-bomb/〉, 7 April 2019 アクセス.

⒄　NATO topic, Ballistic missile defence.〈https://www.nato.int/cps/en/natohq/
topics_49635.htm〉, 7 April 2019 アクセス.

（小川健一）

第 4 章

NATO の拡大

NATO は冷戦後の1999年以降，次々に加盟国を増やして拡大した。脅威が存在しなくなったのに NATO はなぜ，どのような論理で拡大したのか。ロシアはどのような対応を示したのか。本章では冷戦後のヨーロッパ新秩序構築にとって，NATO 拡大がいかなる意味をもつのかを明らかにする。

第1節　拡大の歴史的位相

　冷戦が終わると NATO は東欧およびバルカンに拡大し，加盟国は設立当初の２倍をはるかに超える29カ国にまで膨れ上がった（2019年４月現在）。大規模侵攻の脅威が消失した現在，NATO の拡大は，EU 拡大とならんで，もっぱらヨーロッパの新しい秩序構築を政治的・軍事的に支える目的で推進されているといってよい。これは，冷戦初期の NATO 拡大とは性格を異にするところであり，そのこと自体，冷戦後の NATO の機能変革を象徴している。

　そもそも1949年４月，北大西洋条約に参加するためにワシントンに集まった12カ国（アメリカ，カナダ，イギリス，フランス，ベルギー，オランダ，ルクセンブルク，ノルウェー，デンマーク，ポルトガル，アイスランド，イタリア）の動機は，西欧諸国を支援する立場のアメリカ，カナダを除くと，それぞれ異なっていた。それらは大きく３つに分けられた。第１が，ソ連の直接の軍事的脅威にさらされていると認識していた国で，イギリス，フランス，ベルギー，オランダ，ルクセンブルク，ノルウェーがこのカテゴリーに入った。第２が，対ソ軍事戦略上の要衝を領土としている国で，アイスランド，ポルトガル（アゾレス諸島），デンマーク（グリーンランド）がこれに該当した。これらの国（領土）は，ソ連

との全面戦争の際には，大西洋の中継地点あるいは補給・後方支援拠点となることが見込まれていた。第 3 が，内政面での左傾化によって国内秩序が不安定となり，政治的脅威にさらされ支援が必要であった国で，イタリアがこれに該当した。

　その後，トルーマン・ドクトリン（1947年）に基づく軍事援助により政治的混乱が収まりつつあったギリシャと，ソ連の直接的な脅威にさらされていたトルコを1952年に加盟国として迎え，NATO は最初の拡大を果たした。ついで1955年には，西ドイツが再軍備の上で NATO に加盟した。西ドイツの再軍備は，ヒトラーの記憶が醒めやまぬ西欧諸国にとって政治的には困難な課題であったが，ソ連の大軍への対処を考えれば軍事戦略的には必要不可欠であった。

　60年代から70年代の NATO は新たな拡大をすることはなく，むしろデタントの進展する中で，ときに同盟内に緊張と対立を内包しながらも結束を保ってソ連と対峙した。しかし1982年になると，独裁者フランコの死後の政治的混乱に終止符をうち，議会制民主主義への道をあゆみはじめていたスペインの民主化を支援するために，NATO はスペインにまで拡大した。この拡大は，ちょうど NATO 発足時にイタリアが加わったときと同様，もっぱら政治的な理由に由来していた。

　このように NATO 拡大には，ソ連という脅威への備えを強化するという目的以外に，民主主義体制を支え，法の支配を擁護し，地域秩序の安定化に寄与するという目的が冷戦期より存在していたことが確認できる。これは NATO が，北大西洋条約前文にも記されているように，単なる軍事的集団防衛機構であるのみならず，価値共同体の側面を有していることの証である。[1]この価値共同体の拡大という側面は，冷戦後の NATO 拡大をみる上で重要な視点である。

　以上の歴史的な拡大をふまえ，次節では冷戦後の最初の拡大として議論が巻き起こった中欧 3 カ国の加盟プロセスを検討し，次いで第 3 節では一気に 7 カ国が加盟した第 2 次拡大の分析を通して，NATO 拡大の意味が変質した状況を明らかにする。その上で，第 4 節において，さらなる拡大の可能性を検討すると同時に，ヨーロッパ安全保障にとっての拡大 NATO の意義と課題を考えたい。

第2節 冷戦後の第1次拡大

　1991年に冷戦後の最初の戦略概念を公表した NATO は，それと前後して，冷戦期に分断されていたヨーロッパの新しい秩序構築の支援にも乗り出し，旧東側諸国を含めた NATO 非加盟国との対話・協力の制度化に着手した。これは NATO の価値共同体としての側面のあらわれでもあった。冷戦後の NATO 加盟国拡大とは，この延長線上に位置づけることができる。

　しかし，アメリカのクリントン政権はロシアとの関係を優先させており，当初，NATO 拡大に対しては慎重で，中・東欧諸国の相次ぐ NATO 加盟希望に対しては，先送りの構えをみせていた。特にアメリカ議会が加盟国拡大に消極的であった。その理由は，もはや明確で強力な脅威が存在しない，加盟国数増加により同盟としての凝縮力や効率性が損なわれる，新規加盟国の軍と NATO の軍との相互運用能力（インターオペラビリティ）確保に膨大なコストが必要となる，伝統的にロシアの勢力圏であった地域への NATO 拡大はロシアの安全保障を必要以上に刺激する，中・東欧の潜在的な民族紛争を同盟の内側に抱え込む可能性がある，などであった。[2]

　しかし，拡大コストについては正確な長期的見積り算出は困難な上，最終的な候補国として絞られた3カ国（ポーランド，チェコ，ハンガリー）は経済改革が比較的順調であったこと，ロシアとの間では1997年5月に，新規加盟国における核兵器持ち込み自粛や常駐基地の設置自粛をうたった NATO ロシア基本議定書が締結され，同時に NATO との常設合同理事会（PJC）が設立されたこと，同盟の効率についても加盟候補国を最小の3カ国に絞って影響を極小化したことなどにより，拡大に懐疑的であったアメリカ議会も同意し，第1次拡大実現の環境が整った。

　中欧3カ国自身も，経済改革の進展によりコストに対する懸念を和らげるとともに，1994年以来の「平和のためのパートナーシップ（PfP）」プログラムを通して軍改革をすすめ，軍事的相互運用能力を向上させた。

　第1章でもみたように，PfP はもともと NATO の機能拡大を促進する目的

で打ち出されたプログラムであった。NATO への加盟を希望していた中・東欧諸国は，NATO 拡大への明確な展望を含まない PfP に当初失望していた。しかし発表された PfP は，まず共通の枠組み文書に署名した上で，参加国がNATO に対して自らの希望と能力に応じたプログラムの提案文書を提出し，それに基づいて NATO と協議しながら個別プログラム（IPP）を作成するというものであった。つまり参加国の側の要請を，ある程度，個別的に反映できるようなプログラムだったのである。そこで中欧 3 カ国は，加盟実現のためにこの PfP において，NATO 加盟国の支援を受けながら，NATO と自国軍との相互運用性の向上に努力を傾注した。その結果，1996年からは中欧 3 カ国はNATO 主導のボスニアでの平和維持活動に際しても，ポーランド，チェコは部隊派遣，ハンガリーは空軍基地提供という形で貢献した。このようにこれら3 カ国は，単に NATO の庇護の下に入るという「消費者」であるばかりでなく，ごくわずかとはいえ軍事的「貢献者」となりうることを自助努力により証明したのであった。

　また1995年 9 月に加盟希望国が達成すべき目標として，議会制民主主義の確立，市場主義経済の発展，軍に対する文民統制，近隣諸国との民族問題の平和的解決などをうたった「NATO 拡大研究（Study on Enlargement）[3]」が発表されると，加盟希望国はこれらの目標実現に努力を傾けた。第 1 次世界大戦後より未解決であったハンガリー系少数民族をめぐる問題が，スロバキアとハンガリー（1995年 3 月），ルーマニアとハンガリー（1996年 9 月）の間で，それぞれ相互の少数民族の保護と国境線不可侵の原則を織り込んだ協定締結により法的に決着をみたのは，まさに NATO 拡大効果によるものといってよいだろう。

　その結果，1997年 7 月，マドリッドにおける NATO 首脳会議は，ポーランド，チェコ，ハンガリーの加盟招請を決定した。これら 3 カ国は 2 年後の1999年 3 月，正式に NATO 加盟を果たした[4]。クリントン大統領が NATO 拡大に積極的となった背景には，価値共同体としての NATO を通して中・東欧での議会制民主主義，法の支配，市場主義経済の定着を下支えするという秩序観があった[5]。

　ところでワシントンでの NATO 首脳会議では，もう 1 つ重要な文書が発表

された。それは、さらなる拡大のためのガイドラインともいうべき「加盟のための行動計画（MAP）」であった[6]。これは、加盟を希望する国々が、政治経済、軍事、予算、機密保全、法的側面の5つの分野において、NATOとの間で詳細な達成目標からなる1年毎の個別計画を作成した上で、その達成状況の評価を受けるプログラムで、NATO加盟国の様々な支援を受けながら加盟準備を進められるメカニズムとなっていた。より実務的には、加盟という目的に沿ってPfPをカスタマイズしたプログラムといえよう。MAPは、NATO拡大政策が、民主化、法の支配と地域的安定をもたらすツールでもあることの象徴であった。

　1999年のワシントンNATO首脳会議で出された共同宣言は、新規加盟希望国について、ルーマニア、スロベニア、エストニア、ラトビア、リトアニアの「努力と進展」、ブルガリアとスロバキアの「前向きの展開」、マケドニアとアルバニアの「コソボ紛争におけるNATOとの協力」[7]をそれぞれ歓迎する旨を言明した[8]。これらの文言は、引き続き拡大が行われる可能性を予示していた。

第3節　冷戦後の第2次拡大

　2001年1月に発足したG.W.ブッシュ政権は、当初よりNATOのさらなる拡大に熱心であった。同年6月、ヨーロッパ歴訪中にポーランドを訪れたブッシュは、ワルシャワ大学での演説において「すべてのヨーロッパの新しい民主主義国、バルト海から黒海までのすべての国」は、「ヨーロッパの古い民主主義国と同じようにヨーロッパの機構に参加するチャンスをもつべき」だと言明した上で、「加盟を希望し、責任を負担する用意のあるヨーロッパのすべての民主主義国」へのNATO拡大支持を表明していた[9]。2002年5月のドイツ下院議会での演説でもブッシュは「NATOの責任を共有する用意のあるすべてのヨーロッパの民主主義国をNATOに加えるよう取り組んでいる」と述べていた[10]。

　ブッシュ政権内でも、国務次官グロスマンは2003年4月の上院公聴会における証言で、拡大は「7カ国の改革を促進させ、NATOの地理的範囲を拡大さ

せ，7 つの大西洋主義国を迎え入れること」になると発言していた。アメリカの NATO 大使バーンズも同じ公聴会で，「NATO 拡大については，これほど多くの国々を防衛しなければならないのか，といった観点のみで考えるべきではない。むしろ，われわれが試練に立たされたとき，これほど多くの国々が確実にわれわれを支持してくれるのだと考えるべきだ。地理的な大きさや人口の多寡は問題ではない。われわれの理念と集団防衛を守る政治的意思の有無こそが問題である」と述べて，さらなる NATO 拡大を擁護した[11]。

　議会内の反対論・懐疑論も，1999年拡大と比して活発ではなかった。提起された少数の反対意見は，新規加盟国の軍事能力への疑問，加盟国数増加による意思決定コストの増加への懸念などであったが，これらは前回よりはるかに少数意見となっていた。例えば，2002年11月開催のプラハ NATO 首脳級理事会の際に 7 カ国の NATO 招聘を求めるべきとの下院決議468（2002年10月）は，賛成359に対して反対はわずか 9 票であった[12]。このように第 2 次拡大が，第 1 次に比してさしたる抵抗もなく進んだ背景には，「9.11」同時多発テロがあった。

　2001年 9 月11日に発生したニューヨーク国際貿易センターへのイスラーム過激派テロ組織アルカイダによる民間機を使った自爆攻撃は，冷戦期に想定されていたソ連による大規模な奇襲攻撃ではなく，冷戦後の「新しい脅威」とされた国際テロによってなされたものであった。これに対して北大西洋理事会は10月 2 日，この攻撃がアメリカの国外からなされたことを確認した上で，北大西洋条約第 5 条（集団的自衛権）の適用によって対処すべき事態であることを NATO 史上初めて宣言した[13]。

　事件直後からアメリカを訪れたフランス，イギリス，ドイツなどヨーロッパ各国の首脳は，国際テロとの戦いに最大限の協力を行うことを次々に誓った。とりわけ NATO にあって，独自路線を貫いてきたフランスのシラク大統領が，早々とニューヨークに駆けつけアメリカとの協力を約したのは，国際テロに対して米欧で協力して取り組もうとするヨーロッパ側の意欲の表れであった。

　この「9・11」同時多発テロが生み出した国際的な反テロ協調体制は，米ロ関係の大幅改善にもつながった。2002年 5 月には，国際テロや大量破壊兵器の

拡散などの脅威に NATO とロシアが共同で対処する態勢づくりの一環として，従来の常設合同理事会をより強化した「NATO・ロシア理事会（NRC）」が設置された。米ロ関係の改善は，NATO 拡大の文脈では旧ソ連に属していたバルト三国の NATO 加盟への道をひらいた。

　こうした流れを受けて NATO は2002年11月，プラハでの NATO 首脳会議において，正式に中・東欧7カ国（スロバキア，スロベニア，ルーマニア，ブルガリア，エストニア，ラトビア，リトアニア）に対して加盟招聘を行うことを決定した。これら中・東欧諸国は，04年3月に正式に NATO へ加盟を果たした。さ[14]らに NATO は同年5月にイスタンブールで開かれた首脳会議において，その門戸は引き続き開かれていることを確認した上で，アルバニア，クロアチア，マケドニアによる加盟に向けての改革努力の継続を促した。[15]

　ところで，これほどの「ビッグバン」拡大には，第1次拡大のときと同様，加盟希望国側の一定の「貢献」努力も指摘できる。これは主としてアメリカの行動に対する政治的支持の表明と，平和構築段階でのボスニア，コソボ，アフガンやイラクへの積極的派兵であった。

　イラクへの国連による査察継続か武力制裁かをめぐり米仏，米独関係が悪化する中，2003年2月，アルバニア，ブルガリア，クロアチア，エストニア，ラトビア，リトアニア，マケドニア，ルーマニア，スロバキア，スロベニアの10カ国（「ヴィリュヌス10」）は共同で声明を発表した。この声明は，イラクが大量破壊兵器を隠蔽している疑いが強いとの国連安全保障理事会でのパウエル米国務長官報告に支持を表明し，「フセイン政権によって引き起こされる明白な脅威に対処するため，民主主義社会は団結して対処することが求められている」との認識を示した上で，具体的に国連安保理がイラクの脅威を除去するため必要な行動をとるよう求めていた。「ヴィリュヌス10」はいずれも NATO 加盟希望国であった。

　軍事的「貢献」についていえば，90年代後半より NATO 加盟希望国はおしなべて NATO 主導あるいはアメリカ主導の平和活動に，熱心に参加していた。すでに米軍がほとんど撤収した後を埋めるように，ボスニアにもコソボにも加盟候補の7カ国すべてが派兵をしていた。その後，アフガニスタン，イラクに

ついてもすべての加盟希望国が派兵した。[16]

　このように NATO 第 2 次拡大は，一見すると PfP やボスニアでの平和維持活動を通して準備が行われた第 1 次拡大同様，周到な用意のもとに推進されたようにみえる。しかしながらこれら諸国の軍事力は，きわめて低いレベルで，種々の平和維持活動への参加にしても参加部隊はいずれもごく小規模であった。実際に新規加盟候補国の軍事能力に対するアメリカ側の評価は，第 1 次拡大に比して一段と低かった。[17]　そのため同盟の効率性低下や拡大の長期的コストの問題は，第 1 次拡大以上に残っていた。それにもかかわらずブッシュ政権は第 2 次拡大を強力に推進した。

　ブッシュ政権にとって NATO 拡大の最大のメリットは，新規加盟国がアメリカにとって政治的資産となるということである。中・東欧諸国はいずれもNATO 加盟を，冷戦の終焉をもたらした超大国・アメリカとの同盟とみなしていた。その意味で NATO 拡大は，国際テロに対するアメリカの行動の正統性を確保する上での，政治的な支持基盤拡大としてとらえることができる。これに対して軍事的には，対アフガニスタン作戦がそうであったように，アメリカは空爆など平和強制の局面では，ますます有志連合の手法に頼るようになった。この点は，90 年代との大きな違いといえよう。

　また，中・東欧諸国の地政学上の貢献もメリットとして指摘できる。NATO および米軍が今後，対テロ戦を行う中で，カフカス，中東，中央アジア方面をにらんだ作戦を実施しようとすると，中・東欧，とりわけ黒海に面したルーマニア，ブルガリアは，運用上，補給・中継地点にあたる。これらの国は，NATO および米軍に対するホスト・ネーション・サポート（接受国支援）を行うことにより，NATO および米軍の作戦に対して，一定の貢献をなし得るのである。[18]

第 4 節　さらなる拡大の可能性

1　ウクライナとジョージア

　冷戦後の 2 つの拡大プロセスで共通していたのは，第 1 に，単なる軍事同盟

ではなく価値共同体としての NATO の特徴に由来する，各国内での改革のための学習期間の必要性であった。いずれの拡大でも PfP（やその後の MAP）がスタートしてから，約3～4年の学習期間があった。第2が，ロシアへの配慮であった。第1次拡大前には，ロシアとの間に NATO・ロシア常設合同理事会を設置し，第2次拡大前には，それを NATO・ロシア理事会と格上げさせて機能強化を図った。そしていずれにせよ，加盟候補国の明記や加盟招聘の公表には慎重で，加盟の言質はぎりぎりまで与えないというプロセスをたどった。

　こうしたプロセスは，その後も基本的に踏襲されていた。2002年に MAP 招請を認められたクロアチア，アルバニア，マケドニアに続いて，民主化のための「バラ革命」（2003年11月）を行ったジョージアと，「オレンジ革命」（2004年12月）を経たウクライナにおいて，親欧米的な政権が成立したため，いずれも EU とともに NATO への加盟を求めていた。そのため，2006年11月，ラトビアのリガで開催された NATO 首脳会議においては，ウクライナ，ジョージアとの「緊密化対話（Intensified Dialogue）」が，将来の加盟を含めた政治・軍事・経済・安全保障のあらゆる問題をカバーするとの確認がなされた。[19]

　このようにウクライナ，ジョージアについて，NATO は2006年以降，拡大への慎重なアプローチを開始したようにみえた。しかし2008年になっても，ジョージア，ウクライナの NATO 加盟を支持する米英に対して，対ロ関係悪化を懸念するドイツ，フランス，イタリアが時期尚早として慎重論を唱え，加盟への準備とみなされる MAP への招聘に強く反対していた。

　こうした経緯からみると，2008年4月のブカレスト NATO 首脳会議で発せられた共同宣言は，ジョージアとウクライナについて，やや奇妙な書き方になっていた。まず同宣言は，クロアチア，アルバニアについては既定方針通り加盟招請を織り込み，マケドニアについても国名問題がギリシャとの間で解決すれば加盟招請を行うとする一方で，ジョージアおよびウクライナについては NATO 加盟希望を歓迎するとした上で，唐突に「（ジョージアとウクライナが）NATO 加盟国となるであろうことに同意した」と明記していたのであった。[20]

　この文言は対外的に少なからぬ影響を与えたように思われる。ロシアに対しては，自らの勢力圏であるジョージア，ウクライナへの拡大を，NATO が急

速に推進するのではないか，との印象を与えた。このことは，過去の拡大の際に受けたロシアの屈辱感の記憶を新たなものとした。一方，ジョージアに対しては，MAP 参加が先送りされたことで，ジョージアからの分離を求める南オセチアやアブハジアの紛争の早急な解決の必要性を痛感させた。このようにブカレスト宣言の曖昧さは，ジョージア，ロシアの双方に誤ったメッセージを伝えたように思われる。

　2008 年 8 月にジョージアが南オセチアに攻撃を仕掛けたことで勃発したロシアとの紛争は，このような文脈のもと，ジョージア大統領の西側への過信が 1 つの背景をなしていた。他方，ロシア軍の素早い対応とジョージア領土内への侵攻は，欧米社会に衝撃を与えた。これまでの NATO 拡大の前になすすべもなかったロシアにとって，ジョージアは NATO に対するレッドラインを意味していたのであった。結局，ジョージアは引き続き NATO 加盟の目標を掲げているものの，アブハジアと南オセチアについて，ロシアが一方的に国家承認をしたため，事実上分裂状態となった。

　しかしその後のジョージア紛争をめぐる対応において顕著だったのは，西側の対ロ宥和的な姿勢であった。ドイツ，フランスは当初こそアメリカ，イギリスとともにロシアへの強い反発を示し，外交関係の一時的凍結を行ったが，紛争勃発の 3 カ月後には，アメリカや NATO に先行し，EU としてロシアとの協力関係凍結を解除した。ドイツやフランスはウクライナ，ジョージアへの NATO 拡大にはあくまで慎重で，2008 年 12 月の北大西洋理事会でも，両国の MAP への招聘を認めなかった。一方，アメリカも 2009 年 1 月のオバマ政権発足により，米ロ関係の「リセット」が宣言された。その結果，2009 年 3 月には NATO 外相理事会において，ロシアと関係正常化をはかることで合意が成立し，4 月に NATO・ロシア理事会が再開された。

　北大西洋条約調印 60 周年目を記念して，2009 年 4 月にケール（独）とストラスブール（仏）において NATO 首脳会議が開催された。前年 4 月のブカレスト NATO 首脳会議で，MAP 参加への言及もなしに「加盟国となるだろう」との言及がみられたウクライナとジョージアについては，その安定と改革が欧大西洋の安全保障にとって重要であるとしつつも，「（両国の）改革の進展を注

意深く監視し続ける[21]」として，加盟は先送りとなった。これら両国については，「NATO ウクライナ理事会」，「NATO ジョージア理事会」を通じた対話が引き続き行われるとされたものの，加盟への具体的な道筋は示されなかった。

　そのウクライナでは2010年2月に大統領選挙が行われ，親露派とされる元首相のヤヌコヴィチが当選した。新大統領は就任演説で「（軍事）ブロックに属さないヨーロッパ国家」を目指すと演説し，NATO 加盟方針の撤回を言明した。しかし2013年末までに締結寸前だった EU との連合協定交渉が突如打ち切られると，これに反対する人々が大規模なデモを引き起こしたためヤヌコヴィチはロシアに逃亡し，やがて大統領選挙の結果，新欧米派のポロシェンコが当選した。ポロシェンコは再び NATO 加盟をその外交目標に掲げている。この直後の2014年3月，ロシアは反ウクライナ勢力を支援しつつクリミア半島に侵攻した。さらに東部ウクライナでも，ロシアは反ウクライナ勢力を支援しつつ紛争を引き起こしている。

　こうした情勢の変化は，NATO の両国に対する拡大についてのスタンスに微妙な影を投げかけている。2010年11月の NATO 首脳会議が公表したリスボン共同宣言は，ジョージアについては2008年ブカレスト宣言での「NATO 加盟国となるだろう」とのコミットメントを確認したものの，ウクライナについては，NATO とのパートナーシップ関係継続の表明を歓迎しつつも，NATO の門戸は引き続き開かれていると言明するにとどまっていた。これ以降の各 NATO 首脳会議宣言においても，ジョージアについては一貫して2008年ブカレスト宣言の再確認がなされている。しかしウクライナについては揺らぎがあり，シカゴ首脳会議（2012年），ウェールズ首脳会議（2014年），ワルシャワ首脳会議（2016年）では，ウクライナとの協力関係の支持という文言にとどまっていたが，2018年のブリュッセル首脳会議では，ウクライナについても2008年ブカレスト宣言での合意の確認が行われた[22]。このように NATO はジョージアの加盟には前向きなものの，ウクライナについてはジョージアと区別して，より慎重な対応のように思われる。いずれにせよロシアが軍事的行動を起こしてまで反対の構えである以上，拡大は容易には進まないものと思われる。

2　バルカンの空白

　冷戦後に紛争を経験したバルカン半島の諸国も，徐々に NATO へ加盟した。すでにみたように2004年にいち早くスロベニアが加盟したのに続いて，2009年4月の NATO 首脳会議では，新たにアルバニアとクロアチアの加盟が認められた。冷戦後の1999年，2004年につぐ第3次拡大である。これにより NATO 加盟国は28カ国となった。アルバニア，クロアチアとならんで加盟準備を進め，MAP 参加国でもあったマケドニアについては，国名問題を理由にギリシャが反対し，再び先送りとなった。そのほか，モンテネグロとボスニア・ヘルツェゴビナの「（加盟）希望と NATO との集中的対話の進展を歓迎」することが表明された。またセルビアについては，加盟への関心を歓迎するとしつつも，旧ユーゴスラビア国際刑事裁判所（ICTY）に協力して，戦犯容疑者を引き渡すべきことが明記されていた。

　その後，MAP 参加国であったモンテネグロは，2017年6月に29番目の正式加盟国となった（図4-1）。また，長年にわたり「マケドニア」という呼称をめぐって対立を抱えていたマケドニア旧ユーゴスラビア共和国は，2019年に国名を「北マケドニア共和国」とすることでギリシャとの間で合意に達し，NATO から30番目の加盟国として正式招請を受けた。

　一方，セルビアはその後2011年5月と7月に，相次いで旧ユーゴスラビア紛争の最後の大物戦犯を拘束し，ICTY へ引き渡した。これによりセルビアのNATO 加盟に向けてのプロセスは一歩前進した。しかし，人口の9割以上をムスリム系住民が占めるコソボの独立（あるいは帰属）問題が未解決で，1999年以来，NATO 部隊（KFOR）が駐留を続けている。すでに2009年には独立宣言をし，日本やアメリカを含む116カ国（2019年3月現在）が国家承認をしているコソボであるが，セルビアはこれを自国領土とみなして独立を認めていない。NATO 加盟国でも，国内に少数民族問題を抱えるスペイン，スロバキアやルーマニアなどは，自国への波及を懸念して未承認である。コソボ問題の解決が，セルビアの NATO 加盟にとっての課題となっている。

　冷戦後の NATO 拡大は，引きつづき南バルカンの空白を埋めるような形ですすむにせよ，大きな争点としてはほぼ終息したように思われる。2010年戦略

図 4-1　NATO の拡大（2019年 4 月現在）

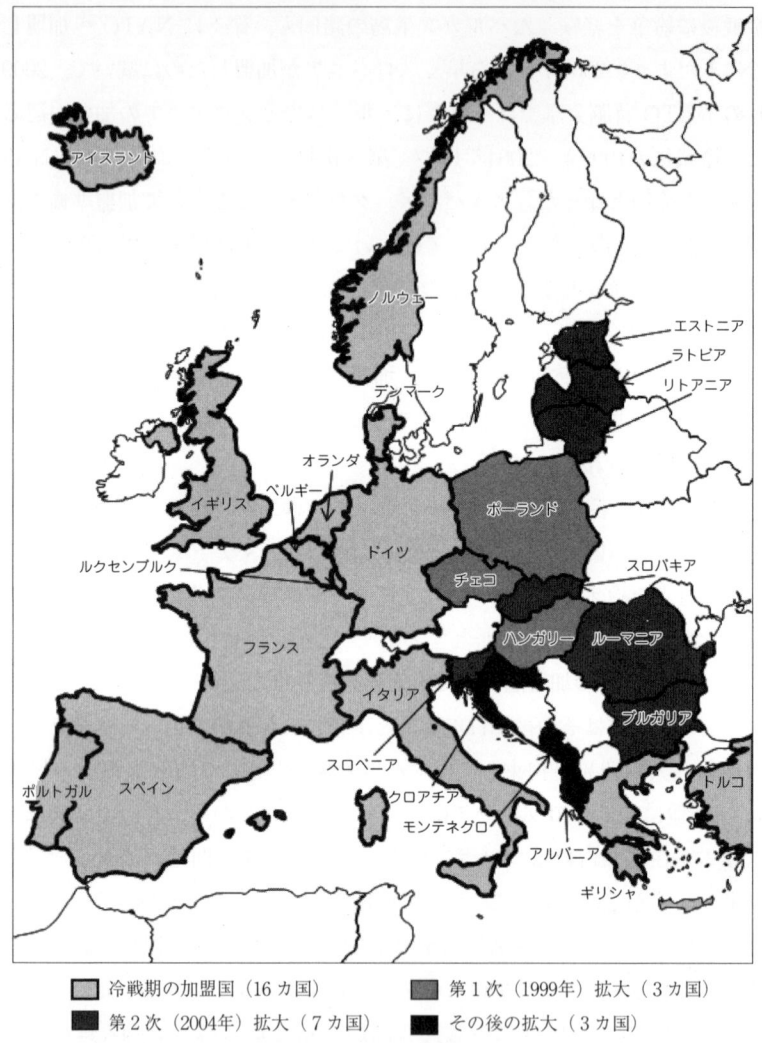

　　　■ 冷戦期の加盟国（16 カ国）　　　■ 第 1 次（1999年）拡大（ 3 カ国）
　　　■ 第 2 次（2004年）拡大（ 7 カ国）　　■ その後の拡大（ 3 カ国）

概念においても，1999年戦略概念にあった「拡大」の見出しは消え，代わりに
「オープンドア」の見出しが登場するなど，全体としては新たな加盟よりも
パートナーシップの方がより強調されるようになっていた。しかし，EU が
ユーロ危機のためにガバナンスの見直しを迫られるなかで，バルカン半島の

Column 5　NATO 拡大でロシアはアメリカに「欺された」のか

　ロシアのプーチン政権は冷戦後の国際環境に対する認識の中で，アメリカが NATO 拡大をしないとの「約束」を破り，ロシアは「欺された」のだとの言説をたびたび繰り返している。そうした認識がジョージア紛争，クリミア併合，ウクライナ危機などの背景にあると分析されることもある。1990年のドイツ統一にいたる過程において，米ロ間で本当に NATO 拡大をしないとの約束があったのだろうか。

　最新の研究によれば，1990年にドイツ統一の早期実現と NATO への残留をソ連に認めさせる外交的駆け引きの中で，ベーカー米国務長官やコール西独首相がソ連のゴルバチョフ書記長に対して，NATO の「管轄範囲」を旧東ドイツ領域には拡大しないと発言したのは間違いないようである。ただし，このことは公式文書にはなっておらず，その後，米ロ間で詳細について議論がされたわけでもない。NATO の北大西洋理事会にこの話題がのぼったこともない。さらに問題を複雑にしているのが，これらの発言が，旧東ドイツより東の中・東欧諸国へ拡大しないことまでをも「約束」したことになるのか，ということである。アメリカはこうした立場を公式に否定している。旧東ドイツ領域を空白にしたまま，それより東の国と同盟を結ぶことは，安全保障上あまり現実的ではない面があるのも確かだが，そのことが直ちに中・東欧への不拡大を「約束」したと解するのは，相当の無理があるように思われる。

　そもそも冷戦後の NATO 拡大プロセスは，決してアメリカによる一方的な政策の押しつけではなかった。たしかに歴史的にみれば大国はしばしば中・東欧の頭越しに影響力を拡げようとしてきた。1938年にはミュンヘン合意でドイツ，イギリス，フランス，イタリアがチェコスロバキア解体を事実上決め，1944年には「パーセンテージ協定」によりイギリスとソ連が秘密裏に戦後の中・東欧の勢力圏を定めようと試みた。しかし，まさにそうした歴史の教訓をもふまえ，NATO 拡大をめぐって中・東欧は，決して受け身的な傍観者ではなく，むしろ主体的に拡大プロセスを前進させた積極的アクターであった。

　このように「約束」の内容と意味合いはかなり曖昧なものであった。しかし，仮に非公式の「約束」めいたものがなされていたとしても，それを根拠にロシアが「欺された」との認識にしがみついているとすると，それ自体，勢力圏的発想の表れといえよう。

国々の NATO への加盟は地域の安定化にとって引きつづき大きな意味がある。とりわけボスニア＝ヘルツェゴビナは，2006年にようやく３民族に分かれていた軍の統合を果たしたものの，国際社会の介入（「ボン・パワー」）がなければ再び分裂しかねない状況にある。そのため，NATO 拡大効果のもたらす一層の軍改革や民主化は，バルカン地域の紛争の再発を封じ込めるためには重要である。

第5節　未完の拡大

　NATO 加盟国はまもなく30カ国を超えようとしている。それだけに冷戦期とは異なり，加盟国の多様性も表面化してきている。例えば，中・東欧の新規加盟国は，NATO 拡大によって潜在的脅威から解放され，EU 拡大を軸に安定的に西欧諸国へとキャッチアップしていくはずであった。実際に2004年のEU 加盟前後より，中・東欧各国においては経済のみならず政治・安全保障面でもEU志向が強まっている。

　しかし2008年のジョージア紛争は，依然としてロシアが不安定要因となりうることを如実に示した。中・東欧諸国は NATO 内であらためて確実な「安心供与（reassurance）」を求め，集団防衛機能への回帰を訴えた。これは特にロシアと隣接しているバルト三国とポーランド（ロシア領カリーニングラードと隣接）において明らかであった。この「安心供与」を求める動きは，やがて2014年のクリミア半島や東部ウクライナでのロシアの軍事行動によって，より顕著となった（⇨第12章参照）。

　このような一部の加盟国にみられる集団防衛機能重視への回帰現象や，ジョージア，ウクライナの拡大プロセスにおける混迷を考えると，「自由で一体となったヨーロッパ」の創出という NATO 拡大プロセスは，いまだ未完であるといわざるを得ない。

推薦図書
　荻野晃『NATO の東方拡大——中・東欧の平和と民主主義』関西学院大学出版会，

2012年。
　　日本語で入手可能なほぼ唯一の NATO 拡大に関する専門書。著者はハンガリー
　　政治の専門家で，内容的にもハンガリーを中心とする中・東欧側の NATO 加盟
　　プロセスが緻密に分析されている。

James M. Goldgeier, *Not Whether But When : The U.S. Decision to Enlarge NATO,* Brookings Institution Press, 1999.
　　1999年の最初の拡大直後に書かれた古典的名著。アメリカ側の資料を丹念に渉猟
　　しながら，なぜ NATO 拡大が実現したかを説明している。

Ronald D. Asmus, *Opening Nato's Door : How The Alliance Remade Itself For A New Era,* Columbia University Press, 2004.
　　1999年の拡大を扱った著書だが，著者が当時の国務省の担当官であっただけに，
　　国務省中心に拡大が多くの反対に遭遇しつつも実現していくプロセスが描かれて
　　いる。

---

(1)　「……締約国は，民主主義の諸原則，個人の自由及び法の支配の上に築かれたそ
　　の国民の自由，共同の遺産及び文明を擁護する決意を有する……」（北大西洋条約
　　前文より）

(2)　Gerald B. Solomon, *The NATO Enlargement Debate, 1990-1997 : Blessings of Liberty,* Praeger, 1998, pp. 123-132.

(3)　*Study on NATO Enlargement,* 1995. ⟨http://www.NATO.int/docu/basictxt/ enl-9501.htm⟩

(4)　Welcoming Statement by The North Atlantic Council to the three Allies, Press Release, 1999, 12 March 1999.

(5)　James M. Goldgeier, "Not When but Who," *NATO Review,* Spring 2002.

(6)　Membership Action Plan, 24 Apr. 1999 ⟨http://www.nato.int/cps/en/natolive/ official_texts_27444.htm?selectedLocale=en⟩，MAP の PfP との関係および加盟へ
の道程については次を参照。Jeffrey Simon, "Roadmap to NATO Accession : Preparing for Membership," *INSS Special Report,* Oct. 2001.

(7)　2019年1月以降，正式国名は「北マケドニア共和国」となったが，2019年以前の
記述については，それまでの呼称であった「マケドニア旧ユーゴスラビア共和国
（FYROM）」を簡略化した表記としての「マケドニア」を用いる。

(8)　Washington Summit Communique, Press Release NAC, 24th, April 1999, para. 7.

(9)　6月15日のワルシャワでのブッシュ演説は次を参照。⟨http://www.presidency.

ucsb.edu/ws/index.php?pid=45973#axzz1tb3A1ODq⟩

⑽　ドイツ下院でのブッシュ演説は次を参照。⟨http://usa.usembassy.de/etexts/docs/ga1-020523.htm⟩

⑾　Transcript of Senate Foreign Relations Committee Hearing on NATO Enlargement, 1 April 2003, Federal News Service.

⑿　Steven Woehrel, Julie Kim, and Carl Ek, NATO Applicant States: A Status Report, Report for Congress, CRS, updated 25 April 2003: 3-5.

⒀　Statement by NATO Secretary General, 2 October 2001. ⟨http://www.nato.int/docu/speech/2001/s011002a.htm⟩

⒁　Seven new members join NATO, 29 March 2004. ⟨http://www.nato.int/docu/update/2004/03-march/e0329a.htm⟩

⒂　Istanbul Summit Communiqué, Issued by the Heads of State and Government participating in the meeting of the North Atlantic Council, Press Releas (2004) 096, 28 June 2004（第3項）.

⒃　IISS, *The Military Balance 2004-2005*, Oxford University Press, 2003.

⒄　米議会調査部による評価参照。Steven Woehrel, Julie Kim, and Carl Ek, NATO Applicant States: A Status Report, Congressional Research Service, The Library of Congress, 25 April 2003, pp. 40-41.

⒅　在欧米軍にとっての中・東欧の地政学的役割については，次を参照。広瀬佳一「在欧米軍の再編と NATO」『国際安全保障』（国際安全保障学会）第33巻第3号，2005年12月，76-79頁。

⒆　Riga Summit Declaration, Issued by the Heads of State and Government participating in the meeting of the North Atlantic Council, Press Releas (2006) 150, 29 November 2006（第37項）.

⒇　Bucharest Summit Declaration, Issued by the Heads of State and Government participating in the meeting of the North Atlantic Council, Press Releas (2008) 049, 3 April 2008（第23項）.

㉑　Strasbourg / Kehl Summit Declaration, Issued by the Heads of State and Government participating in the meeting of the North Atlantic Council in Strasbourg / Kehl, 4 April 2009（第29項）.

㉒　LISBON SUMMIT DECLARATION, Issued by the Heads of State and Government participating in the meeting of the North Atlantic Council in Lisbon on 20 November 2010 ⟨http://www.nato.int/nato_static/assets/pdf/pdf_2010_11/2010_11_11DE1DB9B73C4F9BBFB52B2C94722EAC_PR_CP_2010_0155_ENG-

Summit_LISBON.pdf〉

⑵　マケドニアは年の独立時に「マケドニア共和国」を名乗り国連加盟を申請したが，「マケドニア」は本来ギリシャ固有の地名であるとの立場からギリシャが反対した結果，「マケドニア旧ユーゴスラヴィア共和国（FYROM）」との名称で妥協が図られた経緯がある。

⑵　以下，首脳会議共同宣言は次を参照。Strasbourg / Kehl Summit Declaration, Press Release : (2009) 044. 〈http: //www. nato. int/cps/en/natolive/news_52837. htm?mode=pressrelease〉

⑵　コソボを承認した116カ国（2019年 3 月時点）については次を参照。〈http:// www.kosovothanksyou.com/〉

⑵　吉留公太「ドイツ統一交渉とアメリカ外交──NATO 東方拡大に関する『密約』論争と政権中枢の路線対立」（上）『国際経営論集』（神奈川大学経営学部）第54号，2017年，38頁。

⑵　Active Engagement, Modern Defence : Strategic Concept Adopted by Heads of State and Government at the NATO Summit in Lisbon 19-20 Nov. 2010, para. 27.

（広瀬佳一）

第5章

EU による安全保障

　本章では EU による安全保障について学ぶ。経済主体としての認識が
もっぱらであろう EU の安全保障主体としての実態と，その現在の姿に
まで影響を及ぼす冷戦期および冷戦後の構築過程を振り返る。2014年を前
に，EU による安全保障が転機を迎えつつあった可能性を指摘する。

第1節　EU 安全保障の現在地

1　安全保障としての EU

　EU は，2018年末の日・EU 経済連携協定締結が記憶に新しいように，経済
主体との印象が強い。だが，その基本条約において，欧州連合条約第42条7項
にいわゆる集団防衛条項，欧州連合機能条約第222条に連帯条項を有している。
それぞれの条文は以下のとおりである。

　　欧州連合条約第42条7項　加盟国がその領土に対する武力侵攻の犠牲国となる場合
　には，ほかの加盟国は，国際連合憲章第51条に従って，すべての可能な手段を用いて
　これを援助し及び支援する義務を負う。このことは，特定の加盟国の安全保障・防衛
　政策に関する特有の性質には抵触しない。

　　欧州連合機能条約第222条　加盟国がテロリストの攻撃または自然若しくは人為的
　災害の対象となった場合，連合とその加盟国は，連帯の精神に則って行動する。連合
　は，加盟国によって提供された軍事資源を含む，利用可能なすべての手段を動員する。

　他方，ヨーロッパにはアメリカとカナダ，それにトルコをも含む軍事同盟
NATO も存在する。NATO と EU の間には，一見すると機能的な重複がある
が，その実態を観察すると，ある種の棲み分けが行われているようにみえる。

これには，大別して時間的，あるいは時系列的棲み分けと，地理的棲み分け，そして内容的棲み分けがある。時間的あるいは時系列的棲み分けとは，伝統的軍事機構であるがゆえに高度な軍事能力を有するとともに，アメリカの強いリーダーシップを特色として，意思決定と展開に迅速性を有する NATO と，やや意思決定および展開開始に時間を要する傾向のある EU が，時系列的に棲み分けるパターンである。特に，EU の共通安全保障・防衛政策（CSDP）のほうが，参加各国間の負担分担における衡平性が高いことも後発的かつ持続的な活動の展開には適性がある。EU の CSDP における費用負担は，NATO での方式に比べて各国間の分担の衡平化が図られている。すなわち，軍事活動費用は条約の規定により原則として EU 予算から拠出されないが，その場合でも軍事活動の共通部分の負担分担は，EU の軍事活動に参加しないことを表明しているデンマーク以外の国々が GDP 比に応じて拠出する基金から支出される。部隊展開のための費用が完全に自己負担の NATO とは，この点で大いに異なる。また，第 2 の地理的棲み分けに関しては，ヨーロッパ各国，特に英仏と伝統的に関係の深いアフリカでの任務については EU が主に展開する傾向である。そして，第 3 の内容的棲み分けとは，民軍融合的能力が要求される任務であれば EU の枠組みのほうが選好される可能性が高まるというものであった。[1]

CSDP を含む EU の外交・安全保障政策（CFSP）は，2009年に発効したリスボン条約によって現在の姿に至っている。本章では，このような，知られざる EU の外交・安全保障政策について，基本的な理解を支援しようとするものであるが，その前に，EU による安全保障のしくみについて，俯瞰しておく。

2　EU による安全保障のしくみ

EU は，1993年に発効した欧州連合条約（通称マーストリヒト条約）以降，同条約を改定する条約を締結することによって進化を遂げてきた。1999年発効のアムステルダム条約と2003年発効のニース条約は，ともに欧州連合条約を改定する条約であり，その最新のものが2009年に発効したリスボン条約である。

CFSP は，主に欧州連合条約第 5 編「連合の対外行動についての一般規程お

よび共通外交・安全保障政策に関する特別規程」に規定されている。EUの他
の政策領域とは異なり，立法措置は伴わず，欧州委員会やEU官僚ではなく
各加盟国の代表によって政策決定が行われている。

　CFSPには，基本的な意思決定機関として，各国首脳で構成される欧州理事
会と，閣僚レベルで構成される外務理事会，そして大使級で構成される政治・
安全保障委員会が設置されている。欧州理事会が基本的・戦略的な方針策定を
行い，外務理事会が個別的な決定を行うが，いずれも全会一致を要する。既存
の欧州理事会決定に則った個別的な決定であれば，外務理事会は特定多数決
（QMV）で決定しうるが，軍事的・防衛的な意味合いを有する決定は除外され
ている。QMVとは，多数決の一種であるが，構成員（国）の持ち票数に重み
づけがされており，かつ採択や不採択の基準が単純過半数でもない決定方式で
ある。現在のEUの場合，加盟28カ国のうち55％に該当する16カ国以上の賛
成があり，同時に賛成した国々の人口のEU域内総人口に占める割合が65％
以上であることが成立の要件とされている。前述のように軍事的・防衛的な意
味合いを有する決定は特定多数決の対象外であるが，近年のEU加盟国間の
不一致によるCFSPの機能不全解消のため，人権問題や文民ミッションの展
開など，QMVの適用拡大についての議論もみられるようになっている。[2]

　実務的な決定や，実際のオペレーションに関しては，政治・安全保障委員会
が決定・監視・統制を行う。同委員会は，軍事作戦についてはEU軍事幕僚
部（EUMS），文民的オペレーションについては文民的危機管理委員会
（CIVCOM）によって支援される。EUMSはEU各国の参謀総長によって構成
されている。

　また，CFSPを取り仕切るパーソナリティとして，CFSP上級代表兼欧州委
員会副委員長（以下，上級代表と略記）がおかれている。上級代表は，欧州理事
会によって特定多数決で指名され，外務理事会の議長も務める。欧州理事会は，
上級代表の指名に際しては，欧州委員会委員長の同意も得る。

　EUは，NATO同様，独自の常設EU軍なるものを保有しているわけでは
ない。あくまでも必要に応じて加盟各国からの部隊拠出に依存している。

第 2 節　欧州安全保障統合

1　「欧州統合の物語は防衛からはじまった[(3)]」

　現在の EU の原点ともいわれるのが，1950年 5 月 9 日のシューマン宣言である。ここでは「長年の仏独対立を克服することが，ヨーロッパ諸国の結集には必要」とし，そのための「限定的ながら決定的な」行動として，「仏独両国の石炭と鉄鋼の生産のすべて」を超国家的な管理のもとにおくことを提案した。この結果，設立されたのが欧州石炭鉄鋼共同体（ECSC）であった。欧州統合は，このような仏独和解という対内的な安全保障を，その根幹にもつ。

　しかしながら，第 2 次世界大戦後の欧州統合の物語はこれよりさらにさかのぼる。そのことを理解してもらうには，1947年の英仏ダンケルク条約，1948年のブリュッセル条約，失敗に終わった1950年の欧州防衛共同体構想や1954年の改正ブリュッセル条約などを列挙すれば十分だろう。いずれもが第 2 次世界大戦終戦直後にはじまるヨーロッパ諸国間の安全保障協力の試みであり，実際，冒頭に紹介した現在の欧州連合条約における集団防衛条項の条文は，そのルーツを1948年のブリュッセル条約にもつ。

2　冷戦後：CFSP 構築へ

　他方で，対外的な安全保障機能が欧州統合の文脈に包含されるようになったのは冷戦後に，段階的にであった。まず，1993年の欧州連合条約（通称マーストリヒト条約）発効に伴って EU が設立されると，それまでもっぱら経済分野で統合を進めてきた欧州統合の文脈に，外交・安全保障の文脈が加えられることとなった。実際には，冷戦期においても1950年の欧州防衛共同体構想や，1960年代のフーシェ・プラン，1970年代の欧州政治協力などにみられるように，欧州統合には外交・安全保障協力への挑戦や蓄積がみられるのだが，これらはいずれも（最終的に）欧州統合の「本流」ともいえる欧州共同体の枠組みとは明確に分離されていた。冷戦の終焉を機に EU の枠組みの中に外交・安全保障協力がアンカーされることになった要因の 1 つには，冷戦終焉に伴って姿を

現した統一ドイツをしっかりと欧州統合の枠組みの中に封じ込めることがあった。それでも，当初は共通外交・安全保障政策と銘打ちながらも，軍事的政策は除外することが明記されていた。

　これが最初に変化するのは，1997年に署名され，1999年に発効したアムステルダム条約によってであった。EU 設立後の欧州統合は，これまでのところ，その基本条約である欧州連合条約を改定する条約を締結することによって，統合を進展させている。アムステルダム条約，ニース条約そしてリスボン条約として歴代締結されてきた条約は，すべて欧州連合条約を改定する条約である。アムステルダム条約による最初の改定によって，EU は軍事的な政策を展開できることとなったのである。のちに CSDP と呼ばれることになるこの政策分野は，当初，欧州安全保障・防衛政策（ESDP）と呼ばれていた。

　この変化をもたらしたのは，一連の旧ユーゴスラビア紛争の経験であった。冷戦期を通じて東側共産主義陣営にありながら独自の外交を展開していたユーゴスラビアは，1980年に指導者チトーを死去によって失うと，次第に国内情勢が不穏なものになっていった。特に1994年春以降にボスニア情勢が悪化すると，民族浄化まで伝えられるに至り，国際社会としての関与が迫られることとなったが，特に EU は軍事力の裏打ちをもった実効性のある対応を取ることができなかった。米軍を中心とした NATO の航空戦力の大規模介入を経て，最終的に1995年にデイトン和平合意が成立し，NATO 主体の平和維持部隊が現地に展開することとなった。EU は，ひたすらに影が薄い存在であった。

　この経験を経て，特にイギリスの方向転換もあり，EU は軍事的安全保障の政策領域に足を踏み入れていくことになる。まず，アムステルダム条約では，いわゆるペータースベルク任務が欧州連合条約に書き込まれることとなった。ペータースベルク任務とは，当初，1992年に WEU がボン近郊のペータースベルクで開催した閣僚理事会で採択した，いわゆるペータースベルク宣言の中で規定されたもので，WEU として担いうる軍事任務として，人道・救難任務，平和維持任務，そして平和創造を含む，危機管理における戦闘部隊の任務を列挙したものである。

　さらに，1998年の英仏サン・マロ合意を経て，1999年6月のケルン，同年12

月のヘルシンキ両欧州理事会で，EU は着実に軍事的安全保障機能を取り込んでいく。同合意で英仏両国は，大西洋関係に配慮するとしつつ，安全保障政策における EU としての独自の意思決定能力と活動能力の構築に合意した。アムステルダム条約での軍事的任務の取り込みに続き，そのための能力構築にも，EU として取り組むこととなったのである。その成果が，1999年末のヘルシンキ欧州理事会で合意されたヘルシンキ・ヘッドライン・ゴール（HHG）であった。ここでは，最大15旅団もしくは 5 〜 6 万人規模の部隊を 1 カ月以内に展開するとともに，それを 1 年間持続できる能力を2003年までに整備するとの目標が示された。この目標は，ボスニアでの平和維持活動を想定したものであった（後述）。その後，2002年12月のブリュッセル欧州理事会にて，EU としてすべてのペータースベルク任務の実施が可能になったとの宣言がなされた。

また，初期の CSDP 活動の経験をふまえ，HHG の改訂版として，2004年 6 月の欧州理事会にて，ヘッドラインゴール2010（HG2010）が合意された。ここでは，1500人規模の部隊を EU 戦闘群として各国主導でローテーションにて準備しておくとの能力達成目標が新たに合意されたとともに，EU として取り組む軍事活動の内容を示した，いわゆるペータースベルク任務の内容も更新され，統合武装解除任務などが加えられている。これは，少なくとも概念上は，ごく小規模なものから大規模なものまで，非常に幅のある概念である。

第3節　EU 軍事的安全保障政策構築の隘路

［ 1 ］　ヨーロッパの主体性の議論

　EU の軍事的安全保障政策構築には，一方に大西洋同盟との緊張，もう一方に域内中立諸国との緊張がある。このような隘路を通って，EU の軍事的安全保障政策は構築されてきたといえる。大西洋同盟，つまり NATO との緊張とは，換言すれば対米関係との緊張でもある。EU の安全保障政策構築と対米関係の緊張は，いまだ終わったわけではないが，1990年代から2000年代初期を通じた ESDI，ESDP，CSDP，フランスの NATO 統合軍事機構完全復帰問題などの議論を経て，そして EU が軍事展開を実施するようになったことにみら

れるように，１つの峠は越えたとみるのが妥当であろう。

　ヨーロッパの安全保障と防衛における主体性（ESDI）とは，EU あるいは WEU を通じてヨーロッパ各国が独自の安全保障体制を構築しようとしたものである。欧州統合における「主体性（アイデンティ）」の用語法は，1970年代初頭にまでさかのぼる。仏独伊ベネルックス三国（ベルギー，オランダ，ルクセンブルグ）の６カ国によって設立された EC が，最初の拡大によってイギリス，デンマーク，アイルランドを受け入れたのち，1973年12月のコペンハーゲン EC 首脳会議にて発出した「ヨーロッパの主体性についての宣言」がそれである。これは，1969年のハーグ EC 首脳会議で欧州統合の「深化・拡大・完成」が謳われたのち，石油危機やニクソン・ショックの中で，アメリカからの「ヨーロッパの年」との呼びかけ，あるいは問いかけがなされる中で，ヨーロッパ側の回答として打ち出されたものであった。「EC 加盟国は，アメリカと対立するなかで，『ヨーロッパ・アイデンティティ』を再確認した」とされるゆえんである。[4]

2 NATO のヨーロッパの柱かヨーロッパの主体性か，そして WEU の再発見

　安全保障と防衛についての主体性という主張の萌芽は，1980年代の欧州統合再活性化の議論の中にみられる。この議論は，1986年の単一欧州議定書の署名（1987年発効）と，それによる1992年の欧州市場統合，そして1993年の欧州連合設立につながっていく。その出発点となったのが，1981年のゲンシャー・コロンボ提案であった。

　ゲンシャー・コロンボ提案は，ドイツとイタリア両国外相によって欧州議会に提出された共同提案で，「『NATO のヨーロッパの柱を強化するためにヨーロッパ政治協力の傘の下で安全保障・防衛問題を扱う』ことが提案されたが，全体的にあまりにも野心的として失敗に終わ」ったものである。[5]「結局この提案は1983年シュトゥットガルト欧州理事会において『欧州連合に関する厳粛なる宣言』として，当初と比してかなりトーンダウンされた形で採択されるに過ぎなかった」[6]。しかし，この宣言において，「ヨーロッパの主体性」があらため

て言及された。

　たしかに，ゲンシャー・コロンボ提案は，ヨーロッパ政治協力提案としては失敗に終わったかもしれないが，形を変えて生きながらえていく。EC 諸国の中で同提案に抵抗を示した国々を含まない，WEU の枠組みが再注目されることとなったのである。折しも，1984年は改正ブリュッセル条約30周年であった。これを契機とし，長らく休眠状態にあった WEU は再活性化されることになる。

　WEU 再活性化の出発点となったのが，同年10月のローマ WEU 閣僚理事会であり，そこで採択されたローマ宣言では，「大西洋同盟強化へのヨーロッパの貢献」との文言が盛り込まれることとなった。そして，1987年 4 月ルクセンブルグ WEU 閣僚理事会コミュニケでの「北大西洋同盟のヨーロッパ・コンポーネント強化」といった主張を経て，1987年10月のハーグ WEU 閣僚理事会「欧州安全保障利益のプラットホーム」文書での「ヨーロッパの防衛主体性 (European defence identity)」，1990年 4 月のパリ WEU 閣僚理事会コミュニケでの「ヨーロッパの主体性強化と安全保障を含む欧州統合過程の促進」との主張へといたる。そしてついに1991年 6 月，ルクセンブルグのヴィアンデンでの WEU 閣僚理事会にて，「ヨーロッパの安全保障と防衛における主体性 (ESDI)」という用語法が登場する。1993年に署名された欧州連合条約では，WEU は EU の「不可欠な一部」とされた。以降の EU における CFSP，そして安全保障・防衛政策の展開の概要はすでにみてきたとおりである。

［3］　NATO 内の ESDI

　その後，ESDI を NATO 中心の冷戦期以来のヨーロッパ・大西洋安全保障構造の中にどのように位置づけるかが問題となっていく。1991年11月，冷戦後 NATO の出発点ともなったローマ NATO 首脳会議にて発出されたローマ宣言（「平和と協力についての宣言」）にて，「同盟のヨーロッパの柱」という文言が出現すると，これは1994年のブリュッセル NATO 首脳会議でのいわゆる「ブリュッセル宣言」でも継承された。1995年にシラク仏大統領が就任すると，1996年に米仏間の合意がなされ，同年以後，NATO での表現は「NATO 内の

ESDI」へと変わっていく。これは，NATO として ESDI を認め，そして EU 側としても ESDI が NATO 内に包含される（部分もある）ことを認めたものである。

　以後，EU としての軍事的安全保障政策の構築は，その存否ではなく，その有りようへと議論が移っていった。その際に媒介となったのが，NATO の共同統合任務部隊（CJTF）構想であった。また，当初は直接 EU として軍事活動を実施するのではなく，WEU を通じて実施することが想定されていた。

　冷戦期にソ連軍を中心とするワルシャワ条約機構軍の大規模軍事侵攻を想定した軍事態勢を準備していた NATO が，冷戦後の小規模かつ限定的な危機管理任務への対応を想定した軍事態勢として打ち出したのが CJTF 構想であった。これは必要な際，多国籍（Combined）かつ軍種統合的（Joint）に，NATO 統合軍事機構の部分稼働を可能にするようにしたものであった。

　そして，この CJTF 構想と，ESDI 構想が「相乗り」することとなったのである。それまでも，NATO 統合軍事機構の最高司令官（NATO 欧州連合軍最高司令官：SACEUR）は伝統的に米軍人が務める一方で，同副司令官（DSACEUR）にはヨーロッパ軍人があてられていた。そこで，WEU が軍事的活動を行う際に，ヨーロッパ人の DSACEUR を司令官として編成される（NATO 加盟国でもあるが WEU 加盟国でもある国々による）CJTF を活用できるようにしたのである。

　CJTF は必ずしも ESDI のみのための運用方法ではないが，その運用方法の活用法の１つとして，ESDI の実現方法の一環との意味合いがもたされたのである。これは「分離可能だが分離していない（separable but not separate）」軍事力とも呼ばれた。このように，WEU と CJTF をインターフェースとして，EU と NATO の間で NATO 内の ESDI を実現する具体的な手続きが，1996 年のベルリン NATO 首脳会議にて合意された。これはベルリン合意と呼ばれた。

④ 「3D」

　その後，すでにみてきたように，1990年代終盤の議論を通じて，EU が直接に軍事活動を実施することとなっていく。これに応じ，WEU の媒介を外して

EU が直接的に NATO との間で NATO 内の ESDI を実施するための手続きが必要になった。ベルリン合意は，あくまでも WEU と NATO との取り決めであったためである。こうして2002年に合意されたのが，ベルリン合意の改訂版としてのベルリン・プラス合意である。

　ベルリン合意を EU と NATO 間で結び直すことについて，すでに1999年 4 月の NATO ワシントン首脳会議にて基本合意が形成されていた。しかし，最終合意の実現は，2002年まで待たなければならなかった。これは，非 EU 加盟の NATO 加盟国，具体的にはトルコとの合意が難航した結果であった。当時，EU 加盟に近づいていたトルコは，自国が疎外される恐れのある EU 独自の安全保障主体化について，大きな警戒感をもって接していた。

　この過程でオルブライト米国務長官が EU 側に求めたのが，「3 D」の回避であった。1998年12月の寄稿から直接引用しよう。「ヨーロッパが外交・安全保障政策を構築する最善の方法を検討する際，機構にもたらされる変革が，大西洋パートナーシップの中で50年尊重されてきた基本原則を損なわないようにすることが重要です。それは，私が 3 D と呼ぶものです。分断（decoupling），重複（duplication），差別（discrimination）です」。

　これらの NATO 内の非 EU 加盟国との調整を経て，NATO 内の ESDI を現実化する EU・NATO 間のベルリン・プラス合意は実現したのである。ただし，概念的色彩の強かった ESDI という用語は，アムステルダム条約による改定によって欧州連合条約に取り込まれた際には ESDP と呼ばれることとなり，リスボン条約による改定によって，現在では CSDP と呼ばれている。これは，単なる改称ではなく，ヨーロッパ国際政治らしい含意のあるところであろう。

⑤　EU 内中立諸国との緊張

　他方で，EU の軍事的安全保障政策の実現過程においては，EU 内の中立諸国との緊張もあった。ここで問題になったのは北欧諸国，特にスウェーデンであった。同国をはじめとする北欧諸国は，冷戦後，1995年に EU に加盟した際，EU が軍事的安全保障政策を実施しないことを前提としていた。

しかしながら，前述のようなヨーロッパ独自の安全保障主体化の議論に加え，旧ユーゴ紛争に EU として十分に対応できなかった反省などから，アムステルダム条約交渉過程では，EU の軍事的安全保障政策構築の機運が高まった。それでも，北欧諸国の交渉努力の結果，ペータースベルク任務を条約内に列挙しつつも，実施に際しては WEU を経由するという方式を採用するにとどめた。EU としての直接的な軍事活動実施は回避されたのである。結局，1998年の英仏サン・マロ合意で EU による直接的な軍事活動関与への道が開かれていった。北欧諸国は，1999年前半の EU 議長国だったドイツのフィッシャー外相から EU 脱退勧告すらちらつかされつつも，当初これにも抵抗の姿勢を見せた。

　結局，EU の軍事的安全保障政策構築への抵抗での同志ともいえたイギリスの離反は大きな打撃であり，北欧諸国は，やがて方針転換して EU の「軍事化」をカウンターバランスするような CSDP の文民的オペレーションのしくみの構築に乗り出すこととなった。この結果として勝ち取ったのが，1999年6月のケルン欧州理事会で非軍事的安全保障政策態勢構築の合意であった。

　このような非軍事的安全保障政策は，のち，文民的危機管理政策と呼ばれるようになった。これは，妥協と模索の結果ではあったが，やがて EU の外交・安全保障政策に特色となってゆく。

　6　ヨーロッパ独自の安全保障戦略

　2003年12月12日，EU はソラナ上級代表（当時）の下で初の EU としての安全保障戦略を策定した。これによって，EU は安全保障政策における主体性確立の初期的な局面を完成した。この EU 安全保障戦略（ESS）は，一般的に「効果的な多国間主義」というキャッチフレーズで知られている。米軍主導のイラク戦争と，その過程においてみられたアメリカの単独行動主義的安全保障政策への懸念が高まっている中で，ヨーロッパとしてのオルタナティブを示すとともに，単なる多国間主義ではなく，「効果的な（effective）」との形容を付すことで，その実効性をも重視する姿勢を示し，深まっていた米欧間の亀裂を修復しようとしたものだと理解された。

　一方で，ESS は非常にユニークな文書でもあった。一般的に，安全保障戦略は，脅威認識を明確化し，それに対応すべき手段を示す。脅威認識を示す中では，脅威の主体が示されることが多い。そこで示される脅威の主体が具体的な国名や組織名でなかった場合でも，脅威には何らかの主体性が伴うのである。しかしながら，ESS は徹底的にこれを回避している。

　ESS が示す脅威は，テロリズムであり，大量破壊兵器の拡散であり，地域紛争であり，国家破綻であり，組織犯罪である。特に，安全保障上の脅威の非主体化，言い換えれば現象化ともいうべき特徴が如実にみて取れるのが，「国家破綻」という表現である。他の国家などの安全保障戦略文書の場合には，同様の内容を論じるのであれば，「破綻国家」と表現されることが多い。さらにいえば，ESS の半年前に公表されたアメリカの国家安全保障戦略では，「ならず者国家」という非常に敵対的な用語法となっている。ESS では，この問題についてさえもあえて主体性を排除し，現象あるいは病理ととらえる「国家破綻」との認識を示すのである。内容的にも病理学的な脅威認識論をもっているととらえられるのは，安全保障戦略文書としてテロリズムについて述べる中で，「外国に暮らす若者の疎外感」に言及していることにも顕著である。

〔7〕　欧州憲法条約の挫折とリスボン条約

　EU の安全保障政策が現在の姿にいたったのは，冒頭で述べたとおり2009年に発効したリスボン条約による改正によってである。しかしながら，2000年代初期には，実現しなかったもう１つの条約があった。欧州憲法条約である。欧州憲法条約は，2001年に検討が開始され，欧州統合を新たな次元に到達させようとした野心的な構想であった。同条約の検討会議の座長を務めていた元フランス大統領ジスカール・デスタンは，憲法条約は，「少なくとも50年は続く」ような時代を超えた EU の新たな基盤になると述べていた。[8] 欧州憲法条約は，2003年６月テサロニキ欧州理事会に草案が提出され，2004年10月にローマで各国代表によって署名された。しかしながら，2005年初夏に仏蘭両国で実施された同条約批准のための国民投票での否決を受け，同条約の批准プロセスは頓挫した。EU 各国は「熟慮期間」を経て，そして2007年のフランスの政権交代を

待って，憲法条約の，やや野心的であったその名称と内容の一部を改め，実質的には同一の内容のリスボン条約として成立させることとなった。

　したがって，リスボン条約の集団防衛条項や連帯条項は，すでに欧州憲法条約構想で合意されていたものである。この中には，常設構造化協力（PESCO）も含まれる。そもそも，この構想は，イラク戦争をめぐる米欧対立の中で，2003年に仏独ベルギー・ルクセンブルグ4カ国が，欧州安全保障・防衛連合（ESDU）として打ち出した構想にルーツをもつ。ESDU は，EU の一部の国々が独自の参謀本部機能を伴う完全に自律的な安全保障主体を構築しようとしたものであった。当初は，この ESDU 参加国の間で，集団防衛が実現されることとなっていた。これが欧州憲法条約をめぐる議論の中で変容し，集団防衛自体は EU 加盟国一般を対象とする条項となり，他方で一部の加盟国の間での高度な協力の実現は PESCO として残った。PESCO は，EU（の一部加盟国）が完全に自律的な非 NATO の安全保障主体を構築しようとした名残である。

　このように，EU による安全保障は，非常にダイナミックな，ヨーロッパの国際政治のドラマの中で形づくられてきたもので，現在でも統合のマグマがぐつぐつと煮え立つ活火山のような政策領域である。そしてそれは実際のオペレーションの中で形づくられてきたものでもある。そこで，次に，実際のオペレーションを通じて，EU による安全保障の展開を眺めることとしよう。

第 4 節　オペレーションの展開

〔1〕　初期の諸活動

　実際のオペレーション展開の最初のケースとなったのは，一連の旧ユーゴスラビア紛争を受けた活動であった。最初のオペレーションは，ボスニアで2003年1月1日から展開開始された EU 警察ミッション（EUPM）であった。これに続いて同年3月31日にマケドニアでの軍事活動コンコルディア作戦[9]，そして2004年12月からはボスニアでの軍事活動であるアルテア作戦が展開開始された。また，2003年5月からはコンゴ民主共和国にて，同じく軍事活動であるアルテミス作戦が展開開始されている。

　これら初期のミッションの対象地域は，主にバルカン半島の旧ユーゴスラビ
アと，サブ・サハラ（サハラ砂漠以南）を中心とするアフリカであった。そして
EU によるミッションの特色（既存のミッションの承継，軍事ミッションと文民ミッ
ションという 2 つの類型，サブ・サハラでの EU 独自ミッション）が，すでにひとと
おり展開されている。

　EUPM とコンコルディア，それにアルテアは，いずれも既存のミッション
の承継であった。EUPM は国連国際警察任務部隊（UNPTF），コンコルディア
作戦は NATO のアライド・ハーモニー作戦，アルテア作戦は同じく NATO
のボスニア平和安定化部隊（SFOR）を，それぞれ引き継いだものであった。
これらのうち，文民ミッションである UNPTF 以外は NATO のミッション
を引き継いだものであり，特にアルテア作戦はベルリン・プラス合意を活用し
た最初のケースとなった。

　これらのミッションのうち，特にアルテアは EU にとって画期的なミッ
ションとなった。一連の旧ユーゴスラビア紛争，特にボスニア紛争への十分な
対応ができなかったことこそ，EU の軍事的安全保障政策構築の起爆剤となっ
たものだったからである。当初，EU が軍事能力構築目標として，6 万人の部
隊規模での平和維持活動部隊の展開能力を謳ったのも，NATO がボスニアで
展開していた平和維持活動の規模を想定したものであった。最終的に，現地情
勢は次第に安定化し，当初 6 万人だった部隊規模は，EU が継承する際には
7000 人にまで縮小していた。いずれにしても，当初から現地展開していた部隊
人員の多くは EU 各国軍から拠出された人員であったし，2004 年に EU が継
承する際には，部隊のほぼすべてが EU 各国軍の人員であり，部隊継承は，
ほぼ「ワッペンの張り替え」に等しいものでもあったので，新たな展開能力に
関する問題は発生しなかった。なお，アルテア作戦は 2019 年現在で展開継続中
である。

　また，コンゴでのアルテミス作戦は，最初の EU の自律的軍事作戦となっ
たが，EU は独自の司令部機能を有していなかったため，フランスを主導国と
する加盟国主導型の軍事展開となった。作戦司令部はパリにおかれ，フランス
が中心となって軍事展開を実施した。また，この作戦の展開期間はほぼ 3 カ月

と短いもので，国連による平和維持活動である国連コンゴ民主共和国安定化作戦（MONUSCO）の部隊増強までの橋渡し的な展開でもあった。この作戦の経験が，HG2010におけるEU戦闘群構想に繋がってゆく。

2 中期の諸活動

　中期のオペレーションとしては，2007年から2016年まで実施された EU アフガニスタン警察ミッション（EUPOL Afghanistan）や，2008年から展開されているアタランタ作戦が興味深い。EU アフガニスタン警察ミッションは，2001年のアメリカ同時多発テロへの対応としてのアフガニスタンへの国際社会の介入の一環であり，300人以上の人員を派遣してアフガニスタン警察の支援を実施した。これは初期の諸活動においてみられたような NATO や国連との連続的なミッションではなく，米軍による対テロ作戦や NATO を中心とする PRT と同時並行的に展開された警察ミッションであった。

　また，2008年から展開開始されたアタランタ作戦はソマリア沖における海賊対策であり，NATO の海賊対策作戦とも並行しての展開となった。

　ソマリア沖海賊問題が注目されるようになったのは，2007年以降のソマリア沖あるいはアデン湾における海賊事件の顕著な増加によってである。また，2008年4月にフランスの豪華ヨット，ポナン号が襲撃されるという事件が発生したことで，ソマリア沖海賊問題がフランスをはじめとするヨーロッパ各国の警戒・関心の対象として，一般からも大きく注目を集めることとなった。2008年9月に国連事務総長から発出された人道支援物資支援船舶のエスコート任務要請に対し，EU の活動開始が遅れる中，同年10月に NATO 艦隊がアライド・プロバイダー作戦として展開した。同作戦は，同年12月に EU がアタランタ作戦を展開開始したことで撤収した。両作戦は基本的に別個の作戦であり，当然ベルリン・プラス合意も活用されていない。その後も，EU のアタランタ作戦が展開し続ける一方で，NATO による海賊対策作戦（当初アライド・プロテクター作戦，のちオーシャン・シールド作戦）が2009年以降2016年まで実施されたとともに，米軍主導の共同任務部隊（CTF）151，さらにはロシア艦隊や中国艦隊までもがソマリア沖には入り乱れた。EU・NATO 間（さらには米軍のオ

ペレーションやロシア，中国などとも）の調整は公式には実施されなかったが，非公式な調整メカニズムは柔軟に機能していた。また，EU・NATO 間に限っていえば，ともに作戦司令部を英軍ノースウッド司令部に置いていたため，実質的には非常に緊密な連絡調整が実現されていたとされる。

　アフガニスタンとソマリア沖での EU の活動を特徴づけたのは，文民的危機管理機能を含む民軍融合的な EU 安全保障の特性であった。「国際的な平和作戦においては，軍事的側面と同時に文民的側面が重視されることが，近年の大きな潮流になっている。そして開発援助やガバナンス支援，司法支援等，NATO にはない政策ツールを擁する EU は，包括的な安全保障概念を体現する存在だと論じられ」，「EU が NATO にはない文民面の能力を活用し，NATO とは異なる形での危機管理活動を展開している」のである。特にソマリア沖海賊対策は一見したところ類似のミッションを同じ地域で展開しているようであるが，EU のミッションは EU としての外交資源も活用したものであった。すなわち，「亡命申請の可能性を含め，海賊を逮捕した場合の対応に苦慮していたイギリスは，ソマリア近隣諸国への引き渡しを含め，人道主義に配慮した上で対応してくれる EU の枠組みでの海賊対策を好意的に評価した。また，ドイツについては，NATO ミッションであれば同意しなかった連邦議会が，EU ミッションであればグローバルなリーガル・スタンダードに則り，海賊容疑者の権利も尊重されるとし，同ミッションへの参加であるならば承認するとした」。

第5節　「砂塵に消えた」EU-NATO 関係

1　「砂塵に消えた」EU-NATO 関係

　その後，EU のオペレーション展開はクリティカルな打撃を被ることとなる。EU の軍事的安全保障政策は，2009年のリスボン条約発効を受け，制度的に充実し，新任の上級代表をむかえた。意気軒昂に新たな帆をあげた CSDP は，しかしながらリビアでの軍事活動を計画し，即座に座礁した。

　2010年12月17日のチュニジア人青年の焼身自殺に端を発するとされる，いわ

図 5-1 EU の CFSP 活動の展開時期

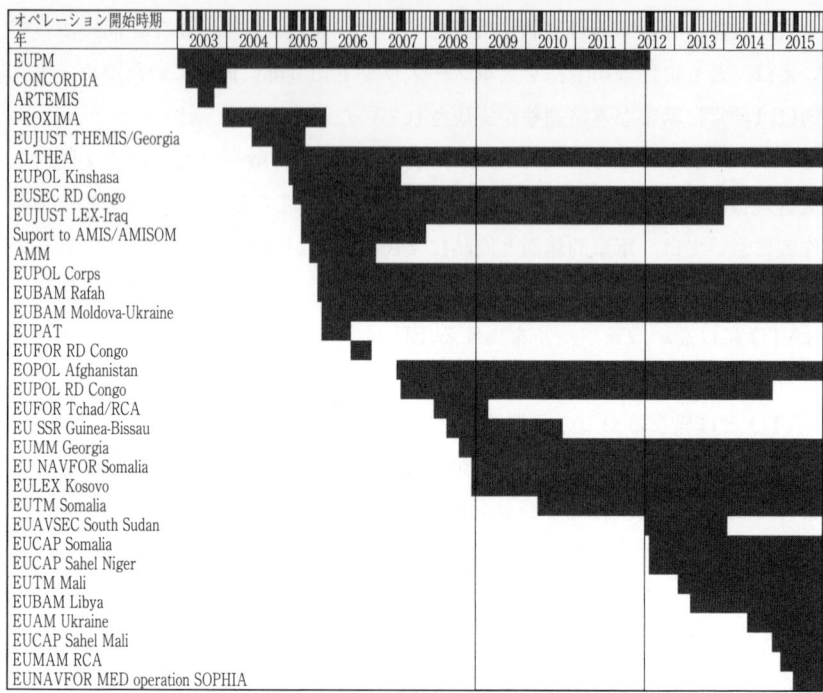

（注） 展開開始と終了を月ごとに表示したが，月名表示は煩雑となるため省略した。上段には展開開始時期のみ抽出して表示した。
（出所） EEAS ウェブサイトから筆者作成。

ゆる「アラブの春」の勃発後，政情不安の波は中東・北アフリカ諸国に広がっていった。長年カダフィ大佐の独裁体制が続いていたリビアも不安定化し，翌2011年2月以降，事実上の内戦状態に突入した。EU は，2011年4月1日に理事会決議を採択し，国連安保理決議を根拠とした作戦展開の実施を決めた。しかしながら，この EU リビア部隊（EUFOR Libya）は，実現せず，EU の壮大なエイプリル・フールと呼ばれることとなった。直接的な要因としては，前提としていた国連人道問題調整事務所（OCHA）からの支援要請がなかったためであったが，そのほかの要因としても，上級代表のリーダーシップの欠如，EU 加盟国間の不一致，EU リーダーシップの連携不足（欧州理事会常任議長と上級代表と欧州委員会委員長はバラバラに声明を出した），創設期の EEAS をめぐ

る様々な混乱や，軍事的活動と文民的活動の間の重点のおき方が定まらなかったことなどが背景にあったとされる。そして同年 3 月19日に英仏両軍中心で開始されていた NATO 枠外の有志国連合による空爆は，「外された」トルコの怒りを買い，最終的に NATO としてのオペレーションとされることとなった。

　結果，2008年展開開始のアタランタ作戦では，同時・同地域に NATO と EU が展開したにもかかわらずベルリン・プラス合意に基づいた NATO・EU 協力は発動されず，2011年の幻のリビア EU 部隊では，アタランタ作戦では機能した NATO・EU 間の非公式協力すら機能しなかった。まさに，NATO・EU 協力はリビアの「砂塵に消えた」。

　こうして，EU の CSDP 活動は2008年から2012年にかけて，空白期間を迎えたのである。「2008年12月にアタランタ作戦（EUNAVFOR Somalia）が開始されてから，2012年 7 月にサヘル・ニジェール EU 能力構築支援ミッション（EUCAP Sahel Niger）が開始されるまでの 3 年半の間，言い換えればリスボン条約が発効してからの約 2 年，新たに展開開始されたミッションが，わずかひとつにとどまったのである。CSDP ミッションは，約10年で約30を数えるまでになっているので，単純計算で 1 年あたり 3 前後のミッションが展開開始されていたことになる。それが，リスボン条約発効直前から，ぱたりと新規ミッションの展開開始が止まり，長い停滞期間に入った」。

2　「ときめきの魔法」を取り戻せるか

　2012年以降，少なくとも本章が対象とする2014年ごろまでの期間についていえば，EU によるオペレーションは再起動されつつあるようにみえる。2012年の EUCAP Sahel Niger およびソマリア EU 能力構築支援ミッション（EUCAP Somalia），2013年のマリ EU 訓練ミッション（EUTM Mali）およびリビア EU 国境管理支援ミッションにみられるように，EU によるオペレーションは毎年 2 つ程度の展開開始をこなし，ペースを取り戻しつつある。そして，これらのリストを眺めていると気づくことがある。能力構築支援ミッションが目立つこと，そして部隊派遣を伴う軍事ミッションの不在である。実際に，2014年以降まで若干踏み越えても，2015年初頭にサヘル・マリ EU 能力構築支援ミッ

Column 6　EU による安全保障の「顔」

　EU の外相ともいえる歴代の外交・安全保障政策上級代表はキャラクターぞろいである。アムステルダム条約が発効した1999年からリスボン条約が発効する2009年まで，初代の上級代表を務めた元スペイン外相のソラーナは，NATO 事務総長からの「横滑り」であったが，そもそも物理学の大学教授で，自国の NATO 加盟や米軍の自国駐留に反対の姿勢をとっていた（これは NATO 公式サイトのソラーナの紹介でもふれられている！）。1995年から1999年まで NATO 事務総長を務め，いまだ落ち着かない旧ユーゴ情勢に向き合った。北大西洋理事会でフランス代表が話しはじめるとトイレに立つことが多かったとも伝えられているが，ロシアとの関係構築に際しては，「平行線ですね」とのプリマコフ露外相の発言に「非ユークリッド幾何学では平行線は交わる」という謎の説得で話をまとめたとの伝説ももつ。文中でもふれた「分離可能だが分離していない」メカニズムの説明では，上級代表として訪問した慶應義塾大学での演説中，やおらペンを取り出し，キャップを外して高く掲げてぐるりと回してまた戻す，というダイナミックなパフォーマンスで説明した。

　2代目を務めたイギリス出身のアシュトンは，通商政策担当の欧州委員からの転任であり，安全保障政策分野での経験が全くなかった。そんな中でリスボン条約によって大きく変革された EU の外交・安全保障政策を一手に引き受けることとなり，一時的な同政策の機能不全を招いたのではないかともいわれた。ただ，振り返ってみれば，本章でもふれたように，この停滞は単なる停滞ではなく，跳躍の前の屈曲であったと評価することも可能かもしれない。こればかりは今後の展開次第である。

　3代目のモゲリーニ元伊外相は，1973年生まれと若く，そして2代続けて女性の上級代表となった。さらにいえば，初代を含め，これまでのところ上級代表はすべて左派の政治家である（アシュトンは労働党）。上級代表のキャラクターがどのように EU の外交・安全保障政策に反映されていくのか，興味は尽きない。

　追記：2019年秋以降の4代目の上級代表には，スペインのボレル外相が就任予定だが，やはり左派の社会労働党出身である。

ションが展開開始されている一方で，軍事展開は同年の EU 地中海海軍部隊ソフィアのみである。サヘル地域を対象とする統合型文民支援ミッションである3つの EUCAP は，2012年に「再起動」した EU によるオペレーションの

中心的な位置を占めつつある。果たして，CSDP は，片づけられてしまうのだろうか。それとも，「ときめきの魔法」を取り戻したのだろうか。

推薦図書

森井裕一編著『現代ヨーロッパの政治経済・入門』2012年，有斐閣。
　　刻々と変化する EU 安全保障政策のタイムリーな解説書は望み難いが，Web 追補も活用して対応を試みる。外交と安保の 2 章を含む。

臼井陽一郎編『EU の規範政治』ナカニシヤ出版。
　　EU は単なる国際機関ではなく，規範性という特性を有するとの議論に参画する。安全保障政策を含め，その表と裏を探る。

Howorth J., *Security and Defence Policy in the European Union* (The European Union Series) (2nd edition), Palgrave, 2014.
　　他に Michael Smith や Sven Biscop による類書も有益だが，本書の若干の含みのある文章を推す。

⑴　小林正英「EU の安全保障・防衛政策」森井裕一編著『ヨーロッパの政治経済・入門』有斐閣，2012年，289頁。

⑵　Junker, J.-C., "State of the Union 2018 : The Hour of European Sovereignty," 12 September 2018.

⑶　Howorth, J., "European Integration and Defence : the ultimate challenge ?," *Chaillot Papers*, Vol. 43, November 2000, p. 1.

⑷　橋口豊「デタントの中の EC 1969-79年 : ハーグから新冷戦へ」遠藤乾編著『ヨーロッパ統合史』名古屋大学出版会，2008年，206頁。

⑸　戸蒔仁司「現代欧州安全保障と政治統合——『ヨーロッパの柱』をめぐる動向を中心として」『法学政治学論究』第36号（1998年春季号），368頁。

⑹　同上。

⑺　Albright, M. K., "The Right Balance Will Secure NATO's Future," Financial Times, December 7, 1998, in *From St-Malo to Nice, European defence : core documents (Chaillot Paper 47)*, WEU Institute for Security Studies, May 2001.

⑻　"Giscard's grand plan ruffles EU feathers," *BBC News*, 29 Oct. 2002.

⑼　2019年1月以降，正式国名は「北マケドニア共和国」となったが，2019年以前の記述については，それまでの呼称であった「マケドニア旧ユーゴスラビア共和国

　　（FYROM）」を簡略化した表記としての「マケドニア」を用いる。

⑽　鶴岡路人「NATO・EU 協力の新たな課題：棲み分けから協働へ」『法学研究』
　　84巻 1 号，2011年 1 月，437-438頁。

⑾　Riddervold M., "New threats–different response : EU and NATO and Somali
　　piracy," *European security*, Vol. 23, No. 4, 2014, p. 553. 文 章 は 小 林 正 英
　　「EU-NATO 関係の現在——ソマリア沖海賊対策作戦の事例を中心に」『尚美学園
　　大学総合政策学部紀要』，24頁。

⑿　詳細は，小林正英「EU の文民的危機管理政策 ソーセージと EU の文民的危機
　　管理政策がどう作られるのかを知る人は，もはやぐっすりと眠ることはできない」
　　臼井陽一郎編著『EU の規範政治』ナカニシヤ出版，2015年，304頁。

⒀　Menon A., "European Defence Policy from Lisbon to Libya," *Survival*, Vol. 53,
　　No. 3, 2011, p. 76.

⒁　小林，前掲，304頁。一部改変の上，引用。

（小林正英）

第Ⅱ部

ポスト2014年のヨーロッパ安全保障

第 6 章

クリミア併合とヨーロッパ安全保障

　ウクライナの政治変動は，ソ連解体期以来の文明・民族をとりまく諸問題が噴出するなかで進行中である。国際社会の和平努力にもかかわらず，ロシアによるクリミア半島の併合，東部の分離主義的地域（ドネツィク，ルハンスク）をめぐる紛争は膠着している。これらの紛争は，米国を含めた主要国間のパワーポリティクスの噴出という国際秩序の質的転換によって助長されている。本章では，解決の糸口として地域機構の役割にも注目する。

第 1 節　グローバル政治の変動とウクライナ危機

　国際社会は2013年秋からのウクライナ危機／紛争の解決に展望を見出せないまま，時を過ごしている。危機は，同国のヤヌコヴィチ政権による欧州連合（EU）との自由貿易協定（FTA）——正式には「深化した包括的自由貿易協定（DCFTA）」——を主眼とする「連合協定」締結に関する作業の一時中止の発表と，それに対する同国内での反発の声が高まったことから始まった。やがて，ロシアによるクリミア併合，また親ロシア派勢力のウクライナ東部への軍事介入によって混迷の度を深め，危機発生から 6 年近くが経過する中，これらの地域におけるウクライナ国家主権の蹂躙状態が続き，解決の展望は見出せていない。

　この紛争によってもたらされた最大のインパクトは，米欧とロシアとの関係悪化に集約して現れている。米ソ冷戦の終焉からおよそ10数年間，米欧とロシアとの関係は紆余曲折があったとはいえ，概して協調的関係を維持してきた。その背景として，ソ連解体に象徴されたロシアの政治的混乱と勢力圏の後退があった。しかし，2000年代中盤から後半にかけて，米欧とロシアとの関係は次

第に悪化の傾向をたどった。ジョージア，ウクライナでは相次いでロシアと協調的関係にあった現行政権が，民衆によるデモ・叛乱によって退陣し，親米的な政権にとってかわった（カラー革命）。また，2007年に発表されたアメリカによるヨーロッパでのミサイル防衛（MD）配備計画に対しても，ロシアは強く反発した。さらに2008年夏のロシア系住民や親ロシア派勢力が支配する地域の保護を名目としたジョージアに対するロシア軍の侵攻は，比較的短期間でドイツやフランスによる和平交渉が決着したとはいえ，米欧諸国とロシアとの緊張関係を一気に高めた。

　今次のウクライナ危機は，以上のような2000年代のヨーロッパにおける緊張関係をさらに深刻化させた。危機の発生とともに，米欧諸国は相次いでロシアに対して制裁を行い，それがさらなる危機と圧力をもたらし関係悪化を助長させてきた。危機は現在なお進行しており，どのような決着をみるのか予断を許さない。その一方で，危機の長期化は，結果としてロシア側の実効支配を，事実上固定化させてもいる。ウクライナ東部の紛争やその和平めぐる調停・交渉は一進一退を繰り返し，また，諸事件の首謀者など事実関係について依然不明な点が多い。しかし，1990年代，冷戦終結によってもたらされた地域秩序の形成や崩壊に，この紛争がいかなる影響をもたらすことになるのか，というグローバル政治にとって重要と思われる論点について整理し，今後の議論の一助とすることは，現時点でも可能な作業であろう。本章では，2019年3月末のウクライナにおける大統領選挙による新政権の発足までの展開を踏まえ，危機の世界史的な意味を考察する。

第2節　危機の展開と背景

1　ウクライナ危機の発生と展開

　ウクライナにおける危機と紛争はいくつかの段階を経てきた。特に最初の1年間には目まぐるしく展開した。この1年間について，画期となる事件をふまえて区分すれば，次のようになるだろう。

　第1期は，ユーロマイダン運動の隆盛とヤヌコヴィチ失脚まで（2013年秋

～14年2月21日）。「ユーロマイダン（エヴロマイダン）」とはウクライナ語で「欧州広場」を意味する。首都キエフ中心部にある「独立広場」から広まったヤヌコヴィチ政権に対する反対運動をこのように呼ぶようになった。「連合協定」締結に関する作業の一時中止に関する閣議決定がなされた11月21日以降，継続的な大規模集会・活動が連日続き，反政府グループが広場を占拠するようになったのである。リトアニアのヴィリニュスで開催されたEUと「東方パートナーシップ」諸国との首脳会合（11月28〜29日）や地元キエフでの欧州安全保障協力機構（OSCE）外相会合（12月5〜6日）に連動するように反政府集会・運動は激しさを増し，12月には最初の犠牲者が出た。2014年2月，ヤヌコヴィチ政権が集会の自由を制限する法律を採択すると，反政府勢力の過激化とともに当局による取り締まりも強化され，2月18〜19日には100名超が犠牲となる銃撃戦も生じた。21日，ヤヌコヴィチ大統領と野党代表は，挙国一致内閣樹立，議院内閣制の再導入，年内の選挙実施を骨子とする協定を締結するものの，これを不服とする集会諸勢力が大統領辞任を要求し暴動がさらに激化したため，ヤヌコヴィチはロシアへ逃亡したのである。22日，議会はトゥルチーノフ議長を大統領代行とし暫定政権を発足。このとき，長らく投獄されていたティモシェンコ元首相も釈放され，車椅子のまま独立広場で演説を行った。雑多な街頭集会の諸勢力が選挙で選ばれた大統領を追放するクーデタが発生したことで，ウクライナの政治変動は新たな局面に入ったといえる。

　第2期は，クリミア併合（3月）までの約1カ月間である。上記政変と機を同じくして，ウクライナ領内のクリミア自治共和国にロシア軍主体とみられる「自衛部隊」が出現し，幹線道路や空港，行政施設を管理下に置いた。当初，ロシア大統領のプーチンは，自発的な「自衛部隊」がロシア系住民保護に適うものと評価するにとどめ，直接関与については言及を避けていたが，後に当該部隊の主体がロシア軍であったことを認めた[1]。首都キエフの暫定政権は，クリミアにおけるロシアの実効支配や国境周辺での軍事演習などの挑発を踏まえ，臨戦態勢をとった。また，欧米諸国を筆頭とする国際社会は，ロシアの行動を武力による現状変更を促すものとして激しく非難し，ロシアに対する制裁措置を始めることとなる。親ロシア勢力が実権を掌握したクリミアでは，ロシア軍

による事実上の介入が進むなか独立宣言を行い，3月16日にはロシアへの「編入」を問う住民投票が実施された。その結果，当局側発表で96％超の賛成票を数えることとなり，ロシア側も即時に「編入」を実施した。

　第3期は，さらにウクライナ東部のルハンスク（ロシア語の発音ではルガンスク），ドネツィク（同じくドネック）の諸州などで親ロシア勢力が相次いで「人民共和国」を名乗り自立・分離運動とウクライナ軍との武力衝突が深刻化した時期である（4月以降）。この間，無辜の民間航空機が紛争に巻き込まれた。ウクライナ現地時間の7月17日夕刻，ドネツィク州上空を飛行していたアムステルダム発クアラルンプール行きのマレーシア航空機（ボーイング777型）が撃墜されたのである。乗客283人・乗員15人全員が死亡したこの事件によって，当該機の離陸地であり多数の国民が犠牲となったオランダをはじめヨーロッパ諸国で反ロシア感情が高まり，米欧による対ロシア経済制裁が強化される契機となった。この事件に象徴されるように，分離主義勢力の行動はウクライナ側との武力衝突の激化を呼び起こし，戦況は一進一退を繰り返した。後述するように，この時期になりようやく和平合意に向けた具体的な動きが出てきたものの，いずれの合意も実効性に乏しいものであった（⇨第4節参照）。

2　歴史的背景とクリミア統治の正当性をめぐる問題

　現在のウクライナとその周辺は，東方正教会（スラブ）と西欧の2つの文明が重なり合う場所であり，国を東西に分かつような2つの文明の衝突や棲み分けが，ウクライナ国家のあり方を規定していくことはこれまでも指摘されてきたところである。今次のウクライナ紛争における最大の焦点となっている，クリミア半島を統治する正当性がロシアとウクライナのいずれにあるのか，という論点の遠因にも，この文明論的な背景がある。クリミアの住民のアイデンティティやその拠り所となる文明・言語・宗教をめぐる事情が，こんにちの問題を複雑化させている。

　また問題のより直接的な原因として，1954年のソ連・フルシチョフ政権によるロシアからウクライナへのクリミアの管轄移転をあげることができるだろう。ザポロージェ・コサックとモスクワ国家との和解・同盟を約したペレヤスラフ

条約300周年を記念し，ロシア・ソビエト連邦社会主義共和国（ソ連の構成共和国。現在のロシア連邦に相当）の一部であったクリミア自治共和国が，ウクライナに譲渡されたのである。この決定は，1991年のソ連解体を経て，ウクライナ・ロシア間に緊張関係をもたらす原因であり続けた。[3]

　クリミア・タタール人の存在もあり，クリミアの民族構成は複雑ではあったが，ロシア系住民がクリミアの人口の多数派であった。彼らには潜在的にロシアへの帰属意識が根強く残っていた。ウクライナ政府による言語政策などの変化により，ロシア系住民の多くは「生きづらさ」も感じていた。また，連邦解体後も半島内に残留した旧ソ連軍の処遇も宙に浮いたままとなった。セヴァストポリはロシア（ソ連）黒海艦隊にとって伝統ある拠点であり，ロシアは同基地のウクライナへの移管を拒否していた。1997年に二国間協定が成立して以後は，国家間の約束としてウクライナは同基地の租借をロシア側に認めていた。独立後のウクライナにおいて，クリミアは民族構成や軍事的プレゼンスの点で継続的にロシアの影響力が強く残る地域となった。このことが同地域の情勢にロシアがさらなる強制的に介入する余地を与えたことになり，そのきっかけが2014年のユーロマイダン革命であったということになる。

　以上のような文明や民族をめぐる亀裂は，ウクライナの国づくりにとって不可避的な問題を突き付けてきたといえる。国民統合のための理念や記憶が欠如したまま，ヨーロッパとロシアの狭間で，ウクライナは国家・国民形成を進めざるを得なかったのである。危機の本質を見極めるためにも，このようなウクライナ国家の弱さと，それによって表出する政策の問題点を直視しなければならない。次節では，国家性（stateness），国際社会を含めた和平努力に焦点を当て，これらの問題を考察していきたい。

第3節　ウクライナ国家の脆弱性と危機

1 ウクライナは国民国家たりえるか

　ここで国家性とは，リンスおよびステパンの議論にならい，ある国——特に多民族国家のように国民国家としての統合が困難な国——において安定した民

主主義が定着するために必要な要件の総体, と考えてほしい。リンスらは, ナショナリズムと国民形成, 政府の統治能力が調和してはじめて民主主義が定着すると考えた。[4]

　この問題をウクライナに当てはめると, まず国民形成を進める上で様々な障害があることに気づかされる。東をロシアに, そして西をベラルーシ, ポーランド, ルーマニアなど中東欧諸国に挟まれて位置する人口約4500万人のウクライナは, ヨーロッパの一大穀倉地帯「黒土地帯」を擁し, 東部諸州を中心にソ連時代から鉄鋼業や兵器生産も盛んである。その潜在的な国力や, 同じスラブ系としての文化的なつながりから, ウクライナはロシアにとって重要な隣国であり続けた。また, 石油・天然ガスの需給については今回の紛争のさなかでもロシアに依存し続けている (紛争期間中, ウクライナ政府幹部はこのような対ロシア依存体質からの脱却を目指す発言を折に触れて行ってはいるが)。さらに, 国内の民族構成でも東・南部を中心にロシア系住民が多数居住し, ロシア語も一般に通用している。このようにロシアとのつながりが深いにもかかわらず, ヨーロッパとロシアとの狭間に位置し, また西部には歴史的にもヨーロッパとの関係が強い地域 (ガリツィアなど) が存在するため, ウクライナはヨーロッパとロシアとの間で常にアイデンティティがゆらぎ, ときには国内の亀裂を拡大させる事態を繰り返してきた。[5]

　2004年, ヤヌコヴィチと親米欧派のユーシェンコが争った大統領選挙での不正疑惑に対して抗議した民衆暴動に端を発した政治変動 (オレンジ革命) によってユーシェンコ政権が発足して以降, ウクライナはゆらぎを繰り返しながらも対外・安全保障分野で EU や北大西洋条約機構 (NATO) への統合政策をより鮮明にした。ロシアのプーチン政権は, このようなウクライナの動きが自国の安全保障にかかわる事態と受け止めた。前述の EU との連合協定交渉についても, ロシアは実質的に旧ソ連諸国によって構成されている独立国家共同体 (CIS) の経済圏に組み込まれているウクライナの現状とは相容れないものであると, 長らく反発してきた。[6] 2010年, 選挙によりヤヌコヴィチ政権が誕生して以降はウクライナの米欧接近は一旦終息したかにみえたが, 前述の EU との連合協定交渉が中断したことをきっかけに, 親米欧派の反発が一気に噴き

出し，危機／紛争に至ったと説明することができる。

　2014年2月のヤヌコヴィチ政権崩壊（前述の第1期）の直後，国内でのロシア語の地位をめぐる問題が生じたことも，危機時に表出したウクライナのアイデンティティ問題やロシアとの関係性を示す事態として特記すべきであろう。1996年6月28日に制定された独立後最初の憲法において，ウクライナ語については「国家語」としての地位を明記されたものの（第10条），ロシア語の扱いについては明確にされないままであった。ヤヌコヴィチ政権期の2012年，「国家言語政策基本法」（通称「コレスニチェンコ＝キヴァロフ法」：7月3日最高ラーダ〔議会〕可決，8月10日発効）でようやくロシア語を含む計18の少数民族言語について，当該民族の人口が10％以上の州について公用語の地位を与えることが認められた。この結果，全27州のうち13州でロシア語が第2公用語となった。2014年2月23日，暫定政権に移行した直後の議会で同法が廃止されたことは南東部のロシア系住民の強い反発をもたらし，結果として自立・分離主義的運動に同調する世論を助長してしまったと考えられる(7)。

　今回の紛争を通じ，連邦制の導入がウクライナにおける政策課題として討議されてきたことも国家性をめぐる動向として注目される。連邦制採用は1991年の独立以降，たびたび議論の俎上に載せられてきた。しかし，独立後に制定された憲法（1996年6月28日発効）では「ウクライナは単一国家」と規定され（第2条），中央集権的な統治形態を構成することとなったのだが，この制度そのもの(8)に対する疑問が改めて噴出したのである。

　後述するように，連邦制あるいはそれに準じる制度として，少なくともロシア系住民が多数派を占める東部諸州に一定の自治を与える構想が和平の条件として提示されたが，ウクライナ国内におけるこのような制度構築に向けた作業は停滞した（⇨第4節参照）。

［2］　多難な脆弱国家からの脱却：ポロシェンコからゼレンスキーへの政権移行

　ユーロマイダン革命後，2014年5月25日には暫定政権下で大統領選挙が前倒しで実施され，実業家出身で外相などを歴任したポロシェンコが当選した。こ

Column 7　サアカシュヴィリという生き方

　ユーロマイダン運動後に誕生したポロシェンコ政権にとって，汚職体質を改善は内政面での重要課題であった。同政権の当初の目玉人事のひとつが，2003年のジョージア「バラ革命」の立役者であったサアカシュヴィリのオデッサ州知事への登用であった（15年5月～16年11月）。ジョージアでの親米路線・反汚職の政策を断行した彼は，08年のロシアによる軍事介入後，ジョージア国内での権力闘争の中で親ロシア派勢力に押され次第に劣勢となり，13年11月の大統領退任後はウクライナに事実上の亡命を行った。

　ポロシェンコとは旧知の仲といわれ（ともにソ連末期から連邦解体直後にキエフ国立大学を卒業），彼の助けを得てサアカシュヴィリはウクライナ市民権を獲得した。しかし，政権との路線対立がきっかけで州知事を退任し，17年7月には市民権も剥奪された。以後，彼は再び無国籍者として亡命・流浪の生活を送ることになる。その様子は絶えずSNSを通じて人々に伝えられた。サアカシュヴィリにとっては亡命生活も政治活動の一環であった。

　彼のウクライナ市民権が復活したのは，ゼレンスキー政権発足後の19年5月のことである。ウクライナに戻ったサアカシュヴィリは「政治的野心はない」として，直近の同年7月21日の最高ラーダ前倒し選挙へは立候補をしなかった。しかし，亡命期間中と同様に自撮り動画をSNSに掲載し，自身の主張や日々の動向を伝え，自らが設立した「新しい勢力」の党勢拡大を目指した運動を行った。ただし，この選挙での同党の戦果は芳しいものではなかった。ゼレンスキー政権との距離も微妙であるようにうかがえる。

　母語のジョージア語だけでなく，ロシア語・英語・ウクライナ語など多言語を操るサアカシュヴィリは，ソ連が生んだユーラシア的コスモポリタンである。しかし，この地域に影響力を広げるロシアの政策には否定的であり，政治信条は親米欧的である。当面は「政治的野心はない」としながらも，1967年12月生まれ，50代前半の彼は情勢の変化を虎視眈々と観察しながら次の転機を見据えようとしているのではないだろうか。

れにより，街頭に集う雑多な民衆勢力が選挙で選ばれた大統領を追放するというクーデタの状態から，ウクライナは脱した。ポロシェンコ政権には，ロシアや米欧との交渉・協調をはかり危機の克服を目指していくとともに，内政面では政府の統治能力を向上させていくという難題が課せられた。

　ウクライナは政府に対する国民の信頼性や，汚職や賄賂が横行する官僚の体質など統治能力の点で，きわめて脆弱な国家である。国際 NGO「トランスペアレンシー・インターナショナル」による汚職評価指標によれば，ユーロマイダン革命以降，スコアは26（2014年）から32（18年）に改善し，同期間の国別順位も142位から120位へと上昇傾向にある。これらの指標を踏まえれば，ポロシェンコ政権による汚職対策には一定の成果はあったといえるだろう。

　しかし，その成果は同政権の継続を国民に納得させるだけのインパクトには欠けていた。旧ソ連諸国の中では，ジョージア（41位〔2018年，以下同じ〕），ベラルーシ（70位），モルドバ（117位）がウクライナよりも高評価であった。国内の汚職体質を改善し，外国資本を呼び寄せることに成功したジョージアのように，ポロシェンコ大統領の政策には目に見える効果があらわれなかった。また，大統領や政権要人が依然として汚職と無縁でないことを示す事件や報道が相次いだ。例えば，16年 4 月，世界的にいわゆる「パナマ文書」（法律事務所モサック・フォンセカが作成した，租税回避措置に関する機密文書）の暴露報道がなされたが，そこでポロシェンコ当人の経営していた企業「ロシェン」がユーロマイダン革命後に英領ヴァージン諸島にオフショア企業を設立する租税回避策をとっていたと報じられた。翌月には，大統領府副長官がこの問題に関与していたと続報された。[9]この一例だけをとってみても，大統領や政権そのものが汚職体質と無縁ではないという認識を国民に定着させ，また，野党勢力には政権に対する格好の攻撃材料を与えた。大統領任期の大半，ポロシェンコへの支持率は低迷した。

　19年 3 月31日の大統領選挙では，44人と乱立する候補者の中から，芸能人から転身したゼレンスキーが30.24％の得票率を獲得し，頭ひとつ抜け出した。教師から大統領となって政界で活躍するという，自身が主演したドラマで演じた役柄からくる清新さが有権者の支持を集めた。ポロシェンコは辛うじて第 2 位につけたが（得票率15.95％），両者による 4 月21日の決選投票では，ゼレンスキーが73.22％の票を獲得し，地滑り的に勝利した。5 月20日，大統領に就任したゼレンスキーは，早速，最高ラーダを前倒しで解散させる措置をとった。安定した政権運営のために，可能な限り早く，大統領派勢力を議会内に形成す

るためである。7月21日，最高ラーダの選挙が実施され，その結果を踏まえ議会内での連立協議が進められるものと考えられる。

　発足まもないゼレンスキー政権の方向性を見定めることは，本章執筆時点では難しい。ひとついえるとすれば，新政権においても国民の関心の高い汚職体質の改善が至上課題であり，その成否が政権運営の展望に大きく作用するということである。政治家や政府高官がその地位を生かし私財の蓄積に走る略奪国家体制（kleptocracy）の特徴を，ウクライナは強く備えている。このような体制が国家を脆弱化させてきた。

　国家の脆弱性という文脈で，その他にも様々な論点をあげることができる。例えば，軍の練度や国家・政府に対する忠誠心の問題である。これは明示的な指標によって図ることが難しい問題である。分離主義という「国難」に直面し徴兵制を復活させたこと，米欧諸国から継続的に装備や訓練で支援されていることなどから，ウクライナでは政府による軍の統制は強まりつつあると推測できる。さらには，憲法改正，司法制度改革，国家財政の改革など，国家の根幹をなす制度の改革・整備も国家の脆弱性を克服する決定的な問題である。これらについても，米欧諸国からの支援が大きなカギとなると考えられる。国際通貨基金（IMF）は独立後のウクライナに支援を続けてきた。IMF による支援プログラムは充分な成果を上げていないとの批判がある一方で，今後ともウクライナは IMF への支援に依存する傾向は続くとみられる。その中で，ウクライナに対して強い統治構造を作り上げるために上記のような制度改革が求められるであろう。

3　分離主義的地域の地位と運営

　クリミアおよびセヴァストポリ市は，ロシアへの併合直後，クリミア連邦管区としてロシア連邦に組み込まれた。同管区の大統領全権代表は，2014年3月以来，ベラヴェンツェフが務めた。彼は人脈的にはショイグ国防相に近いとされ，軍および軍事関連産業の要職を歴任してきた。16年7月28日，同管区は南部連邦管区に吸収され，現在に至っている。

　東部の分離主義勢力は，ルハンスクで4月28日，ドネツィクでは5月12日に

それぞれ「人民共和国」の独立宣言を行った。彼らの中核もまた，ロシアの軍・治安機関出身者とみられる。この「人民共和国」という名称は，ソ連期に肯定的に捉えられた国家形態を彷彿とさせた。同じく親ロシアの非承認国家で，ジョージアからの分離独立を主張する南オセチアはこの2つの「人民共和国」を承認した（6月27日）。このほか，ハリコフやオデッサなどでも極めて短期間ないしサイバー上のみの活動を行った「人民共和国」もあった。9月のミンスク議定書により「特別な地位」を認められたものの，その後もウクライナ側の事実上の攻撃によりルハンスクやドネツィクの状況も一進一退を繰り返している。ロシアの民族主義勢力と公然と連携し，ロシアからの「人道支援」と称し定期的な物資救援が続いた一方で，内紛も頻繁に発生しているとみられ安定的ではない。11月2日，この2つの「人民共和国」は首長ならびに議会選挙を実施したものの，国際社会はこれを無効と批判した。

　しかし，これら「人民共和国」による一定領域の実効支配は現在も継続し，さらには後述のように和平交渉の当事者としても扱われるようになっている。2015年10月には，ウクライナでの地方選挙（10月25日）に対抗して，ドネツィク（同月18日）およびルハンスク（11月1日）の「人民共和国」でも議会選挙が実施され，統治の正当性を主張する姿勢を維持している。

　2つの「人民共和国」は制度的には司法・立法・行政の三権分立に基づく統治機構を形成しつつある。ドネツィクについていえば2014年11月に国防，外務，財務，税務など国家運営のための基幹的部局が設置されて以降，2015年4月までに合計20の省庁が整備された。これらの官庁のスタッフの属性や経歴は様々であろうが，「人民共和国」の特性を理解する上では興味深い点であろうと思われるので，引き続き調査・分析を行いたい。なお，クリミアも，ウクライナ東部の「人民共和国」も，財政的には困難な状況にあり，多くをロシアに依存しているとみられる。ロシア領となったクリミアはもとより，2つの「人民共和国」にはロシア政界の要人，とりわけ保守・ナショナリスト系の政治家が訪問を行い，ロシアとの一体性をアピールしている。

第4節　和平に向けた国際社会の努力と限界

　国際社会はウクライナ問題にどのように対処してきたのか。この問いに答えるための論点は多岐にわたるだろうが，以下では，ウクライナ東部の分離主義的地域をめぐる紛争の和平に向けた対処，ロシアへの制裁，OSCE や欧州評議会（Council of Europe : CoE）など地域機構をとりまく情勢，の3つに分けて考察してみたい。

〔1〕　和平交渉の展開

　紛争勃発当初より，ウクライナ紛争の和平に向けた交渉や合意形成の努力が，ヨーロッパ諸国を軸として進められた。この点について，次の3つの重要な展開があった。

　第1に，2014年4月17日，ジュネーヴにおいて EU，アメリカ，ウクライナ，ロシアの外相会合が開催され，彼らの間でウクライナに関する声明がとりまとめられた。ここでは，①すべての当事者による暴力・挑発・威嚇行為の自制，②非合法武装勢力が武装解除し，不法占拠建物が返還されるべきこと，といった努力目標を示したほか，③OSCE 特別監視ミッション（SMM，後述）が事態沈静化に向けた主導的役割を担うこと，④地方制度や政治のあり方を含めた全ウクライナ的な対話の実施，⑤ウクライナの経済・金融の安定化に向け追加支援の協議に備えることが明記された。ウクライナおよび親ロシア勢力双方から履行違反とみなしうる武力攻撃が続き，また，ロシアも演習等を理由に対ウクライナ国境に軍を集結させたことから，文書発表直後より実効性は低く，前述のようにウクライナ東部での「人民共和国」の動きが活発化したことにより，この文書に基づく休戦・和平の履行はほどなくして破綻した。[13]

　第2は，同年9月5日に署名された，OSCE，ウクライナ，ロシアによる「3者コンタクト・グループ勧告結果に関する議定書」（署名地の名をとって通称「ミンスク議定書」）である。これは14年6月以降，断続的に交渉を進めていた上記三者による協議を経て示された議定書であり，OSCE を代表して当時の同

機構議長国であったスイス幹部外交官，クチマ元ウクライナ大統領，駐ウクライナ・ロシア大使の三者とともに，ウクライナからの自立を目指すドネツィクおよびルハンスクの「人民共和国」の代表者も署名した。ウクライナ政府軍と親ロシア派武装勢力双方の即時停戦，OSCE による停戦監視，捕虜などの解放，ドネツィク・ルハンスク両州の「人民共和国」に時限的な自治（「特別な地位」）を付与するウクライナ国内法の制定，両州の人道状況の改善など，12項目が列挙された。この合意に従い，ウクライナ議会は早々に 3 年期限の「特別な地位」法を制定する（9 月16日）など一定の進展が見られた。また，ウクライナ新憲法に関する審議もこの議定書でのとりきめに従ったものである。これらの進展の一方で，断続的な武力衝突や，ロシアが複数回にわたりウクライナ側に許可を得ないまま国境を越えて支援物資を輸送するなど実質的な違反行為が見られ，15年 1 ～ 2 月にかけて，この議定書に基づく休戦は破綻状態に陥った。

　第 3 は，この「ミンスク議定書」に基づく休戦状態の破綻を踏まえ，ウクライナ，ロシア，そして仲介役の独仏の 4 カ国が軸となって進められた和平交渉である。これら 4 カ国は，14年 6 月 6 日，ノルマンディー上陸70周年を記念するイベントで首脳どうしが一堂に会し，ウクライナ問題について協議したことから「ノルマンディー・フォーマット」と呼ばれ，首脳・外相レベルでの会合が継続的に開かれるようになった。15年 2 月11～12日，「ミンスク議定書」と同様にベラルーシがホスト国となり，これら 4 カ国首脳が夜を徹し交渉を重ね，新しい停戦合意に至った。新たな合意文書「ミンスク合意履行に関する一連の措置」（通称「ミンスクⅡ」）には，先の議定書に署名した当事者 5 名が改めて再署名した。「ミンスクⅡ」は再三にわたり履行期限が延長されたものの，実効[14]性という点で疑問視されている。

　以上のように，「三者コンタクト・グループ」（ウクライナ，ロシア，OSCE）とノルマンディー・フォーマットが並行して和平交渉を進めてきたが，双方ともに決定的な打開策を打ち出せないままにある。「ミンスクⅡ」では，東部の分離主義地域への一定の自治を付与する憲法改正がウクライナに求められ，ポロシェンコ大統領はこの手続きに着手したものの，やはり憲法改正論議は停滞したままとなった。課題はそのままゼレンスキー新政権に引き継がれたが，前

述のように議会内での多数派形成が困難であるとすれば，やはり「ミンスク
Ⅱ」の履行は非現実的であるといわざるを得ない。

2　対ロ制裁強化と地域秩序の変化

　2014年3月の危機発生直後，EUならびにアメリカは，ロシアによる「力に
よる現状変更」や事態の鎮静化に向けた姿勢の欠如を根拠に，ロシア政府要人
の渡航制限・資産凍結などに着手した。日本もこの動きに同調し，査証緩和凍
結や安全保障分野などでの国家間交渉を凍結するなどの措置にでた（3月18日）。
いずれにしても，比較的緩やかな措置であった。

　やがて，前述したような和平努力が破綻するたびに，国際社会とりわけ米欧
諸国はロシアに対する制裁措置を強化した。まず，4月の「ジュネーヴ声明」
での合意が暗礁に乗り上げると，米欧諸国とりわけアメリカがより実効的な制
裁を実施した。すなわち，ロシア国営石油企業ロスネフチなど大手エネルギー
企業幹部の国外資産凍結や米欧への渡航禁止といった措置に出たのである（4
月28日および5月12日）。7月のマレーシア航空機爆破事件によって，それまで
比較的及び腰であったヨーロッパ諸国も制裁を強化する姿勢に転じた。

　米欧諸国による制裁措置はロシア経済に大きな打撃をもたらした。2014年12
月18日の時点でプーチン大統領は「経済回復までに最悪2年かかる」と国民に
向けて一定期間の忍耐を呼びかけた。[15]その後，この認識は上方修正されたが
（2015年4月16日），制裁が長期化によって，ウクライナはもとよりヨーロッパ
諸国との経済関係のあり方を含め，ロシアは構造的な変更を求められる可能性
が高いことには変わりない。

　ウクライナにとってロシアは依然として最大の貿易相手国であるが，2014年
の実績をみると対前年比41.3%の減少と紛争の影響が如実に表れた。[16]他方で，
ウクライナは経済的にもEUへの接近路線を進めている。14年9月には，危
機発生のきっかけを作ったEUとの連合協定が批准された（17年9月1日に完全
発効）。また，16年1月1日はロシアの反対でいったん延期されていた
DCFTAが暫定発効し，同年6月11日にはシェンゲン圏での短期渡航者向け
ビザが撤廃された。政治・経済両面でウクライナはヨーロッパへの接近を進め

ており，この流れはゼレンスキー政権下でも不可逆的に追求されるものと予測
される。

　このような情勢の展開は，米欧諸国とロシアとの対立を構造化させ，もはや
かつてのような両者の協調的な関係は望めず，ロシアは危機回避のためのメカ
ニズムを見出すことを対外政策における最優先課題としなければないとの見解
が識者の間で強まっている。例えば，モスクワを拠点に発言を続けている国際
政治学者トレーニンは，2015年に発表した論考で次のように指摘している。
2010年代に顕著となったロシアによる「西側」に対する巻き返し，そしてユー
ラシア空間の統合という 2 つの政策は，ウクライナ危機によって暗礁に乗り上
げてしまった。休眠状態となってしまった NATO・ロシア理事会の再活性化
の必要性を含め，ロシアは自己充足性（self-sufficiency）と他の国々との協力の
双方についてバランスよく配慮した新しい対外政策のコンセプトを作り上げな
ければならない。その際，中央アジアさらには西方への経済的影響力の拡大を
目指す中国の動きについても考慮に入れなければならない。[17]

　ユーラシア全域の秩序再編を見据えつつも，ロシアはヨーロッパとの関係維
持のために既存の枠組みを活用した対外政策をすすめるべきとするトレーニン
の見立ては， 4 年後の現在も妥当なものといえる。他方で，クリミア併合から
5 年以上が経過し，ロシアはそこでの実効支配のための態勢を強化し，地政学
的構造の不可逆的変化もみられる。例えば，ロシアは黒海とアゾフ海を分かつ
ケルチ海峡に橋を架ける計画を進め，18年 5 月には道路橋が完成した。同年11
月25日にはこのケルチ海峡からアゾフ海に進入しようとしたウクライナ海軍の
艦船3隻がロシア側に拿捕されたが，これもまたロシアによるアゾフ海域の実
効支配をアピールする事件となった。国際社会は，クリミアやドンバスでのロ
シア側の行動に効果的な歯止めをかけられないまま時を過ごしている。

3　ヨーロッパの地域機構とクリミア併合

　ロシアによる「力による現状変更」がまかり通っているさまは，あたかも前
世紀までのヨーロッパ国際政治における列強間のパワーポリティクスを再現し
ているかのようである。しかし，過去と現代とでは異なる点もある。それは，

現代では地域秩序を維持する上での国際機構の存在を関係諸国は考慮に入れ行動し、また、それらの機構が紛争解決に向けて一定の役割を担っている、ということである。例えば、OSCE は前述の「三者コンタクト・グループ」の一角をなし、冷戦後の地域安全保障を担ってきた重層的な地域安全保障枠組みの機能不全が指摘されつつも、地道な活動を継続してきた。

　冷戦期に東西両陣営をつなぐ安全保障対話フォーラムとして始動したこの枠組みは、冷戦後もユーラシアと北米を覆う共通・包括的安全保障の要として機能し続けた。だが、やはりロシアと西側との関係に暗雲が立ち込めるようになった2000年代後半、OSCE の活動にも陰りがみえるようになった。ロシアが「人的分野」を含めた OSCE の安全保障概念に疑念を呈したのである。ロシアは、より本質的な安全保障分野としての軍事・軍備管理に特化した活動に「回帰」するよう促した。2009年末、ロシアは北大西洋条約機構（NATO）のあり方見直しを含め、新たなヨーロッパ地域安全保障メカニズムの構築を提案する「欧州安全保障条約」の締結を提案した。西側諸国がこのようなロシアの発想をまともに受け止めることはなかった。ロシアもまたそのことを見込んでのパフォーマンスに過ぎなかったのかもしれない。[18]

　OSCE はウクライナ危機に際し、当初全く機能しなかった。この機構の意思決定は、加盟国による多数決ではなく、協議によるコンセンサスによって求められる。まさにロシアと米欧の間で意見が対立し、危機の回避や紛争予防に向けた有効な手立てが打てない状態が続いていたのである。しかし、OSCE が無用の長物であるかのような状況は、クリミア併合後に変化した。2014年3月21日、ロシアを含めた OSCE 加盟国は、クリミアを除くウクライナ全土に非武装の特別監視ミッション（SMM）を派遣することで合意した。当初は100名で発足したこのミッションは、徐々に増員され、現在も日々活動を行い、緊迫する東部諸州を含めた情勢の監視を続けている。なかには、時には親ロシア派分離主義者に拘束されるなど危険な状態に置かれるメンバーもいた。彼らの分析は、国際社会にとって中立・公正な状況判断の材料を提供してくれている。[19]

　一進一退を繰り返しながらも、米ロを含めた関係諸国は、打開策の模索を続けており、その協議の場として OSCE を活用している。また、監視ミッショ

ンの派遣は，強制度が低く，即効的な対処とはいえないものの，紛争予防のための重要な手立てとなっている。このような措置はかつてのヨーロッパでは考えられなかったことだ。

　OSCE の役割に多くの疑念があるとはいえ，まがりなりにもこのような地域機構が存在・機能していることは，現代の国際政治が，20世紀前半期のように 2 度にわたる世界大戦をもたらした，列強のパワーポリティクスに歯止めをかけられなかった，不完全な国際的な集団安全保障体制しか存在していなかった時代とは異なる環境下にあることも示している。ウクライナ危機は国際秩序を「先祖返り」させていない。100年前と現代のヨーロッパとでは，国際政治の構造は，地域安全保障メカニズムの機能という点で，明らかに異なる様相を呈している。OSCE は紛争予防について少しずつではあるが具体的な効果を発揮している一方，紛争の終息や情勢安定化のためにはさらに課題が残っている。

　もうひとつ，ウクライナでの紛争に絡んで論争的な政策をとっている地域機構として，欧州評議会（CoE）とりわけその配下にある諮問・モニタリング機関である議員会議（PACE）について触れおきたい。CoE は人権，民主主義，法の支配といった普遍的価値についてヨーロッパでの基準策定を主導する機構として位置づけられ，ロシアは1994年に当該機構に加盟した。しかし，ロシア国内（チェチェン戦争など）や2008年のジョージア紛争など，周辺国との武力衝突における対処をめぐり，PACE とロシアとの間では対立が続き，2010年代前半期には早くもロシア側から PACE 離脱の姿勢を強めていた[20]。やがて，クリミア併合を機に，PACE でのロシアの投票権が停止されたが，19年 5 月17日の CoE 外相会合で「全加盟国に平等な参加の権利を保障する」との声明を発し，ロシアを機構につなぎとめる判断を下した。この CoE の判断に，ウクライナはもとよりバルト諸国，ポーランド，スロバキアがこぞって反発した。これら中東欧諸国の了解を得て PACE でのロシア残留をめぐる問題を解決する展望は，いまだ見出せない状態にある。しかし，仮にロシアを排除しヨーロッパの「ならず者」とさせてしまうことは，先に触れたロシアとヨーロッパとの協調を維持しようとする方向性とは逆行する判断になりはしないだろうか。

第5節　変化する国際秩序の中での多難な国家形成

　ヨーロッパとロシアの間に位置し，古くから宗教や文明の境界線上にあった
ウクライナは，多民族社会ゆえの難しい国づくりを進めてきた。その意味で，
ユーロマイダン革命後のウクライナ情勢は，社会主義体制下で抑えられてきた
問題が噴出した，ポスト・ソ連諸国で頻発する紛争の一事例と捉えることがで
きるだろう。

　ウクライナ危機が関係諸国に突き付けた課題とは，政治・軍事的なものばか
りでない。特にロシアにとっては，ポスト・ソ連諸国との経済関係の構築，経
済統合プロセスのあり方を含め，ユーラシア全域での経済的なつながりにかか
わるものとなっている。今回の紛争をきっかけにウクライナは――ロシアへの
反感を基盤に――国民国家としての一体性を高める可能性があり，今後はウク
ライナがロシア主導の地域統合に与することは考えにくい。長期的には，ロシ
アは同じスラブ系の友好国としてのウクライナを失ったといえる。

　以上のようなロシア・ウクライナ関係に加えて，この紛争を解決するにあた
り，大きな歴史の流れからくる国際秩序の変質という問題が立ちはだかってい
る。それは，米国トランプ政権による自国第一主義にみられるような，主要国
間での政治・経済をめぐるパワーポリティクスの噴出という問題である。ロシ
アによるクリミア併合は，まさにこの種の決定・行動であったわけである。ま
た，懸念されるのは，当のトランプ政権にとって，ウクライナ情勢の解決が必
ずしも優先順位の高い政策課題でないと考えられることである。

　2017年の政権発足後，トランプ大統領は必ずしも良好なロシアとの関係を構
築できていなかった。アメリカ内ではロシアによる大統領選挙への介入をめぐ
る，いわゆる「ロシア疑惑」の捜査が続いていたが，ロシアはこのような疑惑
を否定し，二国間関係は停滞し続けていた。ただし，19年3月に米司法当局に
よる捜査が終了したことで，アメリカはロシアとの関係の仕切り直しに乗り出
したことがうかがえる。同年5月13～14日には，ポンペオ国務長官が就任後初
のロシア訪問を果たすなど，閣僚・首脳レベルの会合の頻度は高まっている。

　ただし，そこでより優先的に論じられるのは，マドゥロ政権の正当性をめぐって混乱が続くベネズエラ情勢や，シリアやイランを含む中東情勢であり，ウクライナ問題の優先順位は低い。本章で論じてきたように，クリミア併合という「力による現状変更」の固定化・常態化が進んでいることも，国際社会の中でのこの問題の関心低下の一因となっていると考えられる。

　領土を奪われたウクライナの内政が混迷を続けていることは，結果としてのロシアによる現状変更の固定化を助長させた。その意味でも，ウクライナ自らが国家の脆弱性から脱却できることが必要であるが，その道のりは多難であろう。

　ウクライナ紛争はロシアの地域秩序観や対外政策と密接にかかわるとともに，西部ユーラシアはもとより世界大の秩序変化とも連動した事象でもある。ただし，人口に膾炙されているように，近い将来の秩序変化や構造の特徴について「(新しい) 冷戦」のアナロジーを用いて捉えることには，一定の留保が必要であるように思われる。本章でみてきたように，主要国間のパワーポリティクスが横行する中で，紛争予防メカニズムを発動する OSCE や様々な障害がありながらもロシアの加盟を許容しようとする PACE といったヨーロッパの地域機構の存在と活動は，紛争の解決に向けた道筋を示してくれるかもしれない。

　[付記]　本章は，湯浅剛「グローバル政治の焦点としてのウクライナ紛争——国家
　　　　　性・地域機構・地政学」『広島平和研究』(広島市立大学) 第 3 号，2016年，
　　　　　75-89頁，をその後の情勢の展開について加筆し，大幅に再構成したものであ
　　　　　ることをお断りしておく。

推薦図書

中井和夫『ウクライナ・ナショナリズム——独立のディレンマ』東京大学出版会，
1998年
　　　　刊行から20年以上経過したが，日本語で読める現代ウクライナを理解するための
　　　　基本書の一つであろう。民族問題の構造と独立までの歴史的展開を論述。
真野森作『ルポ　プーチンの戦争——「皇帝」はなぜウクライナを狙ったのか』筑摩
書房，2018年

　気鋭のジャーナリストによるモスクワ，キエフ，ドンバスなどでの現場ルポの集大成。離散したクリミア・タタール人の問題について継続的に取材している点でも出色である。

Gerard Toal, ***Near Abroad : Putin, the West, and the Contest over Ukraine and the Caucasus,*** **Oxford : Oxford University Press, 2017.**

　ウクライナだけでなくコーカサス諸国も分析対象とし，ロシアと近隣諸国の緊張関係の背景と展開を考察。ロシアをとりまく未承認国家や飛び地を「地政学的群島」と捉え直す。

---

(1)　プーチン大統領が最初にこの点を認めたのは，2014年4月17日，毎年恒例の国民との直接対話のテレビ番組の場であった（Richard Sakwa, *Frontline Ukraine : Crisis in the Borderlands,* London and New York : I.B. Tauris, 2015, pp. 152-153.）。ただし，いつからロシア（あるいは親ロシア派勢力）による本格的な介入がはじまったか，という問いには諸説ある。例えば，同じテレビ番組でプーチン大統領は，自分が側近にクリミア併合の準備を進めるよう指示したのは，ヤヌコヴィチ失脚直後の2月23日であったとの見解を示した。また，15年9月時点でのウクライナ議会における議論では，ロシア側による介入は14年2月20日であったという認識が示されていた（Украинская правда, 15 сетнября 2015 года［http://www.pravda.com.ua/rus/news/2015/09/15/7081430/?attempt=1］)。

(2)　ウクライナからの自立を目指す親ロシア派武装勢力が実効支配をしていた領域で撃墜されたことから，当初から同勢力による犯行説が有力視されていた。アメリカは旧ソ連製の地対空ミサイル「BUK」による撃墜と発表。だが，2014年9月にオランダ安全委員会が主導した調査中間報告では主犯の特定は見送られた。その後もドイツの非営利団体やメディア，またBUKを開発・製造したロシア軍需企業などが独自の調査結果を公表した。15年10月13日に発表されたオランダ安全委員会による最終報告では，BUKによる撃墜と断定されたが，発射したのが親ロシア派勢力か否かについては言及を避けた。本件については，別途，14年11月よりオランダ司法当局主導による刑事捜査にベルギー，ウクライナ，オーストラリア，マレーシアの担当者も加わった合同捜査チーム（JIT）が発足し，順次捜査結果が報告されている。19年6月，JITはロシアの元情報当局者3名とウクライナ人1名を殺人罪で起訴すると発表するも，裁判の見通しは立っていない。

(3)　ソ連は民族を単位とする共和国から構成され，ロシアのような多民族共和国には，さらに「自治共和国」「自治区」といった単位が設けられていた。

⑷　Juan J. Linz and Alfred Stepan, *Problems of Democratic Transition and Consolidation : Southern Europe, South America, and Post-Communist Europe,* Baltimore and London : The Johns Hopkins University Press, 1996（部分訳として荒井祐介・五十嵐誠一・上田太郎訳『民主化の理論──民主主義への移行と定着の課題』一藝社，2005年）.

⑸　中井和夫『ウクライナ・ナショナリズム』東京大学出版会，1998年。

⑹　報道によれば，ウクライナでは2014年12月 8 日より最高ラーダで CIS からの離脱についての審議が始まった（http://lenta.ru/news/2014/12/07/ukraine/）。2018年 5 月19日，ポロシェンコ大統領は CIS での活動を停止する大統領令に署名し，CIS におけるウクライナの位置づけについてはひとつの決着をみた。

⑺　Sakwa, *Frontline Ukraine,* pp. 59-60.

⑻　ただし，憲法制定後も中央集権か，地方分権かという論争は潜在的に続いていたとみられる。イギリスの旧ソ連地域研究者サクワ（Richard Sakwa）の整理に従えば，単一の中央集権的な統治構造を求める声は西部諸州に拠点を置くウクライナ民族主義的勢力に，地方分権さらには連邦制の導入を求める声はロシア系住民の多い東・南部に多かった（Sakwa, *Frontline Ukraine,* p. 58.）。

⑼　Natalia Zinets, "New Panama leaks show offshore firm linked to associate of Ukraine's Poroshenko," Article of Reuters, May 11, 2016（https://www.reuters.com/article/us-panama-tax-ukraine/new-panama-leaks-show-offshore-firm-linked-to-associate-of-ukraines-poroshenko-idUSKCN0Y12HQ）.

⑽　Sakwa, *Frontline Ukraine,* p. 188.

⑾　池田嘉郎「2014年ロシア＝ウクライナ紛争の歴史的背景」『じっきょう地歴・公民科資料』（実教出版）第79号，2014年， 7 -10頁。

⑿　ただし，ロシア政府は依然として彼らがロシア正規軍に所属するのではなく，自発的な義勇軍であるとの認識を示している。例えば，2015年12月17日，プーチン大統領によるテレビ中継された年次大規模記者会見の席上での発言（http://kremlin.ru/events/president/news/50971）。

⒀　Gordon M. Hahn, *Ukraine Over the Edge : Russia, the West, and the "New Cold War,"* Jefferson, North Carolina : McFarland Publishing, 2017, p. 255-256.

⒁　「ミンスクⅡ」では和平履行の期限を15年末と定めたが，同年10月 2 日にはノルマンディー・フォーマット 4 カ国首脳がパリで履行期限の延長を協議し，和平プロセスは16年まで続くこととされた。

⒂　ロシア経済は2009年のマイナス成長以来，BRICS 諸国の中でも鈍化傾向にあった。ウクライナ危機の展開は，ロシア経済に多大な影響を与えた。欧米諸国との関

係悪化を懸念して資本流出が進み，投資・個人消費も急速に冷え込んだ。2014年夏以降，シェール革命によるアメリカ内の石油増産と需給緩和や OPEC 総会による石油減産見送り決定が影響して原油価格が急落した。また，ルーブルの対ドル相場は2014年3月中旬に約5年ぶりに最安値を更新し，その後一時回復するが，8月末以降下落が加速化。2015年1月11日には1ドル＝約65ルーブルと，一年間で倍近く下落した。その後も続落傾向にあり，同年末現在では1ドル＝約71ルーブルとなっている。

⒃　『ロシア政策動向』（ラジオプレス）第34巻第8号，2頁。

⒄　Dmitri Trenin, "Russia Needs a Plan C," Carnegie.ru Commentary, December 15, 2015（http://carnegie.ru/commentary/2015/12/15/russia-needs-plan-c/in4i）.

⒅　湯浅剛「ユーラシア安全保障メカニズムの構築――地域安全保障構想に見るロシアの対『西』政策の変質」望月克哉編『国際安全保障と地域メカニズムの新展開』（アジア経済研究所2009年度調査研究報告書）アジア経済研究所，2011年，51-77頁。

⒆　詳細については，OSCE ウェブサイト上の SMM に関するページ（https://www.osce.org/special-monitoring-mission-to-ukraine）を参照のこと。

⒇　湯浅剛「『市民的自由の群島』ロシア――西側からの価値をめぐる作用と連携を中心に」『国際政治』第171号，2013年，100-113頁。

（湯浅　剛）

第7章

変化する安全保障環境とエストニア

　ロシアと国境を接し，国内に多数のロシア語系住民[1]を抱えるエストニアにとって，安全保障とは，何よりもまず，自民族の身体的・文化的な存続を守ることであると認識されている。この認識は，第2次世界大戦下，暴力的にソ連に併合された歴史的経験に裏打ちされており，NATO加盟国となった現在でも諸政策に反映されている。

第1節　エストニアに脅威は迫っているのか

1　安全保障概念の変化

　2017年5月に更新された「国家安全保障概念（National Security Concept）」では，更新前の2010年版とは異なり，バルト海地域の安全保障は「緊張状態にある」と評価されている。2010年版では，軍事的攻撃を受ける可能性は限りなく皆無に近く，状況は安定していると評価されていたのに対し，2017年版では脅威が強調されているのである。この間，2014年にはロシアによるクリミア編入，2015年には欧州難民危機，イスラーム国の台頭やテロリズムの横行などがあり，エストニアをはじめとするヨーロッパを取り巻く安全保障環境が目に見えて不安定化したことは疑いない。

　そもそも「国家安全保障概念」（以下，「概念」）は，状況の変化に応じて更新されてきた。第1次「概念」は，北大西洋条約機構（NATO）加盟を視野に入れて2001年に，続く第2次「概念」は2004年の同加盟直後の6月に国会で採択された。2010年の「概念」は，数年間のNATO加盟国としての経験を踏まえて策定されたものである。2010年版では，軍事的脅威にとどまらない複合的な要因による安全保障環境の複雑化や脅威の越境状況，ならびに2007年に実際に

起きたサイバー攻撃(2)を念頭においた新型の脅威に対する認識が示されたものの，NATO加盟の実現によって得られた安心感が示された形となった。そのことは，逆説的ではあるが，この2010年版にロシアへの言及が復活したことにみることができるのである。

　2001年および2004年版では明示的にも暗示的にも触れられなかった直接的な軍事的脅威としてのロシアについて，2010年版では，次のように評価している。

　　ロシアは，自らの利害を，主たるグローバル・パワーとしての地位の回復に基づいて定義しており，ときに他国と争うことも躊躇しない。政治的・経済的手段のみならず，その目的を達成するために，軍事的手段を用いる用意もある。(3)

　公式文書に表れたこうした対ロシア観の変化については，いくつかの説明が可能である。政治学者のメリエ・クースによれば，EUおよびNATO加盟を政策上の最優先課題としていた2004年までのエストニアでは，隣国ロシアに対する脅威認識を，少なくとも公式文書の中で声高に叫ぶことは得策ではないと考えられた。その状況が，2010年の時点では，NATOという後ろ盾を得て変化していたのである。2007年に自らが受けたサイバー攻撃の結果として，首都タリンにNATOの中核的拠点としてサイバー防衛協力センターが設置されたことは，もともとNATO内でサイバー・セキュリティの分野でのプレゼンスを高めようとしていたエストニアにとって，怪我の功名ともいえるものであった。すなわち，ロシアを脅威として名指しする文書が作成できる程度には，エストニアが認識する安全保障環境は安定的であったのである。(4)

　ところが，2014年のロシアによるクリミア編入やその後も続くウクライナ紛争により，状況は一転した。あるいは，エストニアに対する他国の認識に変化が生じた。その主たる原因となっているのが，エストニアのロシア語系住民の存在である。クリミアやウクライナ東部とロシアとの関係において，これらの地域に居住するロシア人（ないしロシア語話者）の存在が大きな意味をもっていることは言を俟たない。だがそのことのみから，エストニアにも同様にロシアの直接的な脅威が迫っているとみなすのは，エストニアとロシアとの関係のみならず，エストニア国内に居住するロシア語系住民の居住国に対する関係にも

否定的影響を及ぼしかねないだろう。そもそも，本章でもロシア人／ロシア語話者・ロシア語系住民と使い分けているように，ロシア連邦の国境の外に恒常的に居住し，いわゆる「ロシア人」として分類可能な人々は，必ずしも均質な存在ではない。

　本章では，2017年版「概念」の策定期の政治過程をみたのち，2014年から2017年までを中心に，安全保障に関する世論調査の結果を整理する。これらを通じて，エストニアの安全保障にとってのロシア語系住民の意味を考えた上で，第 2 節において，エストニアの社会統合の現況とそれに対するロシアの在外同胞政策の影響について分析を行う。

2 　変革期の政党政治と「概念」の策定

　エストニアの政党政治は，多党乱立状態で変易性の高い中東欧の政党政治の中では，例外的に安定した状態にあった。2000年代以降，改革党，中央党，「祖国」[5]，社民党の 4 党が議席を分けあい，新規政党の参入はあったものの，リベラルな経済政策を志向する改革党主導の連立政権が長く続いていた。

　そのエストニア政治が大きな転換をみたのは，2016年11月のことである。それまでの改革党を中心とした連立政権が崩壊し，中央党を中心として，これに「祖国」と社民党を加えた 3 党連立政権が発足したのである。これは，次の 2 つの点で転換であった。すなわち，第 1 に，中央党が改革党以外の政党との組閣に成功したこと，第 2 に，それまで長らくエストニア政治の中心的存在であり続けていた改革党が政権から去ったことである（**表 7 - 1**）。

　ペレストロイカ期の人民戦線を源流とする中央党は，有権者の支持という点でいえば，常に国会選挙で第 1 党の地位を争う有力政党である。しかしながら，1995年のほんのわずかの期間（ティート・ヴァヒ内閣）と，2002年から2003年にかけての改革党との連立を除いて，政権への参加が実現したことはなかった。

　その第 1 の理由として考えられるのが，「親ロシア」・親ロシア語系住民的な立場である。すなわち，エストニアの外交・内政において，他の政党と大きく異なる主張をすることで，従来支持を集めてきたのが中央党なのである。例えば，「親ロシア」という点では，ウクライナ政権の正当性を否定したり，ロシ

表7-1　1999年〜2019年の選挙結果

年	改革党	中央党	祖国	社民党	保守人民党
1999	18	28	18	17	—
2003	19	28	7	6	—
2007	31	29	19	10	—
2011	33	26	23	19	—
2015	30	27	14	15	7
2019	34	26	12	10	19

（出所）　筆者作成。

アによるクリミア編入を肯定する発言を行ったりするなどの言動に特徴が表れている。また，親ロシア語系住民という点では，授業言語改革の際に，ロシア語による授業について，法律で定められた割合（エストニア語60％，その他の言語40％）に対し例外を認めるべきであるとの立場をとった。こうした政治的立場に立つ中央党の支持者は，その8割以上がロシア語系住民である。基本的には，ソ連時代を占領期とみなす歴史観を共有し，ロシア語系住民については，もともとは自主的な出国を期待していた他の大半の政党や政治家にとって，こうした中央党の立場は受け入れにくいものであり，また中央党との協力には，有権者の支持を失いかねないものとして慎重にならざるを得なかった。第2の理由は，結党以来，党首の座にあったエトカル・サヴィサールの政治家としての強烈な個性である。人民戦線結成の立役者であり，その後も長く政界に君臨し続けたサヴィサールのまさにその存在ゆえに，中央党を支持する有権者も少なくなかった。他方，その権威主義的な政治手法と金銭の動きにまつわる疑惑には，常に批判がつきまとった。そのサヴィサールが中央党党首の座を明け渡したのが2016年11月であった。それがエストニア政治の変化につながったといえるものの，改革党の側にも原因はあった。

　2005年以来，首相の座を独占してきた改革党の「驕り」はときに強引な政権運営に表れ，連立パートナーの不満が高まりつつあった。2014年当時首相として3期目を務めていた改革党党首アンドルス・アンシプが，欧州委員であった同党のシーム・カッラスに党首の座を譲り，自らは欧州委員の座を狙っていることが明らかになったのである。カッラスもまた，サヴィサール同様ペレストロイカ期から政治の中心にい続ける政治家であった。前述の中央党との連立期には首相も務めた。この交代劇がうまくいかなかった直接の原因は，カッラス自身の過去にある。カッラスの中央銀行総裁時代に起きた「消えた1000万ド

ル」をめぐるスキャンダルが再燃したのである。真相が明らかになっていない
この事件は，カッラスの輝かしいキャリアの障害となっている。結局，カッラ
スは首相の座をあきらめ，2016年の大統領選挙の候補者となったが，ここでも
その座を得ることはできなかった。

　アンシプ後に改革党党首となり，かつ首相となったターヴィ・ロゥイヴァス
の下，2015年の国会選挙でも改革党は第1党となり連立政権を率いたが，2016
年11月，2度目の不信任案決議で，連立パートナーの「祖国」と社民党も含め
改革党以外の全議員が不信任案に賛成するという異例の形で総辞職に追い込ま
れた。これに代わって中央党党首のユリ・ラタスを首相とする連立政権を構成
したのが，前政権でも与党であった「祖国」と社民党である。

　では，前述したような政治状況の変化は，「概念」の策定に影響を及ぼした
のであろうか。「親ロシア」政党と目される中央党が政権の座に就いたことに
より，とりわけ外交分野での見通しが不透明になった。だがこうした不安定な
状況はさほど長くは続かなかった。

　「概念」の策定は，前政権の下，2015年にはすでに開始され，2016年7月の
段階で完成していた。2017年5月に国会で採択された「概念」に，政権交代後，
大きな変更が加えられた痕跡は見当たらない。「ロシアの攻撃的振る舞い」に
対する懸念も表明されている。すなわち，中央党の政権入りによって，エスト
ニアの安全保障政策に修正が加えられることはなかったといってよい。

第2節　「ロシア的世界」とエストニア

１　社会統合の現在

　エストニアのロシア語系住民と他の旧ソ連共和国に居住するロシア人／ロシ
ア語話者との最大の違いは，国籍上の地位である。エストニアは，ソ連からの
独立回復に際し，恒常的居住者に国籍選択を認めるいわゆる「ゼロ・オプショ
ン」とらなかったため，人口の3分の1にも上る約50万人が無国籍者化した。
エストニアの無国籍者は，外国人旅券の取得をはじめ，地方選挙での投票権な
ど通常の意味での無国籍者にはない権利を享受している。そのことのみをもっ

123

て問題がないといえるわけではなく，長期にわたる２度の包括的な社会統合プログラムが実施されたことからも明らかなように，再独立後の25年以上の月日の中で，社会統合に一定の努力が傾けられてきたことは見逃せない。そうした努力にもかかわらず，あるいは努力が不十分であったためともいえるかもしれないが，現時点でも，無国籍者問題が完全に解決したということはできない。また，エストニア人とロシア語系住民の間の社会経済的格差や，以下でみるような認識の差は，いまだ顕著である。

　いずれにせよ，無国籍者の数は，再独立当初に比べれば減少した。この減少には，エストニア国籍の取得だけでなく，エストニアから他国への移住やロシア国籍の取得も寄与している。ここ数年，無国籍者数については微減が続き，2018年現在，その数は７万5628人（人口の約5.7%）となっているが，今後急激な変化が起こることは想定しにくい。エストニアの無国籍問題が解決しない要因として，次の２つがあげられる。

　第１に，血統主義を採用するエストニアの国籍制度である。この制度では，親が無国籍者の場合，その子どもも無国籍者となる。言い換えれば，無国籍者の再生産が起こっているのである。1998年の国籍法改正により，両親ともに無国籍者の場合は，15歳以下であれば届出によるエストニア国籍取得が可能となったが，この方法を利用する者は多くはなかった。2015年，再度国籍法が改正され，2016年１月１日以降，親が無国籍者であるエストニア生まれの子どもには自動的にエストニア国籍が付与されることになった。すなわち，出生地主義の原則が適用されることになったのである。ただし，この場合でも，エストニア国籍を届出により拒否することも認められている。これまでに拒否したのは25人である。法改正が行われてからまだそれほど時間がたっていないため，この改正の効果を見極めるにはいま少し時間が必要だろう。少なくとも，これ以上の無国籍者再生産の回避が期待される。

　第２の要因は，無国籍者という地位に付随するメリットである。社会統合に関するモニタリングの報告書によれば，無国籍者がエストニア国籍を取得しない理由に変化がみられるという。長らく国籍取得を妨げる理由とされてきた，ロシア語系住民の不十分なエストニア語能力や手続きの煩雑さに代わって，ロ

シアへの無査証での移動が可能であるというメリットに加え、無国籍であることが同国で暮らす上で支障にならないことが上位にあげられている（後者の回答は、この10年間で19％から47％に増加した）。これらの無国籍者については、EU域内での無査証での移動も認められている。ロシアにも EU 諸国にも無査証で移動できる無国籍者という地位は、国政選挙における選挙権・被選挙権がないことを差し引いても、魅力的なのだろう。ロシアが、無国籍者に無査証での入国を認め続けている理由については、本節第３項で検討する。

2　ロシア語系住民の安全保障認識

　エストニアの社会統合は、前述のように、無国籍者の存在や社会経済的格差が問題になっていないとはいえない状況にあるものの、それでも全般的にみればうまく進んでいる。一方、安全保障観の点では、エストニア人とロシア語系住民を主とする非エストニア人との違いは、依然として小さくないようにみえる。

　図 7 - 1 に示した通り、多くのエストニア人が脅威を感じるのは、サイバー攻撃（57％）とロシアによる影響力回復の試み（49％）である。他方、非エストニア人については、そのいずれについてもエストニア人ほどの脅威は認識されていないという結果になっている（それぞれ、34％と12％）。これに対し、非エストニア人が比較的強い脅威を感じるのは、テロリスト・ネットワークの活動（54％）で、ヨーロッパにおける戦争難民と移民（42％）が続いている。

　こうした両者の間の差は、対 NATO 認識においてより顕著に表れる。ロシアによるクリミア編入が起こった2014年と最新調査年である2018年（それぞれ３月と11月）を比較したものが表 7 - 2 である（数字は、「確実に支持する」と「どちらかといえば支持する」を足したもの）。

　NATO に対するエストニア人の支持率は、2004年の加盟以降、80％台後半から90％台前半で安定的に推移している。これに対し、非エストニア人の支持率は、30％を切ることはないが、最高でも52％（2013年３月）である。この支持率を、さらに年齢別、学歴別、国籍別、言語能力別にみると、一口にロシア語系住民といっても、その内実の多様性と動態がわかる（表 7 - 3 〜 6 ）。

図7-1　世界の平和と安全に対する脅威（2018年10月）
（「確実にそうである」と回答した者の割合）

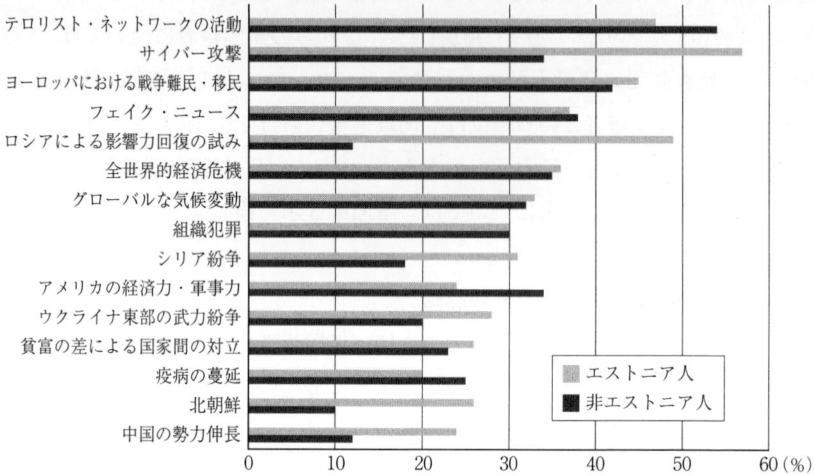

（出所）Juhan Kivirähk (ed), *Avalik arvamus ja riigikaitse, sügis 2018*, Tallinn より筆者作成。

表7-2　NATO加盟国であることに対する
民族別支持率

（単位：％）

	非エストニア人	エストニア人
2014年3月	44	94
2014年11月	37	93
2018年3月	32	89
2018年11月	44	91

（出所）Kivirähk, 2018より筆者作成。

　まず，表7-3で示したように，年齢が低いほどエストニアがNATO加盟国であることに肯定的である。また，国籍と言語能力については，表7-5と表7-6からわかるように，NATOに対する態度との間に相関関係がみられる。こうした内実の多様性に加え，世論調査や統計上，民族的エストニア人と区別されて非エストニア人として分類される人々について，動態的な分析なしにその政治的態度，とりわけ対ロシア感情を評価することは難しい。

　そうした非エストニア人を対象とした社会統合プログラムが長年にわたって実施されてきたことはすでに述べたとおりである。一方，政治的態度に影響を及ぼす可能性のある要因として，民族的／歴史的母国であるロシアからのアプローチも無視できない。このアプローチのうち公的な政策である在外同胞政策について，次項で整理する。

表 7 - 3　NATO の加盟国であることを支持する者の年齢別の割合

15-19歳	20-29歳	30-39歳	40-49歳	50-59歳	60歳以上
75%	54%	45%	44%	38%	40%

（出所）　表 7 - 2 に同じ。

表 7 - 4　NATO 加盟国であることを支持する者の学歴別の割合

中等教育未満	中等・中等特別教育	高等教育
60%	40%	48%

（出所）　表 7 - 2 に同じ。

表 7 - 5　NATO 加盟国であることを支持する者の国籍別の割合

エストニア国籍	ロシア国籍	国籍未定者*
57%	20%	24%

（注）　＊エストニアの公式ないしそれに準ずる文書では，旧ソ連国民とその子孫は，
「無国籍者」ではなく「国籍未定者」というカテゴリーに分類される。
（出所）　表 7 - 2 に同じ。

表 7 - 6　NATO 加盟国であることを支持する者の
エストニア語能力別の割合

よくできる	59%
理解し，話せる	50%
理解するが，話せない	29%
全くできない	24%

（出所）　表 7 - 2 に同じ。

３　ロシアの在外同胞政策

　前項でみたように，エストニア人と非エストニア人の間にみられる安全保障
をめぐる認識ギャップは，一向に埋まっていない。だがそのことから即，エス
トニアのロシア語系住民を通じてロシアの影響力の浸透や政治的・経済的介入
が容易に行われるという結論を導きだせるだろうか。あるいは，ロシア語系住
民の存在を口実に，ロシアがエストニアに武力攻撃を仕掛ける可能性があるだ
ろうか。
　ロシアの在外同胞（Compatriots）政策は，ソ連の解体とともにはじまったと

いってよい。当初の同政策は，ソ連解体後にロシアの国境の外に残ったロシア人や旧ソ連国民の保護を目的としていた。それは，どちらかといえば，国内のナショナリスト対策として象徴的な意味合いの方が強いものであった。それが2000年代になると，大国としてのロシアの影響力行使の手段としての役割が期待されるようになった。「ロシア的世界（Russian World）」という言葉が，学術的な議論を越えて政治的場面でも使用されるようになるのもこの頃である。ここで強調すべきは，ロシアの在外同胞政策は外交政策の一部であり，担当するのも外務省の部局であることである。1990年代に使用された「近い外国」という政治的戦略概念が，旧ソ連全体を念頭におき，そこに居住するロシア人を外交政策の道具とすべきであるという考え方につながっていたのに対し，在外同胞政策はむしろ，国境によって分断されたネイションとしての共同体の回復と維持という考え方に基づいている。また，ロシア文化を世界に広めることを目的とした「ロシア的世界」は，外務省と教育・科学省両省の下で進められる政策となっている。そうした違いはあるものの，在外同胞政策も「ロシア的世界」もあくまでも外交手段の１つなのである。

　なお，在外同胞と「ロシア的世界」は完全に一致する概念ではない。1996年の在外同胞法（2006年改正）によれば，在外同胞とは，①国外在住のロシア連邦国民，②旧ソ連国民，③ロシア連邦ないしソ連からの移住者，④在外同胞の子孫である。ただし，ロシア連邦以外の国籍を取得した者はその対象ではないとされる。これに対し，「ロシア的世界」の３本柱は，ロシア語，共通の歴史的記憶，宗教である。すなわち，「ロシア的世界」はロシア文化を基盤にしているため，ロシア正教も重要な要素となっている一方で，必ずしも民族的ロシア人のみに限られない在外同胞の場合には，実態や政策的意図は別として，定義上は宗教や言語を問うものではない。

　2007年のロシア的世界財団の設立や2008年のロシアの外交政策概念における最重要課題としての在外同胞への言及は，それが単なる象徴的な意味合いにとどまらず，現実の政策としての意味をもち始めていることを示唆している。

　在外同胞という観点でみると，エストニア（とラトビア）は特殊な状況にある。すでに述べた通り，在外同胞法の定義によれば，外国籍を取得している場

合には，ロシアの在外同胞とはみなされない。つまり，エストニアに居住する
ロシア国籍者だけでなく，多数の無国籍者も在外同胞に含まれるのである。ソ
連解体後に無国籍者となったエストニア（とラトビア）の在外同胞に対し，ロ
シアは簡易手続きによるロシア国籍取得や無査証入国を許可することで便宜を
図った。前述の通り，無査証でロシアに入国できるという移動の自由は，エス
トニアのロシア語系住民が無国籍者のままでい続ける重要な理由の1つになっ
ている。他方で，一般に，エストニアのロシア語系住民の間では，現時点にお
いて，在外同胞や「ロシア的世界」に関する政策に対する認知度も関心も高い
とはいえない。

　ロシア語系住民は，年齢や出生地にかかわらず，言語や文化を通じてロシア
との紐帯を意識する傾向にあるといえるが，ロシアをホームランドとみなす者
の割合は，必ずしも多くはない。2015年の調査によれば，34歳以下の若年齢層
では，エストニアをホームランドとみなす者の割合は70〜80％であるのに対し，
ロシアをホームランドとみなす者の割合は約6％にとどまった。30代後半から
60代前半の中高年層でも，約5割がエストニアをホームランドとみなし，ロシ
アをそれとみなす者は10％台であった（約20％がエストニアとロシアの両方をホー
ムランドとして回答した[14]）。すなわち，国籍上の地位や年齢などにより違いがな
いわけではないものの，国家アイデンティティと文化的アイデンティティは完
全に重なっているわけではない。ただし，エストニア以外で出生した者につい
てみると，ロシア，ないしロシアとエストニアの両方をホームランドとみなす
者の割合は50％を超えており（このカテゴリーでエストニアをホームランドとみな
すのは約20％），出生地や居住期間などもアイデンティティに影響すると考えら
れる。

第3節　不確実化するエストニア政治

　ウクライナ紛争を契機として，エストニアの安全保障をめぐる議論において
は，ロシアに対する脅威認識が高まっており，領土防衛とトータル・ディフェ
ンスの必要が改めて認識されている[15]。エストニアはもともと徴兵制度に対する

Column 8　バルト三国とロシアの国境問題

　エストニア，ラトビア，リトアニアの3国は，しばしばまとめてバルト三国と呼ばれる。その主たる理由は，ソ連時代という歴史的経験の共有であろう。1940年にソ連に編入された3国は，ようやく1990〜91年にかけて再独立を果たした。再独立後もロシアからの政治的・経済的圧力を感じる3国は，この歴史的経験も相まって，ヨーロッパの中ではロシアに対する脅威認識が特に高い国であることも共通している。ただし，ロシアとの関係が全く同じかというとそういうわけでもない。

　その違いがよく表れているのが国境問題であろう。ソビエト・ロシアとの間でそれぞれ締結した1920年のタルト条約とリーガ条約の有効性を主張するエストニアとラトビアは，それを認めないロシアとの国境協定締結に時間がかかり，エストニアにいたっては，いまだ協定の締結が行われていない状態にある（ラトビアは2007年に締結）。このエストニアとロシアの未解決の国境問題については，日本のマスコミも関心を示しているが，領土の回復ではなく，歴史認識をめぐる争いが主たる原因になっているエストニアと日本の立場には違いがある。

　他方リトアニアは，早くも1997年にはロシアとの間で国境協定の調印に至った（批准は2003年）。これは，必ずしも他の2国に比べリトアニアとロシアの関係が良好であることを示しているわけではない。早期の協定締結の要因として2つあげることができるだろう。1つは，リトアニアには他の2国が抱えるような多数のロシア語系住民が存在しないことである。それゆえ，ロシアは，国境協定締結という政治的カードを使って同住民問題の解決を迫る必要がなかった。いま1つは，第2次世界大戦前にはポーランドに占領されていたヴィルニュス地方を，リトアニアはソ連のおかげで自国領とした一方，ソ連への編入が領土喪失にはつながらなかったという歴史的経緯である。むろん，このことをもってソ連への編入が肯定的に解釈されるわけではなく，終戦後も，独立回復のための激しい抵抗運動を最も長い間継続したのがリトアニアであったことは，リトアニア史の重要な一面である。

支持が極めて強く，NATO加盟各国が職業軍人制に移行する中，徴兵制度が維持されてきた。志願兵からなるホームガードの志願者の増加も，国民の危機意識の反映といえよう。

　ここで，第1節のタイトルとして掲げた「エストニアに脅威は迫っているのか」という問いに答えるならば，そうした国民の脅威認識の高まりにもかかわ

らず，ロシア語系住民の存在を理由としたロシアからの軍事攻撃の可能性は極めて低いといえる。エストニア政府も，自国がロシアの次の軍事的ターゲットであるとは考えていない。では，なぜ2017年の「安全保障概念」では，バルト海地域の安全保障状況が緊張していると評価されているのか。その直接的理由は，他国からのサイバー攻撃や政治的・経済的介入の恐れがあるからにほかならない。だが，これまで以上にそれらを警戒するのは，エストニアが安定と繁栄のよりどころとして，再独立以来，統合を求めてきたヨーロッパとそのヨーロッパを取り巻く世界が不安定化しているからである。2017年版「概念」では，ヨーロッパ的価値観の影響力の減少が懸念されている。

　他方で，ヨーロッパへの統合を求めてきたエストニアの政治も変質しつつある。2015年および2019年３月の国会選挙におけるエストニア保守人民党の躍進と政権入りも，その１つの現れであろう（前掲表 7 - 1 参照）。同党は，主権と自衛を強く主張し，また，民族的に排他的な政策を掲げて支持を集めている。エストニア人／非エストニア人，あるいは反ロシア／親ロシアといった単純な 2 項対立で政治関係が形づくられ，ヨーロッパへの統合という政治目的を政治家と国民が共有していた時代は過ぎ去った。再独立から30年弱の年月を経て，ロシア語系住民の内実が多様化していることも見逃せない。こうした政治・社会状況の複雑化は，社会内の亀裂や対立を深める可能性をはらんでいる。安全保障が外的要因と内的要因の双方によって規定されるとするならば，エストニアの安全保障環境は，けっして安定的とはいえないのである。

[推薦図書]

アンドレス・カセカンプ／小森宏美・重松尚訳『バルト三国の歴史：エストニア・ラトヴィア・リトアニア　石器時代から現代まで』明石書店，2014年。
　　エストニア政治史の第一人者による３国の通史。ロシアとの関係についての記述は2013年までにとどまるが，これまでの歴史過程を知るための基本文献である。
橋本伸也『記憶の政治：ヨーロッパの歴史認識紛争』岩波書店，2016年。
　　エストニア・ラトビアなどの事例から，歴史と記憶が利用され紛争の契機となっている冷戦後の様相を分析した良書。
Agnia Grigas, *Beyond Crimea : The New Russian Empire,* Yale University

Press, 2016.
　　近隣諸国の在外ロシア人同胞をめぐるロシアの諸政策を通してプーチンの外交政策を分析し，ロシアの再帝国化に警告を発している。

---

(1) 日常的にロシア語を用いる人々（民族的には，ロシア人，ウクライナ人，ベラルーシ人が多いが，ユダヤ人やその他の民族も含まれる）の総称として，本章では「ロシア語系住民」の語を用いる。ソ連解体からまもなく30年になろうとする現在では，若者の中には，エストニア語との完全な2言語話者になっている者も少なくない。この「ロシア語系住民」というカテゴリーは，ソ連という経験抜きには存在し得ない。そうした点をふまえ，本章ではエストニアについて「ロシア語話者」ではなく，「ロシア語系住民」を使用している。なお，旧ソ連構成共和国の中で，共和国人口に占めるロシア人の割合が比較的大きかったのは，ウクライナ，ベラルーシ，カザフスタン，エストニア，ラトビアである。このうちエストニアとラトビアは，1940年6月時点での国民とその直系の子孫にのみ当該国の国籍を自動的に認めるという国籍政策を採用したため，1991年12月のソ連解体とともに，両国では多くの無国籍者が発生した。こうした民族構成や国籍政策の点で，エストニアとラトビアには共通点が多いものの，エストニアよりもはるかにロシア語系住民の割合の多いラトビアとの間にある違いも小さくない。本章では，議論の煩雑化を避けるため，ラトビアのロシア語系住民問題には言及しない。関心のある向きは，小森宏美「『非・国民』――新たな選択肢，あるいはラトヴィアの特殊性について」帯谷知可・村上勇介編『融解と再創造の世界秩序』（青弓社，2016年）を参照されたい。

(2) 2007年4月末のブロンズの兵士像移設をめぐって起きた騒擾の最中，エストニアの議会や内閣，新聞，銀行などのウェブサイトが攻撃を受け，政治・経済機能が麻痺した事件。

(3) National Security Concept of Estonia (2010), 〈http://www.kaitseministeerium. ee/sites/default/files/elfinder/article_files/national_security_concept_of_estonia. pdf〉2019年3月29日アクセス。

(4) 小森宏美「エストニアの安全保障観とNATO」広瀬佳一・吉崎知典編『冷戦後のNATO――"ハイブリッド同盟"への挑戦』（ミネルヴァ書房，2012年）参照。

(5) 2006年，祖国連合と共和国党の合同により，祖国・共和国連合党が結成された。2018年に「祖国」に改称し，3度目の党名変更となったが，本章では煩雑さを避けるため「祖国」で統一する。

(6) エストニア国籍非保有者で，かつ同国の恒常的居住者に発給される旅券。他国と

の協定に基づき，出入国に利用可能。

(7)　ロシア語系住民の就職や賃金における不利な状況については，小森宏美「体制転
　　換後のエストニアの福祉レジーム」新川敏光編『福祉レジーム』（福祉＋α　8）
　　（ミネルヴァ書房，2015年）参照。

(8)　〈www.stat.ee〉2019年 4 月11日アクセス。

(9)　同時に，この時点で15歳以下である無国籍者にもエストニア国籍が付与された。
　　また，65歳以上については，国籍取得の要件とされる言語試験が免除されることに
　　なった。

(10)　*Postimees*, 24 January 2017.

(11)　Balti Uuringute Instituut, *Eesti ühiskonna integratsiooni monitooring 2017*,
　　Tallinn, 2017.

(12)　ロシアは，エストニアの無国籍者に発給される外国人旅券保持者に無査証入国を
　　認めている。2008年以降2017年 4 月まで，1992年 2 月 6 日以降生まれで18歳以上の
　　者は，法的にはこの権利がなかったが，実際には法令が厳格には運用されていな
　　かった。この問題が大きくとりあげられたのは2016年のことである。

(13)　Balti Uuringute Instituut, *op. cit.*

(14)　Kristina Kallas, "Claiming the diaspora : Russia's compatriot policy and its
　　reception by Estonian- Russian population," *Journal on Ethnopolitics and
　　Migration Issues in Europe*, 2016, Vol. 15, No. 3.

(15)　*Ibid.*

(16)　Viljar Veebel and Illimar Ploom, "Estonia's perceptions of security : Not only
　　Russia and the refugees," *Journal of Baltic Security*, 2016, Vol. 2, No. 2.

（小森宏美）

第8章

取り残されたヨーロッパとしての西バルカン

　ボスニア・ヘルツェゴビナ（以下，ボスニア），セルビア，コソボ（以下，西バルカン3カ国）のEU・NATO加盟は双方にとって意義があるものの，統合プロセスは地域内の他国と比べて遅れている。その原因は各国・地域内での意見対立とそれを取り巻く国際情勢にあり，今後も不透明な状況が続くだろう。

第1節　西バルカン3カ国の EU・NATO 加盟とは

　本章では西バルカン諸国[(1)]の中から欧州連合（EU）および北大西洋条約機構（NATO）いずれにも加盟していないボスニア，セルビア，コソボの3カ国・地域を取り上げ，EU・NATO加盟へ向けた現状と課題を検討する。EU・NATO拡大により，西バルカンはヨーロッパにおいてEUないしNATO加盟国に囲まれていながら統合から取り残された地域となった。その後，2013年にクロアチアがEU加盟を果たし，NATOについてもクロアチアとアルバニアは2009年に，モンテネグロは2017年に加盟を達成した。また，マケドニアは2018年6月にEU・NATO加盟の阻害要因であった国名問題に関してギリシャと合意した（プレスパ合意）。プレスパ合意を受けてEUは2018年6月にマケドニアとの加盟交渉を2019年中に開始することを決定し，NATOは2018年7月にマケドニアとの加盟交渉を開始し2019年2月に加盟を決定した（正式な加盟にはNATO全加盟国による批准が必要）。その一方で，西バルカン3カ国の加盟プロセスには未だに大きな問題が存在している。そこで，本節で西バルカンのEU・NATO加盟の意義を明らかにした後，第2節で加盟プロセスの進捗状況を概観し，第3節と第4節ではそれぞれ加盟へ向けた課題と今後の展望

図 8-1　西バルカン諸国

を検討する。

1　西バルカン諸国にとっての EU・NATO 加盟

　西バルカン諸国が EU 加盟を希望する最大の理由は経済的なものである。西バルカン諸国は経済的に EU に依存しており，ユーロスタット（Eurostat）によれば2017年の西バルカン諸国の EU に対する輸出は総額の70.4％，輸入は58.5％でともに第 1 位となっており，第 2 位である西バルカン地域内貿易（輸出15.5％，輸入10.4％）をはるかに凌ぐ数字となっている。各国別にみるとセルビアは輸出の67.6％，輸入の58.8％を，ボスニアも輸出の71.1％，輸入の

60.9％を対 EU 貿易が占めており，コソボも対外貿易に占める EU の割合は輸出の24.8％，輸入の43.0％であり，いずれも EU が第1位の貿易相手となっている。EU 加盟によって西バルカン諸国は巨大経済圏の一員となり，経済の安定性を高めることができる。さらに，EU に加盟すれば域内での移動の自由や関税撤廃といった利益を享受できる。⁽³⁾低賃金での労働力を供給できる西バルカン諸国にとって，工場の誘致による雇用の創出や EU 加盟先進国への出稼ぎによる就労なども期待できる。海外からの送金が GDP の10％前後を占める西バルカン諸国にとって，海外での就労の機会が増えることは経済的に大きな利益となる⁽⁴⁾。また，就労のみならず EU 加盟先進国での教育を受ける機会も享受することが可能となる。

　西バルカン諸国の EU 加盟は利益のみをもたらすわけではない。現在，西バルカン諸国は頭脳流出の問題を抱えており，その一因は高い若年失業率にある⁽⁵⁾。西バルカン諸国における若年（15～24歳）の失業率は最も低いセルビアで25％，最も高いボスニアでは54％に達している⁽⁶⁾。また，国外移住者に占める大卒以上の学歴をもつ人々の割合は世界の平均の約6倍になっている⁽⁷⁾。西バルカン諸国は人口流出が常態化しており，移住先としては EU 加盟国が最も多い。このように，高い賃金や就労の機会を求めて西バルカン諸国から EU 圏内に人材が流出しており，EU 域内での自由移動が可能になると，頭脳流出に拍車がかかることが懸念されている⁽⁸⁾。

　EU 加盟によるメリットは安全保障面にも及ぶ。旧ユーゴ崩壊の一因が1980年代の経済危機にあったことを考えれば，⁽⁹⁾EU 加盟により西バルカン諸国の経済を強固にし安定させることは紛争の再発を防ぐ上で重要な役割を担っている。

　安全保障面の最重要課題である国家の防衛という点では，やはり NATO 加盟による意義が大きい。NATO は本来的に集団防衛のための軍事同盟であり，加盟国領土の集団防衛を主要な任務の1つとしている⁽¹⁰⁾。NATO に加わることは，強い軍事力をもたない西バルカン諸国にとり自国の防衛を NATO に依存できることを意味している。さらに9.11以降のテロ対策や2015年に発生した難民危機への対応など，近年の安全保障上の問題は西バルカン諸国が単独で対処できるようなものではなくなっている。西バルカン諸国がこうした脅威に対抗

するためには，NATO のような強大な地域的軍事機構への参加ないし協力強化は必須であろう。

EU および NATO にとって西バルカン諸国を加盟させる最大のメリットは地域の平和と安定にある。1990年代のユーゴスラビア崩壊に伴う一連の紛争は，欧米に大きな衝撃を与えた。ボスニア紛争だけで約70万人の難民が西欧諸国に流出したことは西欧諸国にとって大きな負担となり，近隣諸国における平和と安定を維持する必要性を痛感させることとなった[11]。旧ユーゴ紛争への対応を模索する中で EU は共通外交・安全保障政策（CFSP）を生み出し，NATO は加盟国の領土防衛を超えた危機管理活動を新たな役割に加えた。

近年では西バルカン諸国において紛争の再発に代わり，新たな安全保障上の問題が浮上している。その１つが不法移民の問題である。2015年に発生した欧州難民危機において，トルコからギリシャを経由し西バルカン諸国を抜けて EU 加盟国へといたる道程は「バルカン・ルート」と呼ばれ，主要なルートの１つとなった。欧州国境沿岸警備機関（FRONTEX）によれば，2015年の EU 圏内への不法越境件数のうち約42％がバルカン・ルートを通っていた[12]。2015年のバルカン・ルートを通じた EU への不法越境の大きな特徴は，その70％以上が「国籍不明」として扱われたことだった。国籍不明者が大量発生した原因は複数存在する。まずは，シリアやアフガニスタン出身であると偽って難民申請を行おうとする不法移民がいたことである。さらに西バルカンでは，バルカン・ルートの主要な中継地点となっていたマケドニア[13]やセルビアが，国民の不安を背景に不法移民の早期出国をはかった。その結果，審査や指紋採取などの必要な手続きをとらずに移民を隣国との国境まで輸送した。2015年にバルカン・ルートを通った国籍不明者数は EU 圏への不法越境件数の約30％に達し，EU の国境管理における西バルカン諸国との協力の必要性を痛感させる結果となった。

第2節　西バルカン3カ国と EU・NATO との関係深化

1　EU および NATO の西バルカンへの関与

　1990年代後半，NATO 主導の国際部隊が紛争後のボスニアやコソボに展開して治安維持等の活動を担う一方で，EU は将来的な加盟を視野に入れた政策枠組みの準備を進めていった。そして2000年代に入ると EU は西バルカン諸国に対して EU 加盟の展望を示し，加盟プロセスと連動させる形で西バルカン諸国の国内制度改革を進めている。NATO も同様に西バルカン諸国との協力強化を進めており，加盟を希望する国に対しては加盟のための枠組みを提供している。

　1995年12月のデイトン合意によってボスニア紛争が終結すると，NATO は国連安保理決議1031に基づいて和平履行部隊（IFOR）を展開した。IFOR は6万人規模で展開され，デイトン合意に基づいて治安維持等の任務を行った後，当初の予定通り1年で活動を終了し，安定化部隊（SFOR）に改組されるとともに3万人規模まで縮小された。SFOR は治安維持に加えて旧ユーゴスラビア国際刑事裁判所（ICTY）に訴追された戦争犯罪人の逮捕等の役割も担っていた。SFOR は段階的に部隊が縮小され，2004年の作戦終了時には7000人程度となっていた。SFOR の活動は，EU 主導の欧州連合部隊アルテア作戦（EUFOR Althea）が引き継いだ。EUFOR Althea は展開当初は7000人規模だったものの，2007年には1600人，2012年には600人規模まで人員が削減されている。

　ボスニアと同様に NATO の軍事作戦によって紛争が終結したコソボでも，軍事的プレゼンスは縮小されている。1999年の国連安保理決議1244によってコソボには NATO 主導のコソボ治安維持部隊（KFOR）が展開された。KFOR は当初，5万人規模で展開されていたが，治安環境の改善を受けて2003年末には1万7500人まで縮小された。2008年のコソボ独立宣言以降も KFOR は部隊の縮小を続け，2010年には約1万人，2011年には約5000人規模となり2018年末時点で約4000人の KFOR 部隊が展開中である。EU も2008年から法の支配ミッション（EULEX）を展開している。EULEX は2012年，2014年，2016年，

2018年に任期延長が決定され，現在の任期は2020年6月までとなっている。

　EU は1990年代後半から西バルカン諸国に対する包括的な政策枠組みを模索しはじめた。まず初めに西バルカン諸国に対する一貫した透明性のある政策として地域的アプローチが誕生し，EU が提示した条件の達成状況に応じて西バルカン諸国との関係を深化させていく方針（EU 加盟コンディショナリティ）が示された。コソボ紛争後の1999年6月には「安定化・連合プロセス（SAP）」が理事会で採択された。[19] SAP は地域的アプローチを発展させたものであり，EU と西バルカン諸国との最初の契約関係となる「安定化・連合協定（SAA）」を中心にした政策である。SAA は EU と西バルカン諸国との間の自由貿易協定であると同時に，政治・経済における協力関係をも規定している。EU は，西バルカン諸国による国内制度の改革や戦争犯罪人の逮捕といった取組みの進捗が認められた場合にはこれらの国々と SAA を締結し，その後西バルカン諸国が EU 加盟条件を満たした暁には EU に加盟させるとの展望を示した。

　その後，2000年6月のフェイラ欧州理事会では西バルカン諸国を「潜在的加盟候補国」と定め，[20] 2003年の EU・西バルカンサミットでは「バルカン諸国の将来は EU の中にある」として西バルカン諸国の EU 加盟を後押しした。[21] これにより EU は，西バルカン諸国に対し将来的な EU 加盟を報酬として示し，報酬獲得の条件とすることで西バルカン諸国の国家建設を進めることとなった。

　SAP の発足以降，西バルカン諸国はまずは SAA の締結へ向けた国内制度の改革等を進めていった。EU は SAA 締結までのプロセスを複数の段階に分け，各段階において西バルカン各国に対し条件を課している。SAA をめぐるプロセスは，交渉開始，仮署名，署名，発効に大別される。SAA 交渉開始にあたっては欧州委員会が西バルカン各国の政治・経済的条件の充足状況と SAA が署名された際の履行能力等に関する報告（フィージビリティ・スタディ）を行う。フィージビリティ・スタディは対象国が SAA 交渉を開始する準備ができているか報告するものであるが，実質的には準備ができているとして理事会に対し SAA 交渉開始を勧告するものである。したがって EU は，フィージビリティ・スタディの作成前に各種条件を満たすことを要求している。理事会がフィージビリティ・スタディを承認し SAA 交渉開始を決定すると，本格的

Column 9　時代とともに変化する「西バルカン」

　西バルカン諸国は当初，クロアチア，ボスニア，ユーゴスラビア連邦共和国（現在のセルビア，モンテネグロ，コソボ），マケドニア，アルバニアを指していた。しかし現在，EU が西バルカン諸国と総称する際クロアチアは含まれていない。なぜ西バルカン諸国の範囲が変化するのだろうか。

　1990年代後半に EU は西バルカン諸国に対する政策枠組み打ち出した。その対象国の大半は旧ユーゴスラビアの一部だったが，旧ユーゴのスロベニアは対象国に含まれず，対象国であるアルバニアは旧ユーゴに含まれない。EU の文書をみると当初は旧ユーゴ諸国とアルバニアが別々に言及されていたが，スロベニアが含まれていないにもかかわらず旧ユーゴ諸国と称するのは正確ではなく，さらにはアルバニアも含めて総称するために EU は「南東欧諸国の（一部）国々」という表現を用いるようになった。その後 EU は対象国を「EU との間に連合協定を締結していない南東欧諸国」と定め，これらの国々を西バルカンと総称するようになった。この定義に従えば，すでに EU に加盟していたギリシャに加え，連合協定（欧州協定）が発効していたルーマニア，ブルガリア，トルコ，さらには署名を済ませていたスロベニアは西バルカンに含まれない。

　その後，クロアチアが2013年に EU 加盟を果たしたことで EU は西バルカンの範囲を再定義する必要に迫られた。西バルカン諸国は EU の対外政策の対象を指す呼称であり，クロアチアを西バルカン諸国に含め続ければ加盟国が対外政策の対象となる矛盾を生む。そのためクロアチアの EU 加盟以降，EU が西バルカン諸国と称する際にクロアチアは含まれない（クロアチアを除いた国々は「西バルカン6カ国（Western Balkans 6）」とも呼ばれる）。今後西バルカン諸国が EU 加盟を果たすにつれて EU は西バルカンの範囲を縮小していくだろう。

に SAA 締結へ向けた交渉が開始される。交渉開始後，一定の進捗がみられれば EU は SAA 仮署名を行い，SAA 署名条件がすべて満たされたと判断されると署名が行われる。SAA はすべての EU 加盟国で批准された後に発効する。SAA 署名が実現すると，西バルカン諸国は本格的に EU 加盟を目指す段階に入る。最終的な加盟へ向けては，加盟申請，加盟候補国認定，加盟交渉開始といった段階を経て加盟へといたる。

　NATO は EU の SAP のような西バルカン諸国に限定した政策枠組みはも

たず，他の地域の国々も含めた拡大のための枠組みを有している。また，NATO は加盟を前提としない協力強化の枠組みをもっており，西バルカン諸国が対象に含まれているものとしては「平和のためのパートナーシップ（PfP）」があげられる。西バルカン諸国は，最終的な加盟希望の有無にかかわらず，まずは PfP 参加を目指して NATO が提示する条件の履行を目指す。PfP 参加後は「緊密化対話（Intensified Dialogue）」や「個別的パートナーシップ行動計画（IPAP）」を通じてさらなる関係強化を行い，加盟を希望する場合には「加盟のための行動計画（MAP）」参加を経て加盟へといたる。

2　西バルカン 3 カ国の EU 加盟進捗状況

　ボスニアのこれまでの EU 加盟プロセスでは，警察改革とセイディッチ・フィンチ判決が主要な課題となっていた。SAA 署名へいたる各段階において，警察改革における進展が EU 加盟プロセスの前進と密接に結びついていた。ボスニアにおける警察改革の必要性は2003年11月のフィージビリティ・スタディにおいてすでに指摘されており，EU は分断されている警察組織の統合を要求していた。警察改革において進展がみられなかったことから，ボスニアは SAA 交渉開始までに 2 年を要した。その後，SAA 仮署名と正式署名も警察改革における進展を受けて決定された。2008年 6 月に SAA 署名が実現した後，2009年に欧州人権裁判所がセイディッチ・フィンチ事件において，ボスニアの憲法が欧州人権条約に違反しているとの判決を下した。ボスニアとの SAA は2011年 2 月に全加盟国による批准が完了していたが，EU はセイディッチ・フィンチ判決の不履行等を理由に SAA を発効させなかった。しかし，2014年11月の英仏外相による公開書簡を踏まえて同年12月に理事会が「刷新アプローチ」を採択したことで停滞が打破され，ボスニアとの SAA は2015年 6 月に発効し，2016年 2 月にボスニアは加盟申請を行った。

　セルビアの EU 加盟プロセスにおいて最も大きな障害となったのは，ICTYへの協力とコソボとの関係である。2003年にユーゴスラビア連邦共和国からセルビア・モンテネグロへと国名を変更したこともあり，セルビアのフィージビリティ・スタディが公表されたのはボスニアよりも遅い2005年 4 月のことだっ

た。2005年10月には理事会がSAA交渉開始を決定したものの、ICTY協力における進展がみられないことから欧州委員会は2006年3月に交渉を中断した。その後、2007年1月の議会選挙にて親欧州派の連立政権が成立し、2名の戦争犯罪人を逮捕する等ICTYに協力する姿勢を示したことを受け、理事会は2007年6月にSAA交渉を再開した。EUは2007年11月にセルビアとのSAA仮署名を決定し、2008年4月には署名が実現した。SAA署名直後の2008年7月には、セルビアの首都ベオグラードにてラドバン・カラジッチが逮捕された。セルビアは2009年12月にEU加盟申請を行い、2010年10月に理事会が欧州委員会に対してセルビアの加盟申請に対する意見要請を行った。欧州委員会は理事会決定に基づいた意見勧告のため2010年11月にセルビアに対して質問状を送付し、セルビアは2011年1月に質問状に対する回答を欧州委員会に提出した。残された大物戦争犯罪人であるラトコ・ムラディッチは2011年5月に逮捕され、2011年7月にはすべての戦争犯罪人の逮捕が完了した。その後、2011年10月に欧州委員会はセルビアを加盟候補国に認定することに加え、コソボとの関係正常化が達成された際に加盟交渉を開始すべきと勧告した。これを受けて2012年3月に欧州理事会はセルビアに加盟候補国の地位を付与することを決定した。

　ICTYに訴追された戦争犯罪人がすべて逮捕されセルビアが加盟候補国になった後、セルビアのEU加盟における課題はコソボとの関係改善に移った。2008年2月のコソボ独立宣言によってセルビアとコソボの関係は悪化した。しかし、セルビアとコソボは2011年3月から対話を開始し、2013年4月にセルビア首相とコソボ首相は両者の関係正常化に向けた合意を締結した（ブリュッセル合意）。ブリュッセル合意にはセルビアとコソボが互いのEU加盟プロセスを阻害しないこと等が盛り込まれており、合意の数日後に欧州委員会はセルビアとの加盟交渉開始を勧告し、2013年6月に欧州理事会はセルビアとの加盟交渉開始を決定した。この欧州理事会では、コソボとのSAA交渉開始も承認された。コソボとのSAAは2014年7月に仮署名が、2015年10月に署名が実現し、2016年4月に発効した。

③ 西バルカン 3 カ国と NATO との関係

　セルビア人はボスニア紛争やコソボ紛争において NATO 空爆の対象となった経験があるため，NATO 加盟に反対する声が強い。そのため，セルビアのみならずボスニア居住のセルビア人の間でも NATO に対する支持率は低い。セルビアの NGO が実施した世論調査によれば，セルビア国民の84%は NATO 加盟に反対している。ボスニアでは国家全体としては NATO 加盟支持が50%を超えているものの，セルビア人に限れば「強く支持」と「どちらかといえば支持」を合わせても10%であるのに対し，「強く反対」と「どちらかといえば反対」を合わせると82%と反対意見が強い。

　ボスニアのこれまでの NATO 加盟プロセスで大きな課題となったのは軍改革，ICTY 協力，国防資産問題だった。紛争後のボスニアでは，ボスニアを構成する 2 つの自治政府（エンティティ）がそれぞれ軍を保持していた。このことは，財政的負担であるのみならず，指揮権が統一されていないために NATO との連携が行えないことも意味していた。そこで NATO は PfP 参加条件としてボスニアに対し指揮権の統一を要求した。自らが多数を占めるエンティティであるスルプスカ共和国の権限維持を主張するセルビア人は，指揮権の統一に強く反発した。しかし，スルプスカ共和国の管轄下にあった企業が国連安保理決議に反してイラクに武器を密輸していたことが発覚（ORAO 事件）すると，セルビア人は譲歩し指揮権の統一を受け入れた。これにより PfP 参加実現が期待されたものの，NATO は ICTY 協力の不足を理由に PfP 参加を見送った。NATO による PfP 参加見送りを受けてボスニアでは，デイトン合意の文民面での履行を監督する上級代表を中心に軍組織そのものを統一する動きが生まれた。すでに指揮権統一に際し大きな妥協を強いられたセルビア人は軍組織の統一に反対した。しかし，ムラディッチが2002年までスルプスカ共和国軍の給与システムに登録していたことが明らかになった。これは，スルプスカ共和国軍は戦争犯罪人を逮捕するどころか雇用していたとの疑義を生み出すこととなり，結果的にセルビア人は軍組織の統一にも応じざるをえなかった。その結果，2005年末に両エンティティ軍は廃止され，2006年11月に NATO はボスニアの PfP 参加を決定した。

　PfP 参加後，NATO は2008年4月にボスニアとの緊密化対話の実施を決定し，2008年9月からは IPAP に基づく協力強化が行われた。2009年10月にボスニアは MAP 参加を申請し，2010年4月に NATO はボスニアを MAP に招待することを決定したが，MAP 参加に必要な「年次国家計画（ANP）」の受諾は見送った。MAP への完全な参加を見送った理由は，ボスニアの国防関連の固定資産がエンティティに帰属し，中央政府の所有になっていないことだった。その後，国防資産問題で進展がみられないことから ANP の受諾決定も下されない状態が続いたが，2018年12月に NATO は国防資産問題で進展がない中でボスニアの ANP 受諾を決定した。

　セルビアと NATO との関係はボスニア紛争にて NATO がセルビア人勢力を空爆したことに始まり，コソボ紛争ではセルビアの首都ベオグラードも空爆された。両者は敵対関係にあったものの，2000年10月にミロシェビッチが失脚するとセルビアは EU および NATO との関係を強化する方向に方針転換し，2002年には EU との SAA 締結，NATO の PfP 参加，欧州評議会加盟等を目標とする外交政策を打ち出した。2003年にセルビアは NATO に対し PfP 参加を申請し，2006年11月にボスニアと同時に PfP 参加を果たした。

　2000年から2006年までセルビアは順調に NATO との関係を深めていったが，PfP 参加後の NATO 加盟プロセスはコソボ情勢を受けて停滞することとなった。2007年2月にアハティサーリ国連特使はコソボの地位問題に関する包括的解決案をセルビアのタディッチ大統領に提示した。アハティサーリ案はコソボの事実上の独立を容認するものであり，セルビアは受け入れを拒否した。その後，アメリカ，EU，ロシアによる仲介プロセスが試みられたもののセルビアとコソボの両者が受け入れる解決策の提示にはいたらなかった。このような状況の中で，2007年12月にセルビアは軍事的中立を宣言した。軍事的中立の宣言は NATO 加盟を目指さないことを意味する。セルビアは2008年には緊密化対話を開始し，2015年には IPAP を採択するなど NATO との関係強化は続けているものの，加盟を前提とした枠組みである MAP には参加していない。

　コソボは2012年7月に PfP 加盟の意思を NATO に伝達したものの，NATO 内にコソボ独立を承認していない国々が存在していることや，国軍を

保持していないこともあり，PfP 参加へ向けた進展はみられない。

第 3 節　EU・NATO 加盟へ向けた課題

［ 1 ］　地域外の要因

　EU は域内に多くの問題を抱えているため，EU 内での拡大の優先順位が低下している。2008年のユーロ危機，2015年の難民危機，2016年の Brexit と立て続けに大きな問題が発生し，EU は問題への対応に追われ内向きの傾向を強めている。ユンカー欧州委員会委員長は，就任前に発表した政治ガイドラインの中で「今後 5 年の間に新たに EU に加盟する国はない」と述べて，2019年まで EU 拡大を行わない方針を明らかにした。拡大の優先順位の低下と短期的な加盟実現の否定は，EU 加盟が西バルカン諸国に与えるインセンティブの低下に繋がっている。EU 加盟コンディショナリティは依然として改革を促す最も効果的なツールであるものの，その影響力は明らかに低下している。

　EU の西バルカンに対する影響力が低下する中，ドイツを中心とした一部の EU 加盟国は「ベルリン・プロセス」と呼ばれる対話を開始した。ベルリン・プロセスは2014年 8 月のベルリンで開催された西バルカンサミットにおいて立ち上げられたものである。ベルリン会合がユンカー欧州委員会委員長が政治ガイドラインを発表した直後に開催されたことからもわかるように，ベルリン・プロセスは西バルカン諸国における EU 加盟インセンティブを維持することが主要な目的だった。ベルリン会合ではベルリン・プロセスの期間を 4 年と定め，EU 加盟，地域協力，グッドガバナンス，経済成長，接続性，若年層の問題などが協議された。西バルカンサミットはベルリンに続いてウィーン，パリ，トリエステ，ロンドンで開催され，ロンドン会合では当初予定していた 4 年を超えてプロセスが継続されることになった。

　EU が西バルカンにおける影響力を低下させているのに対し，ロシアは地域における影響力を増してきている。ユンカー欧州委員会委員長が2019年までの拡大凍結を表明した2014年は，奇しくもクリミア危機が発生した年でもある。2014年以降のロシアは，クリミア危機における欧米との関係悪化，エネルギー

価格の低下等により以前ほどの強い影響力を行使できなくなっており，その代わりに西バルカンにおいて EU や NATO の影響力が弱い点を攻める戦略をとっている。ロシアの対西バルカン政策には，地域における影響力拡大，NATO 拡大阻止，EU 拡大の利用という 3 つの目的がある。西バルカン 3 カ国においてロシアは主にセルビア人への影響力を強化してきた。セルビア人はロシアと歴史的に強い繋がりをもっており，ボスニア紛争およびコソボ紛争において NATO に空爆されたことから欧米に対する敵対感情をもつ人々が多い。セルビア人が多数派を占めるセルビアとボスニアのスルプスカ共和国は西バルカンにおいて最も親ロシアな存在である。ロシアはコソボの独立に強く反対しており，国連安保理が安保理決議1244に代わるものとしてコソボ独立を支持する国々が提出しようとした決議案に反対し提出を断念させている。コソボ独立を認めない姿勢をとるセルビアにとり，ロシアは強力な支持者となっている。

　ロシアは西バルカン諸国の NATO 加盟に強く反対している。NATO の拡大は冷戦期にソ連の影響下にあった旧共産主義国を西側に取り込む行為であり，ロシアにとって NATO 拡大は自らに対する敵対行為と認識されている。すでに EU ないし NATO 加盟国に囲まれている西バルカンに対し，ロシアはクリミア危機のような強い行動に出ることはないが，NATO 拡大がロシア外交における敗北を意味することに変わりはない。ロシアは西バルカンにおいてセルビアを始めとする親ロシア勢力との関係を強化することによって NATO のさらなる拡大を阻止しようとしている。EU 拡大に対するロシアの姿勢はNATO 拡大ほど強固なものではない。例えばセルビアの EU 加盟についてロシアはセルビアの方針を尊重する姿勢をみせている。こうした柔軟姿勢の理由としては，EU が裕福ではない西バルカン諸国を取り込むことで弱体化する可能性や，セルビアが EU に加盟すれば親ロシア勢力を EU 内に送り込むことができること，また西バルカン諸国の EU 加盟プロセスが停滞すればジョージアやウクライナにおける EU 加盟の気勢を削ぐことに繋がる点などが指摘されている。

　NATO 拡大のインセンティブは EU のように内部の問題によって低下しているわけではない。しかし，クリミア危機以降，ロシアが西バルカン地域にお

ける影響力を強めている中で，NATO 拡大の勢いは削がれている。軍事的中立を宣言しているセルビアは，NATO との関係強化は進めているものの，加盟の前段階となる MAP へは参加していない。ボスニアは国防関連の固定資産の登記先をエンティティから中央政府に移すよう NATO が要求しているにもかかわらず，セルビア人の反対により具体的な進展はない。

　西バルカン諸国と歴史的な繋がりをもつのはロシアだけではない。ロシアと並んでトルコも西バルカンに対する影響力を強めている。トルコは，西バルカン 3 カ国の中ではボスニアとコソボに居住するムスリムに対して宗教施設の建設などの支援を行っている。また，2018年のトルコ大統領選挙の際にはボスニアの首都サラエボにてエルドアン大統領が演説を行っている。トルコがムスリムに対する各種支援を通じて西バルカン諸国への影響力を強めていることに対しフランスのマクロン大統領は「バルカン諸国がロシアやトルコに向かうことは望まない」と述べロシアとトルコを同列に扱うなど，EU 内ではトルコを警戒する声が上がっている。[28]しかし，ロシアと異なりトルコは西バルカン諸国のEU および NATO 加盟を支持しており，この地域を欧米との地政学的な駆け引きの場として利用しているわけではない。一方でアメリカとの関係悪化によってトルコが欧米に対して懐疑的な傾向を強めた場合，トルコの西バルカン政策に影響する可能性も指摘されている。[29]

　ロシアやトルコが影響力を強めている中で，2018年に入り EU は西バルカン諸国の EU 加盟の展望を強化するため積極的に動き出した。欧州委員会は2018年 2 月に発表した「信頼できる拡大の展望（credible enlargement perspective）」の中で，セルビアは早ければ2025年に EU に加盟する可能性があるとの展望を示した。ボスニアについては，欧州委員会による追加質問への返答次第ではボスニアに加盟候補国の地位を付与することを提案すると言及し，コソボについては SAA の履行とセルビアとの関係正常化が鍵になると指摘している。2018年 5 月には2003年以来となる第 2 回 EU・西バルカンサミットがソフィアで開催された。同サミットで採択されたソフィア宣言では EU の西バルカンに対する取り組みを強化することや，2020年にクロアチアで第 3 回EU・西バルカンサミットを開催することなどが謳われた。また，NATO も

2018年12月に国防資産問題の進展がないにもかかわらずボスニアの ANP 受け入れを決めるなど，加盟プロセスを進める姿勢がみられる。

2　地域内の要因

　ボスニアは西バルカン3カ国の中で国内政治対立が最も先鋭化している国である。ボスニアの主要3民族の中で，セルビア人はセルビアおよびロシアと，ボシュニャク人はトルコと，クロアチア人は EU 加盟国クロアチアと深い関係を有している。そのため，ボスニアでは EU・NATO，ロシア，トルコの3勢力が影響を行使しあう前線の様相を呈している。ボスニアの政治は独立後20年以上が経過した現在も民族主義政党に支配されている。2018年の選挙では，大統領評議会（主要3民族の代表各1名で構成される）のボシュニャク人代表ポストを民主行動党（SDA）のジャフェロビッチが，クロアチア人ポストを民主戦線のコムシッチが，セルビア人ポストを独立社会民主主義者連合（SNSD）のドディクが獲得した。SDA と SNSD はボスニア下院でも各民族の第1党となっているが，クロアチア系はクロアチア民主同盟が第1党である。これはコムシッチが主にボシュニャク人の支持を得て当選したことによる。コムシッチは2006年，2010年，2018年の選挙にて大統領評議会のクロアチア人代表に立候補・当選（2014年は出馬せず）している。このことはクロアチア人の民族主義を刺激する結果となり，クロアチア人はクロアチアを通して EU に対してクロアチア人の置かれた立場の不平等を訴えている。

　SNSD はコソボの独立宣言に際してスルプスカ共和国の独立を主張するなど，民族主義的な主張を繰り返している。また，ドディクはプーチン大統領と度々会談するなどロシアとの関係を強化している。スルプスカ共和国はボスニアの NATO 加盟に反対の立場をとっており，NATO が要求する軍事資産のエンティティから中央政府への譲渡に応じず，スルプスカ共和国の軍事的中立を宣言している。2018年12月に NATO はボスニアの ANP 受け入れを決定したものの，セルビア人は ANP の採択を拒否する姿勢を示しているため，ボスニアの NATO 加盟プロセスは先行き不透明なままとなっている。

　セルビア人がロシアとの関係を強化しているのに対し，ボシュニャク人はト

ルコとの関係を強化している。トルコのエルドアン大統領がサラエボで選挙演説を行った際に，大統領評議会メンバーであるイゼトベゴビッチ SDA 党首は，エルドアンは「アラーによって遣わされた」と発言している。トルコ側の意図は別にしても，ボシュニャク人側にはトルコとの緊密な関係をアピールすることでクロアチア人やセルビア人に対抗しようとする意図がみられ，結果としてボスニアは西バルカンを取り巻く国際関係の縮図となっている。

　セルビアでは近年，セルビア進歩党（SNS）が安定政権を築いている。SNSは2008年にセルビア急進党（SRS）から分裂して結成された政党であり，初めて挑んだ2012年選挙では議会第 1 党になるとともにニコリッチが大統領に当選し，セルビア社会党（SPS）との連立政権を樹立している。その後も2014年と2016年に行われた議会選挙では SNS 率いる連合が過半数を維持している。また，2017年の大統領選挙では SNS 連合のブチッチ首相が50％以上の得票率で圧勝した。

　SNS はコソボ独立は断固として認めないものの EU 加盟は積極的に推し進め，NATO 加盟については関係強化を図りつつも軍事的中立を維持して加盟はしないとの立場をとっている。コソボとの間でブリュッセル合意を結んだのも SNS 政権であり，互いの EU 加盟プロセスを阻害しないことを約束することでセルビアの EU 加盟プロセスを前進させることに成功している。SNS・SPS 政権はコソボ独立を認めない姿勢を貫いているロシアとの関係も重視している。クリミア危機に際して EU がロシアに対する制裁を決定した際には，セルビアは制裁に加わらなかった。また，NATO 加盟を望まないという外交方針も西バルカン諸国の NATO 加盟に強く反対しているロシアの意向を踏まえたものである。

　コソボは2017年の選挙によって，コソボ民主党（PDK）とコソボ将来同盟（AAK）を中心とした連立政権が樹立された。2014年選挙では PDK とコソボ民主連盟（LDK）が連立を組んでおり，これら 3 党が中心となって選挙ごとに連立を組む状況が続いている。これら主要政党は様々な意見対立を抱えているものの，セルビアによるコソボ承認を目指すという点では一致している。

　2018年 9 月にセルビアとコソボの関係正常化に関する協議が失敗に終わった

ことは，セルビアとコソボの関係に大きな影響を与えた。2018年11月にコソボ政府はボスニアおよびセルビアからの輸入品に対し100％の関税を課すことを決定した。この決定に対しては欧米諸国のみならずサチ大統領（PDK）も関税を撤廃すべきだと述べている。それに対し，ハラディナイ首相（AAK）はセルビアのコソボ承認を国際社会が保証しない限り関税を撤廃しない意向を示している。また，2018年12月にコソボ議会はコソボ軍の樹立に関する法案を可決した。これは，現存する3000人規模のコソボ治安部隊を10年の移行期間を経て5000人の兵士および3000人の予備兵からなる軍へと改組するものである。軍事機構であるNATOに加わるために国軍が必要であることはたしかである。しかし，今回の決定はコソボとセルビアの関係正常化に関する協議で合意が成立しなかったことを受けて行われたものであり，ストルテンベルグNATO事務総長はこのタイミングでの軍創設決定は「時期が悪い（ill-timed）」と非難している。

第4節　不透明な統合の行方

　以上のように，西バルカン3カ国は基本的にEU・NATO加盟を望んでいるものの，ボスニアの民族対立やコソボ問題といった地域内の問題が，EUの影響力低下やクリミア危機以降のNATOとロシアの対立，トルコの影響力強化といった地域外の要因によってより複雑になり，これら3カ国のEU・NATO加盟プロセスを停滞させる要因となっている。西バルカン3カ国のEU・NATO加盟を実現するためには，地域内外の要因が重層的に絡まりあった現状を打破する必要があるものの，それを主導すべきEUとNATOは西バルカンにおける影響力を低下させている。2018年に入りEUおよびNATOは加盟プロセスを進める姿勢を打ち出しているが，それが具体的な成果に結びつくかどうかは未だ不透明である。

推薦図書
柴宜弘『ユーゴスラビア現代史』岩波書店，1996年。

旧ユーゴ諸国について学習する上で最初に手に取るべき 1 冊。中世からボスニア
紛争までカバーされている。

月村太郎『ユーゴ内戦：政治リーダーと民族主義』東京大学出版会，2006年。
　　ボスニア紛争までの旧ユーゴ紛争の発生から終結までの経緯を政治家の動きに注
　　目して追った必読の一冊。

月村太郎編著『解体後のユーゴスラビア』晃洋書房，2017年。
　　旧ユーゴ諸国の独立（宣言）後の各国政治を中心に，EU および NATO との関
　　係や経済まで包括的に分析した良書。

----

(1)　本章では，ボスニア，セルビア，コソボ，モンテネグロ，北マケドニア，アルバ
　　ニアを西バルカン諸国と総称する。

(2)　ユーロスタット HP，2019年 1 月 5 日アクセス。これに対し EU の総貿易額に占
　　める対西バルカン諸国貿易の割合は1.3％である。欧州委員会 HP，2019年 1 月14
　　日アクセス。

(3)　人の自由移動は EU 加盟と同時に実現するものではなく，シェンゲン協定への
　　参加が必要となる。例えばクロアチアは2013年に EU に加盟したが，2018年末時
　　点でシェンゲン協定には参加していない。また，コソボを除く西バルカン諸国は観
　　光ビザ（90日以内の滞在）についてはすでに免除されている。

(4)　世界銀行によれば，2018年の西バルカン諸国の GDP に占める海外からの送金の
　　割合はアルバニア10.4％，ボスニア11.0％，コソボ15.9％，マケドニア2.7％，モ
　　ンテネグロ11.0％，セルビア9.4％となっている。世界銀行 HP，2019年 1 月14日
　　アクセス。

(5)　Alida Vracic, *The Way Back : Brain Drain and Prosperity in the Western
　　Balkans,* European Council on Foreign Relations，2018.

(6)　SEE Jobs Gateway Database HP，2019年 1 月15日アクセス。

(7)　World Bank and Vienna Institute for International Economic Studies, *Western
　　Balkans Labor Market Trends 2018,* 2018, p. 44.

(8)　ブラチッチによれば，ブルガリア等では EU 加盟は人々が自国に留まるインセ
　　ンティブとして機能したが，クロアチアでは海外移住者が増加した。Vracic, op.
　　cit, p. 9.

(9)　柴宜弘『ユーゴスラヴィア現代史』岩波書店，1996年，132-160頁。

(10)　2010年戦略概念によれば，集団防衛の他に危機管理活動と協調的な安全保障が主要
　　な任務としてあげられている。NATO, *Strategic Concept for the Defence and*

Security of the Members of the North Atlantic Treaty Organization, 2010.

(11)　UNHCR, *The State of the World's Refugees 2000,* Oxford University Press, 2000, p. 219.

(12)　FRONTEX HP, 2019年1月22日アクセス。

(13)　2019年1月に国名を「北マケドニア共和国」に変更したが，本章では改名以前の記述については「マケドニア」と呼称し，改名以後を「北マケドニア」と称する。

(14)　正式名称はボスニア・ヘルツェゴビナ和平一般枠組み合意 (General Framework Agreement for Peace in Bosnia and Herzegovina)。1995年11月21日に米オハイオ州デイトン近郊のライト・パターソン空軍基地で合意され，同年12月14日にパリで署名された。

(15)　NATO が IFOR を主導することは国連安保理決議ではなくデイトン合意の付属文書 1A に規定されている。NATO による作戦名はジョイント・エンデバー。

(16)　NATO は軍事部隊こそ引き揚げたものの，その後もボスニアの軍改革等を支援すべく人員を派遣している。

(17)　EUFOR Althea HP, 2019年1月16日アクセス。

(18)　NATO HP。2019年1月17日アクセス。

(19)　Council of the European Union, *2192nd Council Meeting – General Affairs – Luxembourg, 21-22 June 1999,* 1999.

(20)　Council of the European Union, *Presidency Conclusions Santa Maria Da Feira European Council 19 and 20 June 2000,* 2000.

(21)　EU-Western Balkans Summit, *EU-Western Balkans Summit Thessaloniki, 21 June 2003 Declaration,* 2003.

(22)　Institut za Evropske Poslove, *Stavovi Gradana Srbije Prema Nato,* 2018.

(23)　International Republican Institute, *Bosnia and Herzegovina: Understanding Perceptions of Violent Extremism and Foreign Influence,* 2018. なお，ボシュニャク人は支持（「強く支持」と「どちらかといえば支持」の合計）が84％，クロアチア人は75％となっている。

(24)　Jean-Claude Juncker, *A New Start for Europe: My Agenda for Jobs, Growth, Fairness and Democratic Change,* 2014.

(25)　Dimitar Bechev, "Stuck in Between: The Western Balkans as a Fractured Region," in Anna Ohanyan ed., *Russia Abroad: Driving Regional Fracture in Post-Communist Eurasia and Beyond,* Georgetown University Press, 2018, p. 149.

(26)　Mark Galeotti, *Do the Western Balkans Face a Coming Russian Storm?,* European Council on Foreign Relations, 2018, pp. 9-11.

(27)　*Ibid.*

(28)　EURACTIV, "The Brief – Macron Pulls the Balkan Rug," 2018年4月25日付，
2019年3月23日アクセス。

(29)　Asli Aydıntaşbaş, *From Myth to Reality : How to Understand Turkey's Role in the Western Balkans,* European Council on Foreign Relations, 2019, p. 23.

(30)　Foreign Policy, "Erdogan is Making the Ottoman Empire Great Again," 2018年
6月22日付，2019年3月31日アクセス。

(31)　BalkanInsight, "Splits over Serbian Taxes 'Damage' Kosovo," 2019年1月21日付，
2019年3月24日アクセス。

(32)　NATO, *Press Conference by Nato Secretary General Jens Stoltenberg Following the Meeting of the North Atlantic Council with Resolute Support Operational Partner and Potential Operational Partner Nations in Foreign Ministers' Session, 05 Dec. 2018,* 2018.

（中村健史）

第 9 章

トルコの安全保障政策と NATO

　本章では，トルコ共和国の安全保障観および安全保障政策に関して，ポスト冷戦期を中心に史的に概観する。とりわけ，トルコの安全保障にとって最重要組織であった NATO におけるトルコの立ち位置・役割に焦点をあてる。本章を通じて，トルコの安全保障観および安全保障政策の変遷，そしてトルコと NATO の複雑な関係について理解を深めてほしい。

第1節　トルコの伝統的な安全保障観

　ムスタファ・ケマル（アタテュルク）が中心となり，1923年10月29日に建国されたトルコ共和国（以下トルコ）の外交にとって，「生存」がキーワードの1つであった。トルコの政策決定者たちは，その母体であるオスマン帝国が西洋列強の帝国主義によって第1次世界大戦後に崩壊したことを憂慮していた。第1次世界大戦に巻き込まれる形で参戦，敗北し，1920年8月10日に結ばれたセーヴル条約によって国家が解体しかけた過去を繰り返さないようにすることが初代大統領のケマルと2代目大統領イスメット・イノニュの課題であった。トルコがオスマン帝国の二の舞いにならないように生存していくため，ケマルおよびイノニュが追及したのが「西洋化」と「現状維持」であった。外交における西洋化は，西洋の仲間入りをすることで，西洋諸国の帝国主義の対象から脱することを目指す政策であった。一方，現状維持は，まずはトルコ共和国の領土を防衛することに注力する政策であった。この政策は言い換えればセーヴル条約に代わりトルコの領土を画定したローザンヌ条約（1923年）によって奪還した領土の維持であった。

　また，第2次世界大戦に際しては，オスマン帝国が第一次世界大戦に巻き込

まれた反省を生かし，トルコは最後まで大戦に参加することを渋った。トルコは1945年 8 月 2 日に正式に連合国の一員となるまで，中立政策を貫徹した[1]。

　冷戦期になると，脅威の対象が西欧列強からソ連をはじめとする共産主義国となった。トルコとソ連は1925年に相互不可侵条約を結んでいたが，第 2 次世界大戦が終わりに近づいていた1945年の 3 月以降，スターリンはトルコの領土獲得の野心をみせ始めた。この状況下でトルコが頼りにしたのがアメリカを中心とした西側諸国であった。アメリカもトルコやギリシャといった国々が共産主義陣営の一員となることを危惧し，「トルーマン・ドクトリン」（1947年）に代表されるように，経済と安全保障の分野でトルコとギリシャに対する援助を実施した。さらにトルコは1952年に NATO に加盟することで明確に西側の一員になるとともに，安全保障分野においては西洋化を達成した。

第 2 節　トルコの NATO 加盟

　トルコにとって，集団防衛機構である NATO への加盟はトルーマン・ドクトリン以上に魅力的であった。トルコは1947年 3 月時点からすでにトルコ，ギリシャ，エジプトによる東地中海の平和と安全保障のための条約締結をイギリスに打診していた[2]。しかし，イギリスはこの案に賛同しなかった。翌1948年にはギリシャ政府が地中海条約の案をさらに発展させ，ギリシャ，トルコ，イタリア，すべてのアラブ諸国を含む協商とすることを提唱した[3]。1948年 3 月には，イギリスとフランスが中心となり，西欧における経済的，社会的，文化的協力並びに集団的自衛のための条約，通称「ブリュッセル条約」がイギリス，フランス，ベルギー，ルクセンブルク，オランダの 5 カ国間で締結された[4]。このブリュッセル条約の締結は，トルコやギリシャに同様の集団防衛のための機構設立をより一層希求させることとなり，NATO の構想が持ち上がった際，トルコ政府は NATO の原加盟国になることを目指した。結局，1948年12月16日に，駐米トルコ大使館に，「アメリカ政府は，トルコが大西洋条約への加入を強要することを望まない」という電報が届けられ，トルコが原加盟国としてNATO に参加するという願いは受け入れられなかった[5]。

　しかし，1950年になると国内情勢と国際情勢で大きな変化がみられた。まず，トルコにおいて初めて複数政党制の下で実施された1950年5月14日の総選挙で，アドナン・メンデレス率いる民主党が勝利したことである。民主党政権は外交における親西洋色が強く，NATO加盟に非常に前向きであった。また，6月25日に朝鮮戦争が勃発したが，トルコは当時のジェラル・バヤル大統領が7月25日に4500人からなる旅団を朝鮮半島に派兵することを発表した。[6]トルコは706名の死者，2111名の負傷者，168名の行方不明者，219名の捕虜を出したが，元近東・南アジア・アフリカ国務次官補であり元駐トルコ・アメリカ大使としてトルコのNATO加盟に深く関わったジョージ・マッギーが強調しているように，トルコの朝鮮戦争における貢献は確実にトルコのNATO加盟を前進させた。[7]そして，51年9月21日の北大西洋理事会でトルコとギリシャのNATOへの加盟が承認され，翌1952年2月18日に正式に両国の加盟が発表された。[8]

　一方でNATOに加盟した後もトルコは「巻き込まれ」る恐怖に苛まれることになる。その象徴的な事件が1960年5月のU2事件と1962年10月のキューバ危機であった。U2事件とは，米軍の偵察機U2がトルコのインジルリック基地から飛び立った後，ソ連領内を偵察飛行中，ソ連によって撃墜された事件である。トルコ政府は，米軍にインジルリック基地を使わせたことについてソ連側から報復されることを恐れた。キューバ危機は，全世界を巻き込んだ核戦争への発展が危惧された事件であった。アメリカは，ソ連に対してキューバに設置した核弾頭ミサイルを撤去するよう求めたが，他方のソ連は，トルコに配備されている中距離弾道ミサイル，通称ジュピターミサイルの撤去をアメリカに要求した。[9]結局ケネディ政権はソ連の要求を飲んで，チーリ基地のジュピターミサイルは撤去されることになったが，トルコは「巻き込まれ」る恐怖を経験するとともに，トルコ側にはケネディ政権からミサイル撤去に関して何の相談もなかったといわれている。キューバ危機でのアメリカの対応は，トルコ政府に対米不信を抱かせるものであった。

　さらに米ソのデタント期において，対ソ脅威の共有により結びついていたトルコとアメリカの関係は次第に悪化する。特に1960年代から70年代にかけては2度のキプロス紛争によって，トルコはNATO加盟国でありながらアメリ

やギリシャとの関係が悪化した。しかし，1979年のイラン革命とソ連のアフガニスタン侵攻によってアメリカとトルコのソ連およびイランに対する脅威認識が高まると，再び同盟関係が強固なものになった。

第3節　国内の脅威としての PKK

　冷戦体制崩壊直後の大統領であったトゥルグット・オザルはソ連をはじめとした共産圏が崩壊することで，トルコの脅威が消滅することを歓迎する一方，ソ連の脅威認識を共有することで成り立っていた西側諸国との協調関係を継続できるかどうかという「見捨てられる恐怖」に直面した。しかし，1990年から91年にかけての湾岸危機に代表されるように，中東地域の不安定化によってトルコの戦略的な重要性は継続した。

　他方で，冷戦後の時期にトルコが強い危機感をもったのが国内の非合法武装組織，クルディスタン労働者党（PKK）であった。PKK はアブドゥッラー・オジャランが中心となり，急進左派とクルド民族主義を基盤に1978年に発足した。PKK のメンバーは当初，クルド人が多い南東部で活動していたが，70年代末にシリア経由でレバノンのベカー高原に渡り，そこで戦闘能力を高めた。その後再びトルコに戻ってきた PKK のメンバーは1984年から30年以上にわたりトルコの南東部，もしくは北イラクに跨って戦闘を続けてきた。その犠牲者は戦闘に巻き込まれた一般の人々を含め，2019年4月現在までに4万3000人以上になると見積もられている。

　とりわけ90年代前半は戦闘が激化し，トルコ軍，PKK ともに死者数が激増した。PKK は軍事施設を狙うだけではなく，電話線，石油施設，道路の破壊や，観光客の襲撃，村の焼き討ちなど行い，あらゆる角度からトルコ政府の治安を揺さぶろうとしていた。また，トルコにおける教育がクルド人の「トルコ人化」を促しているとの考えから，学校の破壊と教師の殺害も行い，1984年からの10年間で128名の教師が殺害された。1990年代末までに，PKK のテロの影響で3000の学校や教育施設が閉鎖され，150万人以上の子どもが教育を受けることができず，500近くの医療施設も閉鎖された。そして300万人が住んでいた

村や町を捨て，他の地域に移住することを強いられた。

　トルコ政府も対策を講じ，クルド人に PKK を取り締まらせる村の番人シス
テムを導入するとともに，南東部・東部の８つの県に国家非常事態宣言を出し，
対テロ法を制定した。元駐アメリカ大使のシュクル・エレキダーは，90年代の
トルコの脅威を「２と１／２」と表現した。２とはトルコの隣国であるシリア
とギリシャ，そして１／２は国内での脅威である PKK を指していた。[11]シリア
のハーフィズ・アサド政権はオジャランをはじめとした PKK の兵士を匿って
いたため，脅威とみなされた。1998年の秋には，この問題がもとでトルコがシ
リアに軍事介入する可能性もあったが，アサド政権がオジャランをはじめとし
た PKK メンバーをシリア国内から放逐したことで両国の対立は解消した。

　オジャランは1999年にギリシャのケニア大使館で逮捕され，現在に至るまで
トルコのマルマラ海のイムラル島の刑務所で服役している。ただし，トルコ政
府と PKK の対立はオジャラン逮捕後も解消されていない。2009年から2015年
までは両者の間で和平に向けた歩み寄りがあったが成功せず，現在にいたるま
で PKK はトルコにとっての脅威であり続けている。

第４節　安全保障の重要性が相対的に低下した2000年代

　2000年代のトルコの安全保障の最大の特徴は，これまで安全保障において絶
対的な地位を誇っていた軍部の影響力が減退した点にある。これはトルコが
1999年に EU 加盟交渉候補国となり，国内の法改革が実施されたためである。
一連の軍部の権限縮小により，安全保障政策に及ぼす文民の影響力が増した。
　国家安全保障会議（MGK）が５年に１度策定する国家安全保障政策大綱の内
容をみても，軍人中心の2005年の内容と文民中心の2010年の内容ではかなり違
いがある（⇨コラム10参照）。2010年版ではこれまで軍部が主体となって実行さ
れてきたクーデタが脅威と認定された。2005年の安全保障大綱で直接的な脅威
とされたのはイラク，イラン，ギリシャといった周辺国であった。しかし，90
年代に比べてトルコが周辺国との関係を悪化させることは少なかった。これは
2002年11月の総選挙で政権の座に就いた公正発展党の外交政策の柱の１つが，

「ゼロプロブレム」政策という周辺国との関係強化を目指した政策であったことがあげられる。

　また，90年代から引き続き直接的な脅威であった PKK との関係に関しても，公正発展党は一定の歩み寄りをみせた。「民主的イニシアティブ」と呼ばれるマイノリティに対する権利拡大を目指した政策の中心として，「クルドの開放」が発表された。「クルドの開放」に関しては，短期的・中期的・長期的な計画が示された。最も実現可能性が容易と考えられた短期的な計画では，例えば，大学におけるクルド語学科の設立，東部・南東部アナトリア地域の交通警備の軽減，社会生活における母語（クルド語）の使用の許可が検討された。「クルドの開放」の前提として，トルコ政府は PKK の武装解除を呼びかけた。この呼びかけに対し，2010年10月19日に北イラクの PKK 党員34名がイラク・トルコの国境のハブル検問所に到着し，トルコ領内に入った。そこで彼らは PKK の支持者らと熱い抱擁を交わすが，その様子がテレビで放映されると，トルコ国民から反発の声が上がった。トルコ政府は世論の反発に押され，結局帰還した PKK 党員を収監せざるを得なかった。その後，2015年までは和平交渉を展開するも失敗に終わっている。

第 5 節　シリア難民・IS・テロに揺れるトルコ

1　シリア内戦の衝撃

　第 4 節でみたように，2000年代のトルコの安全保障観がゼロプロブレム政策や PKK との和解の試みなど，1990年代に比べ融和的であったのに対し，2010年代の安全保障は再び厳しさを増すことになる。この要因は大きく 2 つに大別できる。1 つ目の要因はシリア内戦である。シリア内戦への「巻き込まれ」はトルコの周辺国への融和政策，ソフトパワーの行使を大きく減退させた。また，シリア内戦の結果，トルコに350万人以上の難民が流入することとなった。トルコは大量のシリア難民の受け入れによって国際的な名声を得た半面，社会不安は高まった。例えば，ジャーマン・マーシャル・ファンド（German Marshall Fund）が2014年に実施した世論調査における「難民が国内に流入することは問

題があるか」という質問に対し，75％のトルコ人が「問題がある」と回答している。この数値は，前年の2013年の調査よりも29％も増加していた。エルドアン大統領は，2016年7月2日にキリス県でシリア難民に対して，「トルコはあなた方にとっても家だ」と述べ，シリア難民に市民権を付与する可能性に言及した。しかし，この発言に多くのトルコ人が反発し，複数の県でトルコ人とシリア難民の衝突が起こった。

　2014年春以降，「イスラーム国（IS）」の活動が活発になると，ヨーロッパからシリアを目指して外国人戦闘員が数多く流入した。この外国人戦闘員の流入を可能にしたのがトルコとヨーロッパ諸国およびシリアの関係であった。トルコは公正発展党政権下，ビザ・フリー政策を進めてきた。例えば，西ヨーロッパからISに加わった人が多い上位5カ国はフランス，イギリス，ドイツ，ベルギー，オーストリアであるが，フランスとドイツの国籍の者はパスポートでトルコに90日間の滞在が可能であった。また，イギリス，ベルギー，オーストリアはビザ取得が必要であるが，Eビザで対応可能となっていた。そのため，外国人戦闘員はほとんど手続きの必要なくトルコに入ることができた。トルコ国内を飛行機もしくはバスで移動した外国人戦闘員たちはシリアへも容易に入ることが可能であった。これはトルコ国内にISの支援者が入っていたことに加え，トルコとシリアの国境は陸続きで約911キロメートルも隣接しているためであった。

2　テロの増加と公正発展党の対テロ対策

　もう1つ，トルコの安全保障政策を厳格化させたのがテロの増加である。2015年7月から2017年1月にかけて，トルコ国内でISおよびPKKの関連組織が相次いでテロを起こした。特にISの関連組織，もしくはISに同情的な組織はイスタンブールのアタテュルク国際空港でもテロを敢行するなど，多くの被害者を出した。また，2013年12月以降，トルコ政府はギュレン運動と対立し，2015年にギュレン運動はテロ組織と認定された。2016年7月15日のクーデタ未遂事件はこのギュレン運動が背後にいるとトルコ政府は断定している。

　ギュレン運動について手短に概観すると，元々トルコ政府の管轄の宗務庁の

説教師として働いていたフェトフッラー・ギュレン師が1970年代に始めた運動
で，トルコを中心に世界的なネットワークを有する組織である。いわゆるイス
ラーム教の新興宗教であるが，1980年代から段階的に官僚機構，軍，警察など
に積極的に同組織の人間を送り込んできた[17]。ギュレン運動は，修行を通じてイ
スラームの真理の内面を探求するスーフィズムから派生した運動であり，トル
コ・ナショナリズムとの結びつきも強い。政治への関与にも積極的で，トルコ
国内では1980年代以降，与党政党と良好な関係を築き上げてきた。その一方で，
特に冷戦終結を契機に，中央アジア，バルカン半島，アフリカ諸国に進出し，
学校や塾，さらにその寄宿舎などの教育事業を通して，その勢力をグローバル
に拡大させた。先進国においては，いわゆる穏健派イスラームとして，教育活
動だけでなく，寛容や対話をキーワードとして活動し，特に西洋とイスラーム
の対立回避を志向してきた。

　ギュレン運動は先進国の中でもとりわけアメリカとの関係が深い。クリント
ン政権と良好な関係を築いたといわれており，クリントン政権下の1999年に
ギュレン師は病気療養のためにアメリカに渡り，現在もペンシルヴァニア州に
滞在している。2016年のアメリカ大統領選挙でも，ヒラリー・クリントン陣営
にはアメリカのギュレン運動関係の団体から多額の献金があったと報道されて
いる[18]。

　公正発展党とギュレン運動は2012年前までは良好な関係にあったが，2012年
以降，両者の対立が鮮明となる[19]。2012年2月7日，公正発展党と強いつながり
がある国家情報局（MİT）のハカン・フィダン長官がPKKとの秘密裏の交渉
を理由に警察に拘束される事件が発生した。フィダン局長はその後解放された
が，この事件の背後には警察に影響力を行使する力があったギュレン運動がい
たといわれている。こうしたギュレン運動の動きに対し，公正発展党も反撃す
る。2013年秋に公正発展党はギュレン運動の主な活動領域の1つである学生寮
の規制を強化した。これに対し，同年末にレジェップ・タイープ・エルドアン
大統領を含む，公正発展党の幹部が関わったとされる汚職事件が持ち上がり，
3人の閣僚が辞任する事態となった。この汚職疑惑以降，両者の対立は決定的
となった。

　また，2010年代はトルコがヨーロッパの安全保障に欠かせないアクターであることが明白になった。トルコは1950年代後半からヨーロッパの国となるべく，交渉を続け，2004年に EU 加盟交渉国となった。しかし，同時期に加盟交渉国となったクロアチアが2013年に加盟したのに対し，トルコと EU の交渉は多くの交渉項目が開かれていない，もしくは交渉中となっており，近い将来の EU 加盟は非現実的とみられている。しかし，安全保障に関してはヨーロッパもトルコを軽視できない。その象徴的な事件が，2015年夏に起きたヨーロッパ難民危機である。ヨーロッパ難民危機はヨーロッパ諸国に大きな混乱をもたらしたが，難民／移民が目指したドイツをはじめ，各国はその対応に苦慮した。そうした中，この問題の収束に大きく貢献したのがトルコであった。ヨーロッパへの難民／移民の流入は，2016年 3 月18日に結ばれたトルコと欧州連合（EU）の共同声明によって食い止められた（⇨詳細は第11章参照）。

第 6 節　ポスト冷戦期におけるトルコと NATO の関係

[1]　トルコの協調的安全保障における貢献

　NATO は冷戦後に，グローバルな平和と安定のために域内防衛から域外の紛争への関与を行う機構へと変化した。また，他の国際機関や NGO と協力を行い，国内紛争の終結と国内の安定を目指すことで，冷戦期の抑止・対抗型の安全保障から協調的安全保障へと安全保障体制をシフトさせた[20]。トルコは95年から NATO の危機管理に関与し始め，ボスニア・ヘルツェコビナにおける和平履行部隊（IFOR），平和安定化部隊（SFOR），マケドニアにおける一連の作戦，コソボ治安維持部隊（KFOR），アフガニスタン国際治安支援部隊（ISAF）に参加した。

　この中でトルコが特に積極的に関わっている作戦が ISAF である。トルコの ISAF における貢献は大きく，その活動はカブール近郊への部隊の派兵と地方復興支援チーム（PRT）の 2 つに分けられる。PRT は，一般的に「アフガニスタン支援の過程で登場した，軍事組織と文民組織が協同して平和と安定に取り組む試み」と定義される[21]。トルコ外務省のウェブサイトによると，部隊

の派兵に関して，トルコはまず国連安保理決議1386に基づき，ドイツ・オラン
ダ連合軍指揮下（2003年8月にNATOに指揮権が変更）の2002年6月から2003年
2月の8カ月間，1400人の部隊を派兵した。さらに2005年2月から8月にかけ，
再び1400人の部隊，2007年4月から12月の間，フランス・イタリアとともに地
域協力会議を設立し，1200人の部隊を派兵した。一方，PRTに関してはカ
ブールに隣接するウォーダック（Wardak）と北部のジョウズジャン（Jowzjan）
に約1000人が展開し，訓練，教育，保健・衛生，建設という4つの分野で活動
している。

　また，2010年以降，冷戦期と同様にトルコの地政学的重要性からトルコと
NATOの関係が再び注目を集めるようになった。そのきっかけとなったのが，
2010年11月19日と20日に行われたNATOのリスボン・サミットであった。こ
のサミットにおいて，トルコの領土内にNATOのミサイル防衛の施設を建設
することが決定した。トルコはミサイルの配備を熱望する一方で，ミサイル防
衛施設が特定の脅威に対するものであることを明記することには反対した。こ
のトルコの意向は各国に受け入れられ，2011年9月2日に，NATOの早期警
報システムがイランから西に700キロのマラティヤ県キュレジックに設置され
た。トルコ政府は繰り返し否定しているが，この早期警報システムの設置は事
実上イランの核開発を牽制した行動と考えられる。

［2］　「アラブの春」に際してのトルコ・NATO関係

　トルコとNATOの関係は，いわゆる「アラブの春」，特にリビアとシリア
への対応に関しても問題となった。トルコはリビアへの介入には二の足を踏ん
だが，隣接し，自国の国益が直接的に侵害されるシリアへの対応に関しては非
常に積極的な対応をみせている。

　まず，リビアへの対応から概観したい。NATOは2011年3月18日に決議さ
れた，リビアのカダフィ政権に対する武力行使を容認する安保理決議1973を受
け，武器流出を防ぐためにリビアの地中海海域と空域の監視（3月25日から
NATOが指揮権を執る）を強めた。その後，3月27日にNATOはリビア空爆の
指揮権を米軍から引き継ぐことが決定した。こうしたNATOの動きに際して，

加盟国であるトルコも同年3月24日の大国民議会でNATOのリビアに対する軍事作戦に参加することを決定した。ただし，エルドアン首相（現大統領）は，トルコは空爆には関与せず，（ⅰ）人道的援助を供給するためのベンガジ空港の取り締まり，（ⅱ）飛行禁止区域の取り締まり，（ⅲ）トルコ海軍（4隻の軍艦・1隻の潜水艦・1隻の援助艦）による地中海のベンガジとクレタ間の海路警備，を実施すると発表した。4月5日にNATOのラスムセン事務総長がトルコを訪問し，エルドアン首相，アフメット・ダーヴトオール外相，ヴェジィディ・ギョヌル国防相と会談した際，トルコ側はリビア攻撃に関して，（ⅰ）リビアの領土保全，（ⅱ）リビア市民の安全の確保，（ⅲ）市民虐殺の停止，（ⅳ）最終的にリビアの正常化，という4点を強調した。その上で，6月29日にトルコ政府は飛行禁止区域の取り締まりにも参加しないことを発表し，実質的な活動は人道援助と海路警備のみとなった。結局，トルコはNATOの1国ながらリビア攻撃への直接的な関与は避けるよう努力した。

　シリアの問題に関して，トルコとNATOの関係が注目されるようになった事件は，2012年6月22日に起きたトルコ軍機撃墜事件である。これはトルコのマラティヤ県の基地から飛び立ったトルコ軍のF4戦闘機がシリア軍によって撃墜された事件であった。6月26日にトルコは，NATO憲章第4条に基づきNATO緊急理事会の開催を要請した。さらに2012年10月3日，シリアに隣接するシャンルウルファ県アクチャカレへのシリア軍の砲撃によってトルコ人5名が死亡したことで，トルコとシリアの緊張関係は最高潮に達した。トルコが自国の領土を直接攻撃されて死者が出るのは，独立戦争以来の出来事であった。シリアの砲撃を受け，トルコは翌4日に6月に続き，NATO憲章第4条に基づきNATO緊急理事会の開催を要請した。ただし，NATO緊急理事会はシリアに警告を発するにとどまった。同年11月からトルコにNATOのパトリオット・ミサイルシステムを配備する可能性について，各国首脳が言及し始め，11月21日にトルコが正式にNATOに対してパトリオット・ミサイル配備の要請を行った。そして，12月4日にNATOは「トルコの国民と領土を防衛し，同盟国の危機を解決する」ことを目的にトルコに対空防衛のためにパトリオット・ミサイルを配備することを決定した。ただし，パトリオット・ミサイルの

設置の目的はあくまで防衛であり，「飛行禁止区域」の設置またはその他の攻撃作戦には関与しないことをラスムセン事務総長が強調している[27]。パトリオット・ミサイルを保有するアメリカ，オランダ，ドイツがそれぞれ6基のパトリオット・ミサイルと400名の兵士をガズィアンテプ県，アダナ県，カフラマンマラシュ県に配備した。2015年1月には，オランダに代わり，スペインがアダナ県にパトリオット・ミサイルを配備した。さらに，2016年6月にはドイツに代わり，イタリアが航空防衛システムをカフラマンマラシュ県に配備した。アメリカが2015年10月にパトリオット・ミサイルを撤退したガズィアンテプ県には代わりの防衛システムは配備されていない。

第7節　トルコの長距離防空・防衛システム導入問題

2013年9月，中国精密機械輸出入総公司社がトルコの T-LORAMIDS の共同開発の入札を獲得した[28]。中国精密機械輸出入総公司社の FD2000 は，ロシアの S-300 を参考に製造した紅旗9型（HQ-9）ミサイルによる防衛システムであり，落札価格は34億4000万ドルであった。トルコ政府は，落札の要因として，中国側が提示した価格と中国が共同開発と技術移転を保証したことと説明した[29]。もし中国精密機械輸出入総公司社が正式にトルコのミサイル防衛システムを手がけることになれば，NATO の情報と技術が中国に漏れる可能性があり，NATO 加盟国の首脳たちを困惑させた。また，中国精密機械輸出入総公司社はアメリカの制裁対象となっている企業であることも問題視された。ラスムセン事務総長はトルコが他の NATO 加盟国を考慮せずに中国精密機械輸出入総公司社との協議を進めていることに苦言を呈した[30]。結局，2015年11月にトルコ側と中国側は両国の間で長距離防空・防衛システムの導入が合意に至らなかったことを正式に発表した[31]。

NATO 加盟国が安堵したのも束の間で，エルドアン大統領は2017年9月にロシアの防空ミサイルシステム S-400 の購入を決定したと発表した。トルコはロシアの提示したミサイルシステムの価格が最も良心的だったと説明しているが，中国に続き，ロシアからの購入というトルコの行動は，他の NATO 加

盟国の不信感を買った。2018年の初頭からエルドアン大統領は再三，S-400 は
すでに購入済みだと発言している。2019年7月からトルコへの搬入も始まった。
これに対して，アメリカのトランプ政権は，トルコがアメリカから購入を予定
している F35 戦闘機の売却を凍結すると発言している。

　NATO とトルコの関係は近年，防空ミサイルシステム以外でもぎくしゃくし
ている。例えば，安全が確保できないとして2016年にはトルコのインジル
リック基地に配属されているアメリカ兵のすべての家族が本国に退去となって
いる。また，2017年11月にノルウェーで実施された演習（Trident Javelin）では，
トルコの指導者，アタテュルクとエルドアンの名前が誤って敵国の協力者とし
て描かれ，トルコ政府が遺憾の意を表明した。この件で NATO はトルコ政府
に対して謝罪した。

第8節　安全保障化とアメリカ・ロシアとの関係

　本章ではトルコに関して，その安全保障観と政策，そして NATO との関係
に焦点を当て，検討してきた。トルコの安全保障観は，戦間期と冷戦期が現状
維持を模索し，戦間期が西洋列強，冷戦期がソ連を最大の敵とみなし，警戒し
たのに対し，冷戦後の90年代，2000年代，2010年代にかけては最大の脅威は特
定の国よりもテロが中心となっていった。また，2000年代は EU 加盟交渉に
より，それまで安全保障政策の中心であった軍部の影響力が低下し，文民政府
が有利となる状況が創出されると同時に，政権の座に就いた公正発展党が融和
的な外交政策を展開したことで安全保障政策の重要性は相対的に低くなった。
しかし，2010年代，特にトルコ国内でテロが頻発した2015年夏以降，安全保障
はトルコ政治のキーワードの1つとなった。公正発展党は，近年，国家の安全
を最優先事項におき，とりわけトルコ人意識を高揚させるように取り組んでき
た。国民に対して安全保障が重要なイシューであり，トルコは対テロ戦争を
戦っていると強く訴え，国民にそれを受け入れさせたという意味で，安全保障
化（セキュリタイゼーション）を政策として取り入れたと評価できる。さらに，
安全保障とそれによるナショナリズムの高揚を得票につなげるという手法に

Column 10　国家安全保障大綱

　トルコの安全保障政策を決定しているのが，国家安全保障会議（MGK）である。MGK は1960年にトルコで初めて軍事クーデタが起きた後に規定された1961年憲法によって設立された。MGK は大統領，統合参謀総長などによって構成されるが，統合参謀総長を代表とする軍人の権力が強かった。軍部の影響力は EU 加盟に向け，コペンハーゲン基準を満たすための一連の法改正によって，2000年代以降，大幅に縮小した。例えば，安全保障政策の指針となる国家安全保障政策大綱は軍人が中心となり作成されてきた。通称「赤本」と呼ばれるこの大綱の改正は基本的に 5 年とされ，冷戦後は1992年，1997年，2001年，2005年，2010年，2015年に改訂されている。2003年 7 月の憲法改正で，これまで統合参謀総長が中心となって作成されていた国家安全保障大綱が，大統領・首相・首相補佐・外務大臣・内務大臣・国防大臣・法務大臣に陸軍・海軍・空軍・国内治安維持軍の各司令官も参加して作成されるようになった。それにより，かなり文民の意見が通るようになったといわれている。2010年と2015年の安全保障大綱は文民が中心に作成されたと考えられ，政府に対するクーデタが「民主主義に対する脅威」として組み込まれたり，逆にそれまで脅威とされていた政治的イスラームに関しては急進的なイスラームのみ脅威と記載されたりした。国家安全保障政策大綱は非公開であるが，しばしばその情報はリークされている。最新の2015年の国家安全保障大綱では，これまでも常に言及されてきた PKK の活動と，ギュレン運動の活動が最大の脅威と言及されていると報じられている。

　よって選挙戦で勝利を収めてきた。これは政治学でいうところの「旗の下への結集効果（rally 'round the flag effect）」である。公正発展党はトルコ国内でのテロという脅威に対して，国民にテロとの戦いを主張した上で，安全を提供できるのは自分たちだけであると説いてきた。公正発展党政権にとってテロとの戦いは内政において最も重要な課題であり，戦略となっているといえよう。

　また，トルコの対米関係悪化とロシアからの S-400 購入によって，トルコの NATO における立ち位置が微妙になっている。トルコとアメリカの関係は2018年夏に悪化した。トルコ政府がクーデタ未遂事件への関与を疑い，福音派の牧師，アンドリュー・ブランソンを拘束し，アメリカの解放を拒否し続けた

ことを受け，トランプ政権は2018年8月にトルコに経済制裁を発動した。まず，8月1日にギュレン運動の取り締まりの中心人物であるアブドゥルハミト・ギュル法務大臣とスレイマン・ソイル内務大臣のアメリカにおける資産を凍結した。次いで，8月10日にトルコからの鉄鋼とアルミ製品の関税を2倍に引き上げた。この制裁による経済の悪化を受け，トルコ政府は2018年10月半ばにブランソンを解放した。この事件はトルコとアメリカの関係悪化を印象づけた。また，トルコ政府がすでに購入したといわれている S-400 をめぐり，アメリカをはじめとした NATO 加盟国はトルコの姿勢を疑問視している。一方，トルコは黒海を挟んだ隣国で経済の結びつきが強く，原発の開発でも協力しているロシアとの関係を考慮すると，契約を破棄することは困難であると考えられる。今後，この S-400 をめぐり，トルコと NATO 諸国の関係がますます悪化することが危惧される。

[推薦図書]

今井宏平『トルコ現代史』中央公論新社，**2017年**。
　　トルコ共和国の約90年間の内政と外交をコンパクトにまとめた新書。冷戦後の記述が充実している。
今井宏平『中東秩序をめぐる現代トルコ外交』ミネルヴァ書房，**2015年**。
　　公正発展党政権期を中心に，冷戦後のトルコの中東に対する外交について分析した研究書。特に湾岸危機やイラク戦争といった危機への対応の分析が厚い。
Armağan Emre Çakır (ed.), *Fifty Years of EU-Turkey Relations: A Sisyphean Story,* Routledge, 2010.
　　本章で十分扱えなかったトルコと EU の関係について，やや古いが安全保障を含む多面的な側面からその50年間の関係を考察した研究書。

---

(1)　トルコの第2次世界大戦期の中立政策に関しては，Deringil, S., *Turkish Foreign Policy during the Second World War: An Active Neutrality,* Cambridge University Press, 1989. を参照。

(2)　Athanassopoulou, E., *Turkey-Anglo-American Security Interests 1945-1952: The First Enlargement of NATO,* Frank Cass, 1999, p. 67.

⑶　*Ibid*, p. 96.

⑷　ただし，ブリュッセル条約の主要な目的はソ連の封じ込めではなく，ドイツの再軍備を防ぐことであった。

⑸　U.S. Department of State, *Foreign Relations of the United States (FRUS) : Diplomatic Papers, 1948, Eastern Europe ; The Soviet Union : Volume IV*, pp. 213-215.

⑹　Lippe, J. V., "Forgotten Brigade of the Forgotten War : Turkey's Participation in Korean War," *Middle Eastern Studies*, Vol. 36, No. 1, 2000, p. 97.

⑺　McGhee, G., *The US-Turkish-NATO Middle East Connection : How the Truman Doctrine and Turkey's NATO Entry Contained the Soviets*, The Macmillan Press, 1990, p. 78.

⑻　トルコと NATO の60年間の歴史をコンパクトにまとめたものとして，Güvenç, S., *NATO'da 60 Yıl : Türkiye'nin Transatlantik Güvenliğe Katkıarı*（NATOでの60年：トルコの北大西洋安全保障への貢献），İstanbul Bilgi Üniversitesi Yayınları, 2013.

⑼　ジュピターミサイルはアメリカとの3年半にわたる協議の末，イズミル県のチーリ基地に1959年9月に配備されていた。

⑽　トルコの湾岸危機への対応に関しては，今井宏平『中東秩序をめぐる現代トルコ外交』の第2章を参照。

⑾　Elekdağ, S., "2 1/2 War Strategy," *Perceptions*, March-May 1996, pp. 33-57.

⑿　2000年代の公正発展党の融和的な外交政策に関しては，今井前掲書の第8章から第10章までを参照。

⒀　German Marshall Fund, *Transatlantic Trends 2014*（http://trends.gmfus.org/files/2012/09/Trends_2014_complete.pdf），2019年4月5日アクセス。

⒁　"Turkey to grant citizenship to Syrian refugees, President Erdoğan says," *Daily Sabah*, 2 July 2016.

⒂　ガズィアンテプ，シャンルウルファ，キリス，カフラマンマラシュ，アンカラ，イズミル，カイセリ，アダナ，アンタルヤなどの県でトルコ人の抗議活動が起こった。Şimşek, S & Çorabatır, M, *Challenges and Opportunities of Refugee Integration in Turkey, Research Centre on Asylum and Migration (IGAM)*, December 2016, p. 73

⒃　渡航にビザを必要としない国家の数は2002年に42カ国だったのに対し，2016年には93カ国まで増加した。

⒄　間寧「浸透と排除──トルコにおけるクーデタ未遂とその後」『アジ研ワール

ド・トレンド』2017年2月号，37頁。

⒅　"Gülenists donated around \$2 mln to Clinton campaign : Democratic source," *Hürriyet Daily News,* 12 November 2016.

⒆　幸加木文「公正発展党との非対称な対立にみるギュレン運動の変動」『中東研究』No. 521，2014年，81-83頁。

⒇　吉崎和典「紛争処理における同盟の役割——NATO による治安部門改革を中心に」『防衛研究所紀要』第11巻第3号，2009年3月，27-29頁。山本吉宣は協調的安全保障を「不特定の，分散した脅威を内部化しつつ，それが顕在的な脅威や武力衝突にならないように予防するのを旨とし，さらに紛争の平和的な解決を図り，また不幸にして武力衝突となった場合でも，あらかじめその被害を最小限にとどめることを図る枠組みを作ろうとする」と定義している。山本吉宣「協調的安全保障の可能性——基礎的な考察」『国際問題』1995年8月，7-8頁。

(21)　今井千尋「PRT（地方復興チーム）参加のチャレンジ」『外交フォーラム』2009年10月号，46頁。PRT の詳細は，上杉勇司「地方復興支援チーム（PRT）の実像——アフガニスタンで登場した平和構築の新しい試みの検証」『国際安全保障』第34巻第1号，2006年を参照されたい。

(22)　"IV. Turkey's International Security Initiatives and Contributions to NATO and EU Operations," (http://www.mfa.gov.tr/iv_-european-security-and-defence-identity_policy-_esdi_p_.en.mfa)，2019年4月19日アクセス。

(23)　*Ibid.*

(24)　*Hürriyet Daily News,* 24/25 March 2011.

(25)　NATO 憲章第4条には「締約国は，いずれかの締約国の領土保全，政治的独立，または安全が脅かされているといずれかの締約国が認めたときはいつでも協議する」と書かれている。また，第5条は「締約国は，欧州または北米における一または二以上の締約国に対する武力攻撃を全締約国に対する攻撃とみなすことに同意する」となっている。奥脇直也編『2009年版国際条約集』有斐閣，2009年，654頁。

(26)　"NATO agrees to augment Turkey's air-defense capability" (http://www.nato.int/cps/en/ natolive/news_92861.htm) 2019年4月18日アクセス.

(27)　*Ibid.*

(28)　T-LORAMIDS の共同開発の入札には，パトリオット・ミサイル，PAC-3 を製造するアメリカのレイセオン社とロッキード・マーティン社，S-400 を製造するロシアの国営武器輸出会社，SAMP-T システムを製造するフランスとイタリアのユーロサムが参加した。

(29)　Aliriza, B. and Brannen, S., "Turkey Looks to China on Air and Missile

Defense," *Center for Strategic & International Studies*, website 8 October 2013.

(30)　"NATO head expresses concern about Turkey's Chinese missile deal," *Reuters*, 7 October 2013.

(31)　"Turkey confirms cancellation of defense system project awarded to China," *Reuters*, 17 November, 2015.

(32)　Saidel, N. and Finkelstein, C., "Turkey's Eastern Pivot : A challenge for NATO and a Threat to US National Security," *Center for Ethics and the Rule of Law (CERL) Report*, 19 January 2018, p. 5.

(33)　Goren, N., "The NATO/US-Turkey-Russia Strategic Triangle : Challenges Ahead," *Center for International & Security Studies at Maryland (CISSM) Working Paper*, January 2018, p. 5.

(34)　Uzgel, İ., "Between Praetorianism and Democracy : The Role of the Military in Turkish Foreign Policy, *The Turkish Yearbook International Relations*, Vol. 34, 2004, p. 192.

(35)　Özcan, G., "Facing its Waterloo in diplomacy : Turkey's military in the foreign policy-making process," *New Perspectives on Turkey*, No. 40, Spring, 2009, pp. 86-87.

(36)　"National Security Council under Erdoğan updates top secret national security 'book'," *Hürriyet Daily News*, April 30, 2015.

（今井宏平）

第10章

ヨーロッパ安全保障とロシア

　　ヨーロッパの安全保障を構想する上で，ロシアの脅威は再び避けて通れない要素となった。しかし，冷戦期のアナロジーを用いた古典的な軍事バランスのみによってそれを測ることは今や困難である。ロシアが目指しているのは，西側諸国との軍事的対決というよりも，複合的な主体と手段による介入で旧ソ連諸国を勢力圏に留めることであり，このような観点からロシアをヨーロッパの安全保障に位置づけるための検討が今後，求められることになろう。

第1節　ヨーロッパの安全保障におけるロシアの位置づけ方

　ロシアの国際政治学者として知られるドミトリー・トレーニンは，冷戦後の北大西洋条約機構（NATO）について次のように述べたことがある。すなわち，「ベルリンやその西側では，今日のNATOは主にアフガニスタンを気にかけているが，ドイツの首都よりも東側では依然として問題はロシアである」という，新旧加盟国間での脅威認識の分裂である。[(1)]

　しかし，2014年のウクライナ危機は，こうした構図を大きく変化させた。依然としてNATO内には温度差がみられるにせよ，軍事的脅威としてのロシアが再び大きくクローズアップされるようになったためである。特にロシアがウクライナ領クリミア半島を軍事占領し，強制的に自国に併合したことや，その後もウクライナ南東部のドンバス地方で戦闘が継続していることなどは，ヨーロッパの軍事的安全保障に関する懸念を大きく高める契機となったといえよう。これに続くシリアへの軍事介入や，2016年の米国大統領選をはじめとする西側諸国の選挙に対する介入は，こうした懸念をさらに増幅させる効果をもたらし

た。

　2019年3月に公表された NATO 事務総長の2018年度年次報告書が，「ウク
ライナにおけるロシアの攻撃的な振る舞い，不安定化をもたらす軍事行動，
ヨーロッパ大西洋全域の国民に対するハイブリッド手段の活用は，国際的な安
全保障環境を著しく変化させた。安定性と安全保障を減少させ，予見不可能性
を増加させたのである」と述べていることは，こうした認識を端的に示すもの
である。これに先立つ2017年12月には，アメリカの「国家安全保障戦略
(NSS)」がロシアを中国と並ぶ現状変更勢力と位置づけ，翌2018年1月の「国
防戦略（NDS）」が中露との「長期にわたる戦略的競合」が生じているとの情
勢認識を示したことも同様の文脈から理解することができよう。

　そこで本章では，ヨーロッパの安全保障という見地から，ロシアについて考
察してみたい。すなわち，ヨーロッパ安全保障の将来像を構想するにあたって，
ロシアというファクターをどのように位置づけるべきかを検討するのが本章の
目的である。

　ただし，以上の目的を達成するにあたっては，単純にロシアと西側の軍事力
を比較するといった伝統的な手法では不十分であろう。後述するように，ロシ
アの介入は多様な主体と手法から成り立つものであり，古典的な軍事バランス
によってのみ理解されるものでないことは明らかである。したがって，軍事力
は，検討されるべきファクターの重要な一部であるとしても，全部であるとは
いえない。また，仮に比較検討の対象を幅広く取るとしても，ロシアの介入が
そもそも何を目指したものであるのかを理解することなくしては意味のある検
討とはなり得ないはずであろう。

　そこで本章では，意図と能力の双方からロシアの介入について検討すること
にした。ロシアが冷戦後の世界と自国のありようをどのように認識し，介入に
及んでいるのか。そのための手段はどのようなものであり，どれだけの規模と
範囲で介入を行いうるのか。それらは欧州に対してどのような脅威を及ぼしう
るのか。以下，これらの点について順番に検討してみたい。

第2節　「主権」と「勢力圏」からみるロシアの介入意図[(5)]

[1]　冷戦後の世界に対するロシアの認識

①「主権」に対する危機

　一般的な理解によれば，冷戦終結による東西対立の終結は，グローバルな安全保障環境を大きく好転させるものであった。核戦争の恐怖が去り，権威主義的体制が解体され，財政を圧迫していた軍事負担が軽減される，といった一連の出来事は概してポジティブな現象と受け止められた。こうした中で，中国やロシアもいずれはアメリカを中心とする国際秩序の中に平和裡に統合されていくという楽観的な見方が支配的な潮流を占めた。

　ところがロシアにとっては，事情は大きく異なっていた。冷戦後の世界は，自国の主権に対する危機の時代であると受け止められてきたのである。これについては，ロシアの特殊な主権観に言及しておく必要があろう

　ロシアのプーチン大統領はかつて，軍事・政治同盟体制に加盟している国は上位の存在（начальство）によって主権を制限されているのであり，真に主権を有する国はごく少数であると述べたことがある[(6)]。ここで「主権を制限された国」としてあげられているのはドイツであるが，世界有数の経済力を有し，欧州連合（EU）においては主導的地位にあるドイツでさえ「主権国家」とみなされないのだとすれば，プーチン大統領の描く世界においては「主権国家」に該当する国はおそらく10にも満たないだろう。他方，プーチン大統領は別の機会に，主権とは「自由の問題であり，各人，各民族，各国家が自らの運命を自由に決めるということ」であると述べているが[(7)]，それを自らの力で保持できる国だけがプーチン大統領のいう「主権国家」なのである。

　以上のような理解に基づくならば，ロシア的用語法における「主権国家」（ここでは一般的な用語法と区別してカギカッコを付す）とは，「大国（держава）」に限りなく近い概念であるといえよう。ツィガンコフによれば，ロシアにおける「大国」とは自らの力によって他国とのパワーバランスを維持し続けられる国であると歴史的に理解されてきたのであり[(8)]，バランスが不利に傾けば大国＝

「主権国家」の地位は失われ，好転すればその地位はより確固たるものとなる。ここでは，主権とは国家間のパワーバランスを反映してゼロサム的に増減するものと理解されている。

　これに関連して，ボグダノフは，主権とパワーの関係性をアナーキーとヒエラルキーという観点から説明している。ボグダノフの整理によれば，アナーキー状態においてはすべての国家が主権をもち，自助によって自らの安全を確保する。しかし，アナーキーそれ自体は安定的なものではなく，国家間に存在するパワーバランスに応じてヒエラルキーへと変質する。そして，ヒエラルキーの下では下位国の主権が上位国に制限されることで秩序が生じる[9]。

　冷戦後の世界がロシアの主権にとって危機の時代であるとみなされたのは，以上のような主権観の帰結であった。アメリカが世界で唯一の超大国となる一方，ロシアが深刻な社会・経済的混乱に見舞われて弱体化した結果，ロシアは「上位者」となったアメリカによって自国の主権を制限されかねない状況が（ロシア的な理解によれば）出現したためである。このような認識は，「国家安全保障戦略」をはじめとするロシア政府の政策文書やプーチン大統領の演説にもたびたび見出すことができる[10]。

　一方，2000年代の国際的なエネルギー価格の高騰によってロシアの国力が回復すると，ロシアはアメリカ中心の「一極世界」に変化が生じたと認識を示すようになった。例えば2009年に公表された「2020年までのロシア連邦国家安全保障戦略[11]」では「ロシアはソ連崩壊後のシステム的な危機を克服した」ことが高らかに宣言され，ウクライナ危機後の2015年に公表された現行バージョンの「ロシア連邦国家安全保障戦略[12]」では，ロシアが「主権，独立，国家的・地域的な領土の一体性，在外同胞の権利保護を行う能力を実証した」との情勢認識が打ち出された。さらに，中国，インド，ブラジルといった新興大国が勃興する一方，米国経済がリーマン・ショックによって弱体化したとの認識の下に「一極世界」的秩序は後退し，「多極世界」への移行が始まりつつあるとこれらの文書は述べている[13]。

　②制限主権

　ただ，ロシアはすべての国家が均等な主権を保持しあうアナーキーをよしと

しているわけでもない。メルクソーが指摘するように，ロシアの国際法理解における主権とは，すべての国家に適用される抽象的な概念ではなく大国のそれを特に指すものであり，大国の周辺に存在する中小国の主権に対しては懐疑的な態度がみられる。ローもまた，ロシアのいう主権とはごく少数の大国だけを対象とした極めて狭義のものであって，中小国は基本的に主権国家とはみなされていないとしている。したがって，ロシアのいう多極世界とは，主権の一極集中（一極世界）でも完全な分散（アナーキー）でもなく，少数の「主権国家」がそれぞれに勢力圏を従えて併存するという大国間協調としてイメージされる。

　では，「極」の内部，すなわち「主権国家」の影響力行使を受ける国々の主権はどのように理解されるのだろうか。デヤーモンドは，ソ連を構成する15の社会主義共和国は名目上それぞれが主権を有していたが，その行使はソ連の中央政府によって厳しく制限されるという制限主権関係あったことを指摘する。ロシアと旧ソ連諸国との関係は「ソ連憲法秩序」を引き継いだものであり，それゆえに旧ソ連の内外では主権に関するロシアの態度が明確に変化するのだという図式である。

　「主権の制限」という概念から，ブレジネフ政権期のソ連が唱えた「ブレジネフ・ドクトリン」あるいは「制限主権論」を想起することはそう難しくはあるまい。ただ，ボグダノフによれば，ソ連の制限主権論と現代ロシアのそれには共通性と差異が存在する。下位とみなされる国の主権を制限し，国際的に承認された国境を越えて自国の影響力を及ぼそうと志向する点で，両者は共通する。しかし，前者が社会主義というある程度普遍的な理念を掲げ，これを防衛するためには主権の制限が正当化されうるというロジックを用いるものであったのに対し，後者においてはエスニック集団を根拠とした大国志向的なロジックが働く。前述したように，大国志向的な国家観においては「ロシアの民」が存在する地域に対してロシアは「歴史的主権」を有し，それゆえに「保護する責任（R2P：Responsibility to Protect）」を行使する「責任」を負う。したがって，ロシアが考える「歴史的主権」の範囲は旧ソ連の版図とほぼ重なることになる。

2　勢力圏の論理

①積極的勢力圏と消極的勢力圏

以上のような認識を示す１つの例としては，2008年のジョージア戦争後にメドヴェージェフ大統領（当時）が発表した通称「外交５原則」がある[20]。同大統領は，この中で，「国際法」，「多極世界」，「非孤立」，「国民の保護」と並び，ロシアが「特別な利益をもつ地域」に言及した。これによると，ロシアには「伝統的に友好的な関係，歴史的に特別な関係を結んできた国々がある」。ロシアは「これらの地域を特別に注意深く扱い，これらの国々，われわれの近しい隣人との友好的な関係を発展させる」。だが，そのような関係が破れた場合には，ロシアは軍事力を含む影響力行使によって「特別な利益をもつ地域」を維持するのだとされる。

ある大国が周辺の国々に対して権力関係を行使しうるとき，そのエリアは勢力圏と呼ばれることが多い。勢力圏に関する定義は様々であるが，湯浅剛は平等な主権国家間の「諸国家システム（states-system）」とは異なる階層的な国家間システムに関する先行研究をふまえつつ，ある国家から常に一定方向に対して介入が行われる地域を「勢力圏」と定義した[21]。すでに述べたロシアの主権観に即していえば，大国＝「主権国家」を中心とするヒエラルキーの及ぶ範囲が勢力圏であるということになる。

ただし，湯浅がブルの議論を参照しつつ述べているように，勢力圏とは一様なものではなく，そこには積極的なものから消極的なものまでが存在する[22]。積極的に何らかの振る舞いを強制しうるような関係ばかりが勢力圏を特徴づける介入なのではなく，「主権国家」にとって不都合な振る舞いを手控えるよう強制しうることもまた介入なのであるとすれば，勢力圏の現実的な形態にはある程度の幅が想定されよう。

これについては前述のトレーニンが，ソ連の勢力圏概念について次のような整理を行っている[23]。すなわち，①ソ連の領土そのものに組み込まれていた地域（中央アジア等），②ワルシャワ条約機構や経済相互援助会議（COMECON）といった諸制度を通じ，ソ連主導の体制に組み込まれていた地域，③より不安定で限定された影響力だけを発揮できたアジア・アフリカ諸国という，グラデー

ション状の勢力圏理解である。また，トレーニンは後の著作において，勢力圏にはソ連が直接支配する「支配圏」と間接的な支配を及ぼす「影響圏」が存在するという整理を行っている。そして，トレーニン自身も認めているように，ソ連崩壊後のロシアからは「支配圏」のような強固な勢力圏は失われたものの，旧ソ連諸国は依然，「影響圏」とみなされ続けきた。

　ここでトレーニンが述べる「間接的な支配」に，なんらかの行動を手控えさせられる影響力が含まれるとした場合，影響圏と消極的勢力圏はほぼイコールで結ぶことができよう。例えば旧ソ連諸国の中には，①ロシア主導の政治・経済・安全保障枠組みに加盟し，ロシアと概ね共同歩調を取る国々（カザフスタン，ベラルーシ，アルメニア等）が存在する一方，②ここから距離をおいたり（ウズベキスタン，トルクメニスタン等），③さらには NATO や欧州連合（EU）への加盟を目指す国々（ウクライナ，ジョージア等）が存在する。②や③にあてはまる国々はロシアの影響圏から距離をおこうとしていることは事実であるものの，ロシアが決定的に望ましくないと考える行動（NATO や EU への加盟等）をロシアの介入によって果たせずにいる以上，消極的にはロシアの影響圏内にとどまっていると考えることは可能である。現在のロシアが目指しているのは，まさにこのような意味での影響圏＝消極的勢力圏を維持することであろう。[25]

　②カラー革命論

　以上のような秩序観に立った場合，現在の世界秩序はどのように理解されるのだろうか。すでにみたように，アメリカの覇権が絶対的・相対的に後退したことにより，世界秩序は一極世界から多極世界へと移行しつつあるとの認識をロシアの政策文書群は示している。パワーバランスを基礎とするゼロサム的な主権観からすれば，これはロシアを中心とする勢力圏秩序の確立に関して望ましい条件であるといえる。

　しかし，ロシアは出現しつつある「多極世界」は依然として危機にさらされているとの見方も示している。例えば2015年版「国家安全保障戦略」では「世界秩序の新たな多極モデルの形成プロセスは，グローバルかつ地域的な不安定性の増大を伴っている」としているほか，「軍事ドクトリン」は「現段階における世界情勢の展開は，グローバルな競合，価値観の方向性・発展モデルを巡[26]

る様々な分野での国家間・宗教間の緊張，国際関係全般の複雑化によるグローバルかつ地域的レベルでの経済的・社会的プロセスの不安定性によって特徴付けられる」と述べる。

　ロシア側の見方によれば，このような緊張を生んでいるのはアメリカの振る舞いである。アメリカはパワーバランスが多極化しつつあることを認めようとせず，力で世界を従わせることによって一極世界を維持しようとしてきた，という見方がロシアの政策文書やプーチン大統領の演説では繰り返されてきた。2000年代に旧ソ連諸国で発生した一連の民主化革命（「カラー革命」）や2010年代の中東諸国の騒乱（「アラブの春」），そして2014年のウクライナ革命は，そうしたアメリカによる陰謀の実例であるとされている。

　このような世界観からすれば，現在の世界を不安定化させ，秩序（大国＝「主権国家」を中心とする勢力圏秩序＝多極世界）に挑戦しているのはアメリカの方であるということになる。一方，ロシアの介入は秩序を守るための防衛的行動であり，むしろ旧ソ連の被介入国の主権や領土的一体性を保護するものとして正当化される[27]。

第3節　ヨーロッパ正面におけるロシアの対外介入能力[28]

　第2節でみたように，ロシアは独特の主権理解に基づいて旧ソ連諸国を自国の勢力圏とみなし，アメリカの覇権をこのようなロシア中心秩序の中心的な障害物とみなしてきた。ウクライナ危機に代表されるロシアの介入は，こうした状況に対する不満の表出であったわけだが，では，ロシアの介入とは実態としてどのように位置づけることができるだろうか。第3節では，介入に用いられる主体と手法の面から考察してみたい。

1 　対外介入に関わる多様な主体

　①在来型軍事力および準軍事部隊

　国防政策に関しての基本法である1996年度ロシア連邦法第61号「国防について」[29]第1条によると，ロシアの軍事力は**表10-1**に示す諸主体から構成される。

表 10-1　ロシアの軍事力を構成する諸主体

国防に携わる機関	所属官庁	任　務	兵　力	備　考
ロシア軍	国防省（MO）	国防	約90万人	
国家親衛軍の諸部隊	国家親衛軍庁（FSVNG）	国防への関与	約34万人（うち軍事部隊約17万人）	2016年に内務省傘下の国内軍，機動隊等を基礎として設置
軍事救難部隊	国家非常事態省	国防に関する個別の領域への関与	不明	旧国家保安委員会（KGB）からソ連崩壊後に独立
対外情報庁（SVR）			不明	
連邦保安庁（FSB）の諸機関	FSB		約4000人（特殊部隊のみ）約16万人（国境警備隊のみ）	
国家警護機関	連邦警護庁（FSO）		4-5万人	
ロシア連邦機関の動員準備を保障する連邦機関	大統領付属特別プログラム総局（GUSP）		不明	
軍事検察機関	連邦検察庁		不明	
連邦捜査委員会（SK）の軍事捜査機関	SK		不明	
戦時に設置される特別編成	平時の定めなし		平時の定めなし	

（出所）　1996年度ロシア連邦法第61号「国防について」および *The Military Balance 2019*, The International Institute for Strategic Studies, 2019.

中でも中心的な役割を果たすのはロシア軍であるが，英国際戦略研究所（IISS）の評価によると，その総兵力は90万人程度に過ぎない[30]。アメリカおよびカナダを含めた NATO の総兵力が318万4000人，ヨーロッパの加盟国だけでも171万9000人に上ることを考えると，純粋な軍事バランスはロシア側にきわめて不利に傾いている。

　しかも，ロシアの国土は世界最大の1710万平方 km に及び，ヨーロッパ正面に配備しうる兵力はその一部でしかない（**表10-2**）。ロシア軍は最高司令部直轄兵力である戦略ロケット部隊（RVSN）および空挺部隊（VDV）ならびに参謀本部直轄兵力である特殊作戦軍（SSO）を除き，西部，南部，中央，東部の

表 10-2　ヨーロッパ正面におけるロシア軍の配備状況

軍　種	西部軍管区	南部軍管区	他の軍管区を含む合計
陸　軍	・3個軍 －1個戦車師団 －1個戦車旅団 －3個自動車化歩兵師団 －3個自動車化歩兵旅団 ・2個特殊作戦旅団	・3個軍 －2個自動車化歩兵師団 －7個自動車化歩兵旅団 ・2個特殊作戦旅団 ・1個特殊任務連隊	計28万人 ・12個軍・1個軍団 －2個戦車師団 －2個戦車旅団 －5個自動車化歩兵師団 －19個自動車化歩兵旅団 －1個機関銃・砲兵師団
海　軍	・北方艦隊 －潜水艦（SSBN 除く）： 　21隻 －主要水上艦艇（空母含 　む）：10隻 －3個戦闘機連隊（艦載 　機含む） －3個海軍歩兵旅団 ・バルト艦隊 －潜水艦：2隻 －主要水上艦艇：8隻 －1個戦闘機連隊 －1個戦闘爆撃機連隊 －2個海軍歩兵旅団・1 　個海軍歩兵連隊	・黒海艦隊 －潜水艦：7隻 －主要水上艦艇：7隻 －1個戦闘機・戦闘爆撃 　機混成連隊 －2個海軍歩兵旅団 ・カスピ小艦隊 －主要水上艦艇：2隻 －1個海軍歩兵連隊	計15万人 ・4個艦隊・1個小艦隊 －潜水艦（SSBN 除く）： 　48隻 －主要水上艦艇（空母含 　む）：35隻 －5個戦闘機連隊（艦載 　機含む） －2個戦闘爆撃機連隊 －10個海軍歩兵旅団・1 　個海軍歩兵連隊
航空宇宙軍	・1個航空軍 －3個戦闘機連隊 －1個戦闘爆撃機連隊	・1個航空軍 －4個戦闘機連隊 －2個戦闘爆撃機連隊 －2個攻撃機連隊	計16万5000人 ・4個航空軍 －11個戦闘機連隊 －5個戦闘爆撃機連隊 －4個攻撃機連隊 －1個戦闘機・攻撃機混 　成連隊

（出所）　*The Military Balance 2019*, The International Institute for Strategic Studies, 2019.

4個軍管区に配備されている。各軍管区は統合運用部隊である統合戦略コマン
ド（OSK）として編成されており，このうち西部軍管区と南部軍管区が旧ソ連
のヨーロッパ部を含めたヨーロッパ正面，東部軍管区が極東正面，中央軍管区
が中央アジア正面および戦略予備を担当する。VDV（約4万5000人）および
SSO（約1000人），さらにヨーロッパにおけるロシアの同盟国（集団安全保障条約
機構〔CSTO〕加盟国であるアルメニアおよびベラルーシ）を加えても，ロシアの数

的劣勢に変化はない。[31]

　他方，ロシアの軍事力がロシア軍のみによって構成されるわけではないことはすでに述べたとおりである。特に連邦国家親衛軍庁（FSVNG）の軍事部隊（内務省から移管された旧国内軍）や連邦保安庁（FSB）の国境警備隊は重装備や特殊部隊を保有しており，対ゲリラ戦，国境警備，治安維持といった有事の後方保安任務を担当しうる能力を有するほか，重要施設警護についても4〜5万人の兵力を擁する連邦保安庁（FSO）が存在する。こうした有力な準軍事部隊を保有しない NATO 諸国と比較した場合，烈度の高い戦闘局面にロシアが投入しうる兵力は見かけよりも大きいことに留意する必要があろう。

　②非国家主体の動員

　ロシアが介入に投入しうる能力は，以上にとどまらない。第1節でも触れたとおり，ロシアはウクライナへの軍事介入において様々な非国家主体を動員してきた。例えばクリミア半島のケースでは，（おそらくロシアの情報機関が扇動した）現地の一般住民やクリミア・コサックと呼ばれる民族主義勢力，報復を恐れてキエフから逃れてきた内務省治安部隊「ベルクート」の元隊員たち，ロシアのカバルディノ・バルカル共和国からクリミア入りしたコサックなどであった。一方，ドンバスでは，ロシア連邦保安庁（FSB）での勤務経験をもつイーゴリ・ストレリコフなどの大ロシア主義者が民兵集団を率いて現地のウクライナ治安機関を襲撃し，ウクライナ政府の統治が及ばない地域を作り出した。もっとも，ウクライナ政府による掃討作戦が厳しさを増し，民兵集団の中でも相互の対立が激しくなると，ロシア政府はモルドヴァの分離独立地域である「沿ドニエストル共和国」の有力者を送り込み，彼らによる統治を試みた。[32]しかし，これらの勢力はいずれも現地武装勢力の支持を得ることはできず，最終的にはドンバス出身者による自称「政府」（「ドネック人民共和国」および「ルガンスク人民共和国」と自称）が現在まで実権を握っている。

　もちろん，こうした武装勢力は独力でウクライナ政府の軍事力に対抗できたわけではなく，その背景にはロシア政府による様々な支援が存在した。当初，ロシアからドンバスへの支援は小火器，歩兵携行型の対戦車ロケットおよび地対空ミサイルなどに限られていたようだが，ウクライナ軍に対する劣勢が深刻

になった2014年夏頃から戦車や防空システムを含む重装備が供与されるように
なり，8月にはロシア軍による直接介入も開始された。

　ロシア側はドンバスにロシア軍の正規部隊が存在することを否定しており，
ロシア兵が捕虜になったり戦死したりした場合には「道に迷った」，「休暇中に
義勇兵として自発的にドンバス入りした」といった釈明を行っている。しかし，
ソーシャルネットワーク（SNS）への投稿（そこにはロシア兵自身によるものも含
まれる）や各種のインテリジェンス情報からロシア軍がドンバスで組織的な軍
事活動を行っていることはほぼ明らかであり，スチャーギンによる研究にみら
れるように，具体的な指揮官の名や戦闘序列までほぼ解明されているのが実際[33]
である。

　こうした諸勢力が表10-1に示した「戦時に設置される特別編成」に該当す
るのか否か，あるいはその数や能力がどの程度のものであるのかを定量的に示
すことは困難であるが，そこには何らかの形でロシア政府による指揮，調整，
支援が存在しているとみられる。

2 　ロシアの対外介入手法

①紛争ポテンシャルの形成

　英王立統合軍研究所（RUSI）のジャイルズは，ロシアが過去の歴史的経緯と
在外ロシア人同胞の存在を利用して介入を正当化する「紛争ポテンシャル」を
形成していると指摘する。過去の歴史的経緯とは，国境変更などの歴史的な経[34]
緯に完全に決着をつけず，あるいは相手国が解決済みであると了解している問
題を蒸し返すことで，紛争を人為的に惹起し，軍事力行使を正当化したり，そ
の可能性を想起させて圧力をかける方法である。例えばロシア軍のマカロフ参
謀総長（当時）は，「ロシア連邦の軍事的安全保障に対する脅威」と題した議
会向け報告を2011年に行っている。この際，同参謀総長が提示したスライドの[35]
中では，現在も未解決の領土問題に加え，すでにロシアに編入されたカリーニ
ングラード（旧プロイセン領）やカレリア地方（旧フィンランド領），さらには同
盟国であるベラルーシとの国境地帯が「将来的に局地ないし地域紛争が発生す
る可能性がある地域」として示されていた。これはロシアが過去の歴史的経緯

を理由として外国から紛争を焚きつけられる可能性に言及したものであるが，クリミア半島の占拠および併合はまさにこうした構図をロシア自身が利用したものである。ロシア側の言い分では，1954年にクリミア半島がソ連邦内のロシア社会主義共和国からウクライナ社会主義共和国へと帰属替えとなったことは当時のソ連法に基づかない違法な行為であり，したがってロシアによるクリミア併合は合法であるということになる。翌2015年には，ロシア最高検察庁も，クリミア半島のウクライナ移管には法定根拠がなかったとする結論を下している。

　②軍事・非軍事手段の混交による限定介入

　では，こうして形成された「紛争ポテンシャル」をいかにして実際の紛争へと転化するのか。この点について，ロシア軍のゲラシモフ参謀総長が2013年に発表した講演録「予測における科学の価値」は，21世紀型の武力闘争は「戦争には見えない戦争」の形態をとるというテーゼを提起している。このような戦争の特徴は，政治，経済，情報，人道，その他といった非軍事手段によって敵国内に不安定状況を作り出す点であり，国家が保有する軍事手段は，軍事的圧力や限定的な軍事力行使，情報戦，特殊部隊の活動などによって不安定状況を増幅するために用いられる。このようにして敵国内に「永続的に機能する戦線」を作り出し，国家崩壊に導くというのがゲラシモフ参謀総長の描く21世紀型の戦争像である。

　ゲラシモフ参謀総長は，こうした手法を用いているのはロシアではなく西側であるという前提をおいているが（前述の「カラー革命」論），他方，こうした戦争像がウクライナ等におけるロシアの介入実態とよく整合していることは事実である。ロシア側の認識がどうあれ，ゲラシモフ参謀総長のテーゼはロシアの想定する介入手法を端的に示すものであるといえよう。

　③西側からの介入阻止手段

　以上であげた介入および圧力の手段を実施する上で問題となるのが，こうした行動が「侵略」や「人権侵害」と受け取られ，西側の介入を招く可能性である。実際，1999年に始まった第2次チェチェン戦争や2008年のジョージア戦争では，こうした事態が真剣に懸念されていた。これに対して近年のロシアが追

及している方法は，メディア宣伝によって事態そのものの正当化を図ることと，西側の介入を阻止もしくは困難にするような軍事力の整備である。後者はさらに2つに分けることができる。

その第1は，潜水艦，水上艦，地対艦ミサイル，防空システム，航空機，電子妨害システム等を組み合わせた接近阻止・領域拒否（A2/AD）能力である。現在，ロシアが最も熱心にA2/AD能力の構築を進めているのは黒海であるが，これは北カフカス，ウクライナ，ジョージア，モルドヴァなど，ロシアが介入を行った（行う可能性のある）国や地域が黒海沿岸に集中しているためであろう。こうした国／地域に対してロシア軍が展開した場合，トマホーク巡航ミサイルを搭載した米海軍の戦闘艦艇が黒海に侵入するのを阻止したり，その活動を著しく制限したりすることがロシア軍による黒海A2/AD戦略の主目的であると考えられる。

A2/ADと並ぶもう1つの介入阻止手段が，核兵器である。ロシアの安全保障研究者として有名なアレクセイ・アルバートフは，「1999年にセルビアのベオグラードが空爆され，モスクワが空爆を受けなかったのは，われわれが核兵器を持っていたからだ」と述べているが，ロシアはまさにこのような考え方に従ってソ連から受け継いだ膨大な核戦力を維持し，また，新型核兵器の開発および調達に対して重点的な投資を行ってきた。

これに加え，核戦略の変化も注目される。ソ連崩壊後，通常戦力が大幅に弱体化したロシアは1993年に策定された最初の「軍事ドクトリン」で大量報復型の核戦略を採用した。2000年の改訂版では，戦略核兵器によって米露間での核抑止は維持しつつ，ヨーロッパ正面においては戦術核兵器を使用して通常戦力の劣勢を補うという，「地域的核抑止」が盛り込まれた。これはソ連の通常戦力に対抗すべく冷戦期の西側が採用した柔軟反応戦略をほぼ逆転させたものであり，前述したセルビア空爆などにおいて，精密通常兵器を駆使するNATOの圧倒的なエアパワーを目の当たりにしたことが大きな影響を与えていたとみられる。一方，2010年版「軍事ドクトリン」では，従来想定されていたよりも小規模な局地紛争でも核兵器を使用したり，戦争が始まる前に予防的な核攻撃を行うとの戦略が盛り込まれたとの観測がある。これはロシアが介入を行う際，

無人地帯などに対して警告的な核攻撃を行うことによって NATO に逆介入を思いとどまらせることを目的としたものと考えられる[38]。この結果，ロシアが核抑止下で低烈度紛争を仕掛けてきた場合，現行の NATO のドクトリンや能力では対処のしようがないのではないかとの懸念が西側の専門家の中でもみられるようになった[39]。

　ロシアが実際にこのような戦略を採用しているかどうかについては批判的見解も存在するが[40]，少なくともロシアにこうした核戦略の概念が存在し，それをオプションとして実行可能にするだけの近代的な核戦力が存在することは無視しえない事実であろう。

第4節　ヨーロッパの安全保障に対するロシアの脅威

　介入に関わるロシアの意図と能力を総合するならば，次のような結論が導けよう。

　まず，ロシアの介入は独特の主権観に基づいた勢力圏の維持を目的としたものであり，ロシアの主観では「西側の陰謀」に対する防衛的な行動と位置づけられている。また，ここで想定される勢力圏とはロシアの意思に従って何らかの行動を旧ソ連諸国に強要するような関係性というよりは，むしろロシアにとって受け入れがたい行動を旧ソ連諸国に手控えさせるという，消極的な勢力圏を意味している。

　したがって，ロシアの介入は西側諸国との古典的な国家間戦争を意図したものとはいえない。介入の過程では非軍事手段と並行して軍事手段が行使されるものの，その対象はロシアが勢力圏とみなす旧ソ連諸国であり，しかも軍事的勝利は必ずしも必要とされないためである。ここで軍事手段に期待される役割は，介入相手国における内的不安定状況を増幅するとともに，西側による介入を抑止することとされている。それゆえに，ヨーロッパの安全保障という観点からすれば，旧ソ連諸国におけるロシアの介入ポテンシャルを低下させうるような政治・経済・社会的関与を構想していくことが求められよう。

　他方，ロシアの軍事力は依然として NATO との国家間戦争を遂行しうる水

Column 11　ロシア軍の近代化プログラム

　本文ではロシアの軍事力を構成する多様な主体について触れつつ，主に量的な側面から NATO と比較したが，ここでは質的な面にも若干触れておきたい。よく知られているように，ソ連崩壊後のロシア軍では装備の旧式化が急速に進んだ。国防予算の激減に加え，ハイパーインフレによってその実質購買力は急速に目減りし，しかも軍需産業ネットワークの分断，生産設備の旧式化，熟練労働者の散逸，汚職の蔓延といった問題がそこに拍車をかけたためである。この結果，1990年代のロシア軍では，新型装備の調達はおろか既存の装備を稼動状態に維持することさえ困難となってしまった。

　プーチン政権下では国防予算は増加に転じたが，上記の諸問題が一夜にして払拭されたわけではない。2009年にいたってさえ，ロシア軍全体に占める現代的装備の割合は1割以下（当時のセルジュコフ国防相の発言による）に過ぎなかった。

　一方，2011年にスタートした「2020年までの国家装備プログラム（GPV-2020）」では新型装備の大規模調達が開始され，2018年以降は「2027年までの国家装備プログラム（GPV-2027）」へと発展解消されてさらなる近代化が推進されている。この結果，ロシア軍の装備状態は1990年代に比べてはるかに改善されつつあるものの，依然として問題も少なくない。例えば GPV-2027の枠内で調達されている装備の大部分はソ連製兵器の再設計型ないし改修型が大部分であり，西側諸国の新型兵器に比べると性能面で見劣りするものが多い。また，精密誘導兵器，無人航空機，指揮通信システム，宇宙戦力といったハイテク分野でもロシアは依然，立ち遅れている。

　ロシア自身もこうした状況には自覚的であり，軍事力のハイテク化や無人化が常に強調されてはいる。ただ，ロシアの国防予算はアメリカの10分の1程度に過ぎず，経済力を考えれば極端な増額も難しい。このような事情を考えるならば，量的な面に加えて質的な面でもロシアの軍事力は西側に対して相対的な劣位にあり続けると考えられよう。このことはまた，ロシアが非国家主体や非軍事手段を含む複合的な介入手法に依存する蓋然性が高いことも示唆している。

準にはないことは明らかであり，同国の経済力，科学技術力，人口動態といった諸指標を考慮すれば近い将来にそれが可能となる蓋然性も低い。この意味では，ロシアとの軍事バランスは今後ともヨーロッパの安全保障において重要なファクターにとどまることになろう。ことに危機的状況においてロシアが局所的な優勢を獲得したり，A2/AD や核兵器による抑止が成立しうる余地を狭め

るための軍事力のあり方が今後の焦点となると思われる。

推薦図書

Bettina Renz, *Russia's Military Revival*, Polity, 2018.
　　第10章では，古典的な軍事バランスではなく，国家戦略にとってどれだけの「効用（utility）」をもつかという観点からロシアの軍事力を分析した。本書『ロシアの軍事的復活』はまさにこのような観点で冷戦後のロシアが関与した紛争を再解釈する試みといえる。準軍事部隊にもページを割いており，ロシアの軍事力全体を把握する上でも有用な一冊である。

乾一宇『力の信奉者ロシア』JCA 出版，2011年。
　　ロシアの安全保障政策の変遷についての書物は少なくないが，軍事力の運用構想にまで踏み込んだ通史は意外と少ない。本書は，ソ連崩壊後から2010年代までを通じたロシア軍事史であり，ロシアの軍事安全保障政策について学ぶ上で必読の文献である。

---

(1) Dmitri Trenin, *Post-Imperium : A Eurasian History*, Carnegie Endowment for Peace, 2011, p. 91.

(2) *The Secretary General's Annual Report 2018*, Northern Atlantic Treaty Organization, 2019.

(3) *National Security Strategy of the United States of America*, The White House, 2017.

(4) *Summary of the National Defense Strategy of the United States of America : Sharpening the American Military's Competitive Edge*, U.S. Department of Defense, 2018.

(5) この部分は以下の拙稿を基に再構成した。小泉悠「ロシアの秩序観：「主権」と「勢力圏」を手掛かりとして」『国際安全保障』第45巻第4号，2018年3月。

(6) "Путин назвал страны, обладающие суверенитетом," *РОСБАЛТ*, 2017.6.2.

(7) *70-я сессия Генеральной Ассамблеи ООН*, kremlin.ru, 2015.9.28.

(8) Andrei P. Tsygankov, *Russia's Foreign Policy : Change and Continuity in National Identity*, Rowman&Littlefield, 2016, p. 99.

(9) Alexey Bogdanov, "Preserving Peace Among the Great Powers : Russia's Foreign Policy and Normative Challenges to the International Order," Roger E.

Kanet ed., *The Russian Challenges to the European Security Environment,* Palgrave, 2017, pp. 37-59.

⑽　2007年2月，ミュンヘンで開催された国際安全保障会議において，プーチン大統領は，冷戦後の世界がアメリカの覇権下において「支配者が1人だけ，主権は1つだけという世界」になってしまったと指摘した（*Выступление и дискуссия на Мюнхенской конференции по вопросам политики безопасности*, 2007.2.10.）。また，ウクライナ危機勃発後に開催されたロシア政府後援の有識者会議「ヴァルダイ」では，「世界で唯一の権力の中心」に対する忠誠度が国家の正当性を決めるようになったとして，国家主権が「相対化」されているとも述べている（*Заседание Международного дискуссионного клуба «Валдай»*, kremlin.ru, 2014.10.24.）。

⑾　*Стратегия национальной безопасности Российской Федерации до 2020 года*, 2009.

⑿　*Стратегия национальной безопасности Российской Федерации*, 2015.

⒀　これ以前の政策文書においては，多極世界は長期的な達成目標であった。例えばプーチン政権の登場と同時に策定された2000年の「国家安全保障概念」や「対外政策概念」ではアメリカの一極主義的行動や経済的・軍事的優越が「多極世界」の実現を阻んでいるとの見方が示されており，世界秩序は基本的に一極構造であるとされていた。

⒁　Lauri Maelksoo, *Russian Approaches to International Law*, Oxford University Press, 2015, p. 102.

⒂　Bobo Lo, *Russia and the New World Disorder*, Chatham House, 2015, pp. 40-42.

⒃　例えばドゥーギンの「多極世界」論においては，このような秩序はグローバルな影響力をもつ少数の「独立的かつ主権的な中心」からなるとされる。こうした「中心」の資格を備えるのはアメリカをはじめとする西側の覇権や道徳的普遍主義に対抗できる力をもつ国々だけであって，そのような力をもたない国の国境は純粋に法的な意味しかもたない。Александр Дугин, *Теория многополярного мира*, Евразийское движение, 2013, pp. 13-32.

⒄　Deyermond, "The Use of Sovereignty in Twenty-first Century Russian Foreign Policy," *Euro-Asia Studies*, Vol. 68, No. 6, July 2016.

⒅　Bogdanov, *op. cit.,* pp. 37-59.

⒆　この意味ではデヤーモンドとカネットの議論が示す地理的な範囲はほぼ同じエリアに収束することになるが，そこにいたる論理は当然のことながら大きく異なっている。

⒇　"Медведев назвал "пять принципов" внешней политики России," *РИА Новости,*

2008.8.31.

⑴ 湯浅剛『現代中央アジアの国際政治──ロシア・米欧・中国の介入と新独立国の
自立』明石書店，2015年，32-36頁。

⑵ 湯浅，前掲書，32-36頁。

⑶ Дмитрий Тренин, "Россия в СНГ : поле интересов, а не сфера влияния," *Pro et Contra*, September-December 2009.

⑷ Trenin, *Post Imperium*, pp. 23-26.

⑸ Bogdanov, *op. cit.*, pp. 48-49.

⑹ *Военная доктрина Российской Федерации*, 2014.

⑺ Deyermond, *op. cit.*, pp. 968-970.

⑻ この部分は以下の拙稿を基に大幅に加筆・修正した。小泉悠「ウクライナ危機に
みるロシアの介入戦略：ハイブリッド戦略とは何か」『国際問題』第658号，2017年
1月。

⑼ Федеральный закон от 31 мая 1996 г.　N 61-ФЗ "Об обороне."

⑽ *The Military Balance 2019*, The International Institute for Strategic Studies,
2019.

⑾ アルメニア軍の総兵力は4万4800人，ベラルーシ軍の総兵力は4万5350人と見積
もられている。*Ibid*.

⑿ Boris Danik, "Ambiguities of Transnistria east," *Kyiv Post*. 2014.8.6.

⒀ Igor Sutyagin, "Russian Forces in Ukraine," *Briefing Paper*. March 2015.

⒁ Keir Giles, "Russia's Toolkit," Keir Giles, Philip Hanson, Roderic Lyne, James
Nixey, James Sherr and Andrew Wood. *The Russian Challenge*. Chatham House
Report, 2015.

⒂ "Генштаб вспомнил старые и нашёл новые территориальные претензии к России
и Белоруссии," *ИА REGNUM*, 2012.1.5.

⒃ Валерий Герасимов, "Ценность науки в предвидении," *Военно-промышленный ку
рьер*, No. 8 (476), 2013.2.27. ゲラシモフ参謀総長はその後もたびたび同様の演説
や著作を発表している。

⒄ Alexei Arbatov, *The Transformation of Russian Military Doctrine : Lessons
Learned from Kosovo and Chechnya*. George C. Marshall European Center for
Security Studies, 2000.

⒅ 戦果を最大化するのではなく，「調整された打撃」によってNATOの逆介入を
阻止するという核ドクトリンについては，以下の拙著を参照されたい。小泉悠
『プーチンの国家戦略』東京堂出版，2016年，163-170頁。

(39) Matthew Kroenig, "Facing Reality : Getting NATO Ready for a New Cold War," *Survival*. Vol. 57, No. 1, February-March 2015.

(40) Olga Oliker. *Russia's Nuclear Doctrine : What We Know, What We Don't, and What That Means*. CSIS, 2016. ; Jacek Durkalec. Nuclear-Backed *"Little Green Men :" Nuclear Messaging in the Ukraine Crisis*. The Polish Institute of International Affairs, June 2015.

（小泉　悠）

第11章

EU の安全保障・防衛政策の新たな展開

本章では2014年以降のヨーロッパをめぐる安全保障環境の変化について考察した後，PESCO や EDF などをはじめとした EU 安全保障・防衛政策の新たな制度整備を，イギリスの EU 離脱問題や独仏関係の新たな展開と交えながら考察する。さらに難民問題や域外大国（ロシアと中国）との関係など，現在の EU が直面する安全保障上の諸問題について考察する。

第1節　2014年以降の EU 安全保障の制度的発展

［1］　2014年以降の EU をめぐる安全保障環境

　2010年代の半ばは，ヨーロッパにおける安全保障環境が大きく変化した時期であった。本書においてもすでに複数の章において触れられているとおり，2014年のロシアによるクリミア併合は，ヨーロッパにおける安全保障環境を一変させ，ロシアがヨーロッパにとっての軍事的脅威として再浮上した（⇨クリミア併合の具体的な経緯については本書第6章を参照）。ウクライナ東部における戦闘も終息の兆しをみせず，西側諸国による停戦交渉も完全に停滞中である。

　また，2010年のアラブの春以降，EU は中東・北アフリカにおける不安定化と，イスラーム国（IS）等を中心としたイスラーム過激派によるテロの波及に悩まされることになった。EU 各地においては，2015年3月のフランスにおけるパリ同時多発テロを皮切りとし，2016年3月のベルギーにおけるブリュッセル空港・地下鉄駅テロ，2017年5月のイギリスにおけるマンチェスターでのコンサート会場でのテロなど，甚大な被害を出した大規模テロに相次いでさらされることになる。2018年以降に関しては大規模なテロの発生は抑えられているも

のの，小規模なテロは依然として頻発しており，予断を許さない。

シリア情勢の悪化等による難民の流出も深刻であり，いわゆる「ヨーロッパ難民危機」を引き起こした。2016年にはギリシャやイタリアを中心としたEU加盟諸国に130万人が庇護を求めて押し寄せ，EU内部では受け入れの是非や体制構築をめぐって深刻な意見対立が生じた。2016年以降はEUに流入する難民の数は徐々に減少してきたが，問題の根本的解決にはいたっていない。

さらに2016年6月には，イギリスにおける国民投票で，同国のEU離脱（ブレクジット）が選択されるという衝撃的な事態が生じた。仮に実現すれば，ヨーロッパ統合史上初めて，加盟国がEUを脱退することになる。ブレクジットの実現時期や離脱後のEU・イギリス関係などについては現時点では不透明な部分も多い（⇨詳細についてはコラム12参照）。しかし本章でも論じるとおり，ヨーロッパ有数の安全保障アクターであったイギリスのEU離脱は，EUの安全保障・防衛政策の帰趨にも大きな影響を及ぼすことになる。

一方，上記のような多くの不確定要素が存在していることがむしろ追い風になり，2014年以降のEUにおいては，安全保障・防衛面での制度整備が進められてきた側面もある。以下では，主にリスボン条約（2009年発効）以降に，EUの共通安全保障・防衛政策（CSDP）の枠組みを中心に整備された様々な制度について概観した上で，これが安全保障・防衛面におけるEUの一体性にどのように寄与しようとしているのかについて考察する（⇨2014年以前のEU安全保障の制度的発展については本書第5章を参照）。

2　常設構造化協力（PESCO），欧州防衛基金（EDF），防衛能力組織的年次レビュー（CARD），ヨーロッパ介入イニシアティブ（E2I）

①PESCO

リスボン条約で新たに設置された安全保障上の条項としてPESCOが設置され，軍事能力と意思を有するEU加盟国が，より高次の防衛協力を推進することを可能とする枠組みを設置していくことで合意に達した（欧州連合条約第42条6項およびPESCOに関する議定書）ことは，本書第5章ですでにみた。このPESCOについては，リスボン条約発効後しばらく休眠状態となっていたが，

2017年以降構想の具体化が進み，同年末には25カ国体制（EU 加盟国からイギリ
ス，マルタ，デンマークを除く）で始動することが決まった。参加国は，2018年
3月に正式に採択された「3つの分野」（「共同訓練・演習分野」，「陸・海・空・サ
イバーの作戦分野」，「作戦上の空白部分を埋める能力向上分野」）に関する17のプロ
ジェクトの中から，それぞれ希望する分野での協力に参加することとなった。
PESCO については2018年11月にも，新たに17のプロジェクトが採択されてい
る。

②EDF と CARD

　PESCO の始動に加え，兵器の調達や研究開発にかかる資金を共同で賄う
「欧州防衛基金（EDF）」の設置にも注目が集まった。そもそもこうした防衛基
金の設置は，ジャン＝クロード・ユンカー欧州委員会委員長が2016年12月の一
般教書演説において提唱し，欧州理事会が同年12月に了承した「欧州防衛行動
計画」に盛り込まれていた。また，ドイツおよびフランス両国政府も，2016年
後半を通じて，こうした基金を設置する重要性について複数回にわたって言及
してきた。

　その後，欧州委員会が2017年6月にこうした基金を2019年に発足することを
提案し，同月に実施された欧州理事会においてその創設が承認されていた。さ
らに欧州委員会は，2021年から2027年の EU 予算案である「多年度財政枠組
み」において EDF の具体的な構想を2018年6月に提案している。

　同基金には「研究」（防衛研究）および「開発と取得」（プロトタイプ開発およ
び防衛装備と技術の取得への各国の投資を調整・補完・増幅）の2つの柱がある。
EU と加盟国が合計55億ユーロの資金（うち，EU 共通予算から年間15億ユーロ，
残りを加盟国予算から負担する）を毎年拠出して維持する。主な使途は，ヘリコ
プターなど兵器の共同調達やドローン技術などの共同開発であり，暗号化ソフ
トやロボット技術などの共同研究にも充てられる。

　こうした予算上の枠組みは，EU の防衛協力の深化に欠かせない。これまで
の EU 諸国においては，加盟国が別個に防衛装備の開発を進めてきたことか
ら，全加盟国レベルでは予算上の多くの重複が生じ，EU 全体では年間250億
ユーロから1000億ユーロ程度の予算の無駄が出てきたとされる。ほとんどの

EU 加盟国にとって防衛支出の大幅増加が難しい中，EDF を通じたヨーロッパレベルでの防衛支出の効率化には多くの期待が集まっている。

　これと関連し，EU レベルで防衛に関する支出，国家投資および研究努力に関する見直し・検討を行う防衛能力組織的年次レビュー（CARD）が常設の取組みとして設置された。これは2016年11月に理事会において原則合意され，2017年 5 月に具体案が合意された。CARD による第 1 回目のレビューの公開は2019年秋を予定している。

　③E2I

　さらに，リスボン条約に根拠をもたず，現状では EU の枠組みの外に位置する防衛協力も提唱されている。2018年 6 月にはフランス政府が主導して，EU 9 カ国（ベルギー，デンマーク，エストニア，ドイツ，オランダ，ポルトガル，スペイン，イギリス）が E2I 設立趣意書に署名した（のちにフィンランドが参加を表明し，脱稿時の参加国は10か国となっている）。この E2I は能力構築に重点をおく PESCO と異なり，作戦に重点をおいている。離脱予定のイギリスや，これまで EU の CSDP には不参加という立場を採ってきた（「オプト・アウト」）デンマークも参加を表明しており，プラグマティックな安保・防衛協力体制の構築を目指しているとされる。

第 2 節　ブレクジットがヨーロッパ安全保障に与える影響と独仏関係の新展開

1 　ブレクジット対策としての安全保障体制整備？

　以上みてきたとおり，2010年代後半の EU においては，防衛・安全保障政策関連の制度整備が着実に進んだ。EU 外交政策の専門家であり，2016年 6 月の EU グローバル戦略の主な起草者でもあるナタリ・トッチはこの近年の動きを，「外交政策，そして防衛政策は，もはやヨーロッパ統合における『醜いアヒルの子』ではなくなり，最も将来性の高い分野へと発展した」と論じている。[3]とはいえ，上記の制度の多くはまだ設置されて日が浅く，2019年 8 月現在では依然として大きな成果を上げるにいたっていないため，これらの制度整備

Column 12　ブレクジット狂騒曲①：イギリスはなぜ離脱を選択したのか

イギリスは2016年6月の国民投票でEUからの離脱（ブレクジット）を選択した。しかし，離脱予定の2019年3月を過ぎても実現のめどはたっておらず，イギリス政治は混迷の度合いを深めている。ここでは，イギリスがEU離脱を選択するにいたった背景について解説したい（離脱プロセスについてはコラム13参照）。なお，ブレクジットとは，イギリス（Britain）が離脱（exit）するという趣旨の造語である。

そもそもイギリスは欧州統合に対しては消極的な立場を採ることが多かった。とりわけ1990年代半ば以降，イギリス保守党を中心とした「欧州懐疑派」が存在感を増していった。また2004年の欧州議会選挙では，EU離脱を前面に掲げたイギリス独立党（UKIP）が大躍進を遂げ，その後も勢力を伸張し続けた。これに加えて，2004～07年の中・東欧諸国12カ国に対する大規模拡大と，それに伴うこれら諸国からの労働者の流入が，イギリスにおける反EU感情をさらに増幅させることになる。

当時の英首相のデビット・キャメロン（保守党）は，熱心な欧州統合派ではなかったが，EU離脱を望んでもおらず，自らが率いる保守党内でのEU懐疑派の扱いに苦慮していた。キャメロンは，国民がEU残留の意思を明確にすれば，保守党内部でのEU懐疑派を封じ込めることができるともくろんだ。このためキャメロンは，2013年1月に，その2年後（2015年）に予定されていた次の総選挙で保守党が勝利すれば，EU離脱を問う国民投票を実施すると表明した。そして2015年の総選挙では保守党が実際に勝利したため，国民投票が実施されることになった。

キャメロン自身は，国民投票で離脱派が勝利することはないと踏んでいた。しかし，国民投票を前にすると，ナイジェル・ファラージュUKIP党首（当時）や，ボリス・ジョンソン下院議員などの離脱派による反EUキャンペーンが勢いを得た。彼らは「EUから離脱すればEUに払っていた週3億5000万ポンドの予算が浮く。これを（当時から崩壊の危機にあった）国民医療制度（NHS）に回して有効活用しよう」，「EUの規則のせいで，過度に曲がったバナナが販売禁止になってしまった。イギリスは自由と主権を取り戻すべきだ」などの珍説や虚言を駆使して，離脱に向けたモメンタムを作り上げた。なお，これらの主張はすべて事実とは異なることが，国民投票後に判明している。

結局，2016年6月の国民投票では，残留48％，離脱52％という結果となり，離脱が決定した。キャメロンは辞任し，テリーザ・メイが首相の座に就いた。メイ政権下は2017年3月にリスボン条約第50条を発動し，離脱プロセスを開始した。

が実質的にどの程度EUの安全保障・防衛政策の共通化に貢献しうるのかについては未知数な部分も多い。

　一方ここで留意すべきは，EUにおけるこうした急速な制度整備は，2014年以降のロシアの脅威への対抗策として進展したわけではないという点である。この点は，2014年以降のNATOが対ロシア抑止を強く意識して，様々な制度整備を進めてきたこととは対照的である。そもそもEUのCSDPは，治安維持や予防外交を中心とした文民的安全保障が中心となっているため，仮想敵国を設定してその脅威に対する抑止力を高めるという発想にはなじまないものである。EUにおける上記の制度整備はむしろ，イギリスのEU離脱が本格的に視野に入ってきたことを受け，停滞ムードに陥ったヨーロッパ統合の再活性化策として重視されてきたという側面が無視できない。上記のPESCO，EDF，E2Iのいずれも，2016年6月のイギリスのEU離脱をめぐる国民投票実施ののちに，ドイツ，フランスなどの加盟国や欧州委員会などがイニシアティブをとる形で進められてきたのは，その1つの証左でもあった。

　従来，ヨーロッパ統合の多くの側面にとって懐疑的とされてきたイギリスは，──1998年のサン・マロ英仏首脳会議におけるイニシアティブの発揮等の重要な例外はあるものの──，EUレベルでの安全保障・防衛政策の構築についても消極的であった。イギリスにとって，ヨーロッパ安全保障において最も重視すべきは常にNATOであり，EUではなかったことは広く知られているところである。このためEUの安全保障政策の文脈では，イギリスは「拒否権プレイヤー（veto player）」と揶揄されることも多かった。ただしその一方で，イギリスは長年にわたり，ヨーロッパ最大の安全保障アクターの一国であった。イギリスの軍事上の能力と経験はEU加盟国の中でも抜きんでており，決して無視できない国際的な影響力も有していた。また防衛支出もフランスについてEU内で第2位の地位を占め，イギリス単独でEU全体の防衛支出の20％を占めている（図11-1）。つまりは，EU加盟国でも有数の，安全保障上・防衛上の意思と能力，そして資金力を兼ね備えた国だったのである。そういった国のEU離脱は当然のことながら，EUレベルでの安全保障・防衛政策の構築の帰趨にも大きな影響を及ぼしかねない。

図 11 - 1　EU 加盟国の防衛支出とブレクジット

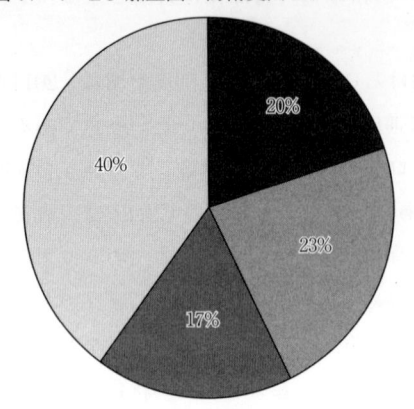

■イギリス　■フランス　■ドイツ　□その他

（出所）　Nicole Koenig and Marie Walter-Franke,
"France and Germany : Spearheading a European
Security and Defence Union?," *Policy Paper* No.
202, Jacque Delors Institute, Berlin, 19 July 2017,
p. 6.

このように，ユーロへの参加などの重要なヨーロッパ統合の政策だけではなく，EU における安全保障・防衛政策の協力の進展にも難色を示してきた「やっかいなパートナー」である一方で，非常に重要な国際安全保障アクターでもあったイギリスの離脱決定は，上記の EU 安全保障・防衛政策における制度整備とそれをめぐる議論にも複雑な影響を及ぼしてきた。そこには大きく分けて，2 つの考え方が存在しているといえる。

　まず，イギリスの EU 離脱は EU レベルでの安全保障・防衛政策の進展にとってはむしろ好機であるという考え方である。ここには，イギリスの EU 離脱決定がもたらした衝撃や混乱がヨーロッパ統合を停滞させることは許されず，安全保障や防衛などの EU にとっての「伸びしろ」のある領域において積極的に統合を進めようとする考え方も含まれる。ドイツが主導権をとった PESCO や，欧州委員会が積極的に構想を進め，ドイツとフランスが積極的な支持を表明した EDF などはその一例といえよう。

　もう 1 つの考え方とは，イギリスがいかに「やっかい」であっても，同国がヨーロッパおよび国際的な安全保障アクターであり，仮にイギリスの EU 離脱によって同国の国際的影響力が低下することがあっても，イギリスを何らかの形でヨーロッパの安全保障に関与させ続けるべきであるとするものである。フランスが主導した E2I はこうした試みの一例といえる。フランス政府はまさにこのために，E2I が「EU からも PESCO からは独立した，自律的なイニシアティブ」であり，EU 加盟国に限定されないことも強調している。そうした枠組みであればイギリスも参加が比較的容易であったともいえる。ただし繰

り返しになるが，E2I の発足以降の具体的成果やヨーロッパ安全保障上のインプリケーションは現時点では必ずしも明らかになっているわけではない。今後，EU 離脱後のイギリスが，安全保障面でどのように EU と連携していくかについては，今後とも注視が必要であろう。

2　ヨーロッパの安全保障をめぐるドイツとフランスの協力関係？

　すでにみてきたように，イギリスの EU 離脱の衝撃を安全保障の側面から和らげ，EU における制度整備を図ろうとする動きにおいて，ドイツとフランスの協力関係が急速に発展しつつあることは見逃せない。この両国は EU の安全保障体制の充実に向け，2010年代後半以降，様々な大胆な提案を行ってきた。2016年7月および9月に両国政府が「欧州安全保障防衛連合（European Security and Defense Union)」創設を提案したことは，EU 内外で大きな驚きと論議を呼んだ。また，両国は2国間関係も刷新を試みており，2019年1月にはアーヘン条約を締結した。これは1963年に締結された独仏協力条約（「エリゼ条約」）を補完する条約と位置づけられ，両国の外交・防衛上の協力強化だけでなく，「軍事的領域において，ヨーロッパの効率性，一貫性，信頼性」を高めると謳っている。さらにアーヘン条約署名の際，ドイツのメルケル首相は「両国が防衛協力を発展させ，欧州軍創設に貢献したい」と発言し，論議を呼んだ。さらに防衛支出面でも，イギリスの離脱後は，フランスとドイツの防衛支出額の合計は EU 全体の50％近くに及ぶと試算されており，この面でにおいても両国の存在感は必然的に大きくなると思われる。

　これに加え，アメリカにおけるトランプ政権の登場は，ヨーロッパ安全保障におけるこの両国のイニシアティブを強めざるを得ない要因も生み出している。アメリカは冷戦終焉以降，ヨーロッパ諸国が安全保障において応分の支出を行うべきであるとして，バードン・シェアリングを強く求めてきた。しかし，トランプ大統領がヨーロッパ諸国に対し，防衛費の増大を強く迫り，ついには北大西洋条約第5条の防衛義務と防衛支出をリンクさせるかのような発言も行ったことは，これまでのバードン・シェアリングをめぐる米欧の議論の枠を完全に超えるものであった。このようにトランプ政権とヨーロッパとの関係が冷却

化しつつあることは，EU における実効的な安全保障体制の構築に向けた独仏
両国のモメンタムを強化していく効果をもたらしたとの指摘がある。

　しかし，この両国がとりわけ EU レベルでの安全保障・防衛政策の拡張に
向けて，完全に歩を一にしているか否かは必ずしも自明ではない。とりわけ，
PESCO をめぐる両国の考え方には無視できない齟齬が存在するとされる。
PESCO の具体化を主導したドイツは，ここに可能な限り多くの加盟国を取り
込むべきと考えていたとされる。これに対してフランスは，そうした協力体制
が大規模になればなるほど結果的には「野心と効果」が薄められた限定的な体
制となってしまいかねないため，「意思と能力」（とりわけ能力）を兼ね備えた
一部の国との間で，より具体的・可動的な防衛協力体制を構築したいとの考え
を有していた。最終的に，PESCO の参加国数はドイツの意向を反映し，25カ
国にも及んでいる。フランスが E2I の創設を主導したのは，PESCO とは異な
る少数精鋭型——かつ既述のとおり，そこにイギリスを含める——の制度構築
を望んだに他ならないとされる。[8]これをめぐっては，ドイツが E2I を PESCO
の傘下におくことをフランスに対して提案し，フランスがこれを退けたとの報
道もある。[9]

　こうした状況においては，これまで述べてきたような安全保障・防衛政策関
連のヨーロッパ統合に関しては，以下の2点について注視しておく必要がある。
第1に，上記の PESCO，EDF，CARD や E2I などといった新たな諸制度間
の一貫性と整合性はどのように確保されるのかという問題である。安全保障・
防衛に限らず，従来のヨーロッパ統合においては，制度間の重複がしばしば指
摘されてきた。今後，新制度の間で連関が確保され，効率的かつ有機的に運営
されていくか否かについては注視していく必要があろう。

　第2に，他の EU 加盟国が，このように独仏のイニシアティブが強く発揮
された統合・協力プロジェクトをどのように受け止め，実際に参加していくの
かという問題である。EU レベルでの安全保障政策の構築をめぐり，加盟国内
に古くから存在してきた対立軸——すなわち，「ヨーロッパ派」か「大西洋派」
か，あるいは EU レベルでの安全保障政策の構築に対して「積極的」か「消
極的」か——は，現在でも解消されることなく残っている。そうである以上，

一部の国については，EUレベルでの安全保障体制構築に関し，仏独のイニシアティブを期待しているわけでも，行動をともにする準備ができているわけでもない可能性もある。上記のような制度構築が中・長期的にEUの一体性を高めることに資するのか，それともEUレベルでの安全保障体制の構築に関する見解の相違が露呈していくのかに関しては，予断を許さない状況といえる。

第3節　EUが直面する安全保障上の危機

1 　難民危機とEUの対応

　以下では，EUをめぐる安全保障上の諸問題の状況を概観する。まず，2010年代半ば以降深刻化したいわゆるヨーロッパ難民危機は，ヨーロッパの安全保障上の環境を大きく変化させたといえる[10]。

　数多くの難民が小さなボートでトルコからギリシャに密航し，エーゲ海上で命を落とす難民も続出するという人道危機は，EUとトルコとの協力関係の強化なくしては解決不可能とみなされていた。こうした認識に基づき，EUとトルコは2015年11月（以下，「11月合意」と略する）および2016年3月（以下，「3月合意」）の2度にわたり，難民に関する合意を締結している。11月合意は，トルコ政府が難民流出を防ぐための努力を加速すること，EUはトルコに対して2年間にわたって30億ユーロの支援金を支払うこと，トルコ人のEUへのビザなし渡航実施に向けたプロセスを開始すること，EU加盟交渉を再活性化すること等が決められた。また3月合意では，同合意達成後の3月20日以降にギリシャに非正規に入国した移民はトルコに送還すること，EUはトルコへの送還者と同数のシリア難民をトルコ国内のキャンプから受け入れること等が決められた。さらにEUはトルコに対し，トルコ国民のビザ自由化導入に向けた検討を本格的に開始すること，トルコのEU加盟プロセスを前進させることなども約束した。

　しかし，これらの合意には，難民の扱いに関し，国際法上および人道上の深刻な問題が存在すると懸念されていた。1951年に署名された難民の地位に関す

る条約では，難民や難民申請者の安全を確保するため，生命や自由が脅威にさらされるおそれのある領域の国境に追放したり，送還したりすることを禁止する，通称「ノン・ルフールマン原則」が定められている。しかし，3月合意に基づいて難民がトルコに移送されれば，トルコが移送されてきた難民を本国に送還する可能性も否定できなかったからである。まさにこのために，3月合意は従来の EU 規範からの深刻な逆行とみなされ，国連関連組織や欧州審議会等の他の国際機関からも再考を求められた。

　こうした理由から，この EU・トルコ難民合意の評価は，EU とトルコの双方にとって，概して厳しいものとなった。ただし，一連の合意の不完全さや諸問題はあるにしろ，当時両者間において達成可能であった最大限の，そして現実的な合意であったともされる。具体的には，3月合意の副産物として，リビアからイタリアへの難民流入が増加したという側面はあるものの，トルコからギリシャへの非正規移動者の流入が実際に減少したこと，そしてギリシャの島々での劣悪な状況が，当初期待されたスピードには及ばなかったにしろ，徐々に解消されていったことからして，EU・トルコ合意の存在意義は一定程度認められるとの指摘もある。ギリシャとトルコが，ヨーロッパ的な規範の上では実行することが困難であった非正規移動者の送還に従事することに合意したからこそ，EU は難民保護の体制を保つことが可能となったともいえるのである。[11]

〔2〕　古くて新しい安全保障上の脅威としてのロシア

　次に，クリミア併合後の対ロシア関係である。クリミア併合は当然のことながら，21世紀のヨーロッパ近隣地域において武力による現状の変更を実現させてしまったという点で，きわめて大きな衝撃であったが，その後もロシア・EU 関係においては深刻な問題が次々と生じている。2018年3月の英イングランド南部でのロシアの元情報将校らに対する神経剤を使用した殺人未遂容疑（通称「スクリパリ事件」）も，EU 加盟諸国の多くがロシア人外交官を追放する事態へといたった。さらに，ソーシャルメディア等を通じた EU 各国への選挙およびレファレンダム介入などにも，ロシアの関与が指摘されている。

　こうした状況の中，中・東欧やバルト諸国，そしてイギリス等は対ロシア脅威認識を強め，EUがアメリカとともに実施している対ロシア経済制裁もしばらく継続される見通しとなっている。ただし，ヨーロッパ諸国がすべて同様に対ロシア脅威認識を高めているわけでもないことには注意が必要であろう。ハンガリーやイタリアなどは，ロシアとの関係を重視する立場から，上述のロシアに対する制裁の解除および緩和に前向きであるとされている。したがって，ヨーロッパの対ロシア政策においては，NATOを通じた対ロシア抑止体制の強化とその実施が進展していく一方で，EUとして実施する対ロシア経済制裁をめぐるコンセンサスの持続性が問われることになろう。

　また，現状では完全に停滞しているウクライナ情勢の解決に向けたヨーロッパレベルでの取組みにも刷新が必要である。ウクライナ東部での停戦を目的として2015年2月に妥結された，いわゆる「第2ミンスク合意」は，現在にいたってもほぼ実行に移されておらず，ドイツ，フランス，ロシア，ウクライナの4者による交渉である「ノルマンディー方式」に基づく和平実現のための交渉も不調に陥っている。2019年4月にウクライナの新たな大統領に選出されたゼレンスキーは，このノルマンディー方式にイギリスとアメリカを加え，交渉を再活性化させるべきであるとの選挙公約を打ち出していたが，そもそもこの構想が実現に移されるのか，この新たな2カ国を交渉に加える際に当然ロシアから予想される反発にどのように対処しうるのかについては，現状ではまったく不透明であるといえる。

［3］　新しい安全保障上の脅威としての中国

　一方，ヨーロッパにおける中国の位置づけも，2010年代半ば以降大きく変化しつつある。2000年代に入るまで，中国が安全保障上の脅威とみなされることは，少なくともヨーロッパにおいては非常に少なかった。むしろ2000年代においては，ドイツ，フランス，イギリスなどのヨーロッパ主要国は，中国との経済関係の構築に注力してきており，懸念の声は顕在化しにくい状況にあったといえる。

　しかし2010年代半ば以降，ヨーロッパ諸国の対中懸念が次々と表明されるよ

うになった。その懸念には，少なくとも以下の３つのタイプが含まれる。第１のタイプの懸念は，中国政府による人権抑圧や，南シナ海への進出をめぐる中国の強硬姿勢に対する，ヨーロッパが比較的長期にわたって有してきた懸念である。第２に，中国が2013年以降推進するグローバルな経済圏「一帯一路」の一環として，中・東欧やバルカン地域などに対して中国が急速に経済進出を行ってきたことに対する懸念である。とりわけ中国と中・東欧諸国およびバルカン諸国との間では，「16＋1」と呼ばれる経済プラットフォームが形成され，中国からこれら諸国に対する大規模な投資が約束されているが，その少なくない部分において EU の投資・競争ルールが軽視ないし無視されていることが指摘されている。さらに，中国によるこれら諸国における投資が，鉄道や道路，港などといった国の安全保障にも深くかかわるインフラ産業に集中していることも，EU からの懸念を増大させている。

　第３に，第２の点とも関連するが，中国によるヨーロッパへの積極的な経済進出の帰結として，中国によるヨーロッパ企業の相次ぐ買収やそれに伴う技術・情報流出が指摘されるようになってきた。とりわけドイツにおいては，産業用ロボット大手のクーカ（KUKA）が，2016年に中国家電大手・美的集団によって買収されて以来，技術・情報流出への懸念が高まり，中国による企業買収を制限する動きが強まってきた。ただしこの点に関しても，ヨーロッパで統一された対応を策定・実施することは困難であるとされている。

　この点に関連し，現在のヨーロッパで大きな議論となっているのは，EU 域内で整備する次世代通信規格「5G」をめぐって，中国通信機器大手である華為技術（ファーウェイ）の製品を採用するか否かである。アメリカ政府はかねてから，ヨーロッパ諸国がファーウェイ製品を採用すれば，米欧間の軍事・機密情報の共有などが損なわれる可能性があるとしており，同製品を採用しないよう，強く働きかけていた。しかしヨーロッパ諸国の中には，ファーウェイ製品の採用に積極的な諸国も存在するため，EU はこの２つの立場の間で板挟みとなっていた。

　この問題については，当面，EU レベルでの統一的な対処は困難であるとの見方が存在している。欧州委員会は2019年３月12日に公表した対中戦略を見直

Column 13　ブレクジット狂騒曲②：イギリスのEU離脱はなぜ困難か

　そもそもイギリス議会のEU離脱派は，与党・野党を問わず，EUからどのような条件で離脱し，離脱後にEUとどのような関係を結ぶのかについて，ほとんどなにも具体的な構想を有していなかった。このため，離脱をめぐるほぼすべての論点をめぐり，離脱派内部ですら合意が得られず，迷走を続けることになった。

　一方EU（およびイギリスを除いたEU27カ国）は，イギリスとの離脱交渉においては「いいとこどりは認めない」という厳しい態度で臨んだ。EUとしては，イギリスに好条件での離脱を認めれば，EUに不満をもつ加盟国が次々と離脱していきかねない（「離脱ドミノ」）ことを恐れていたのである。

　離脱交渉において，とりわけ困難であったのは，離脱後のイギリスにおけるEU市民の扱い（およびEUにおけるイギリス市民の扱い），離脱前にイギリスがEUに約束していた分担金支払いの問題，そして，イギリス離脱により新たに英領北アイルランドとアイルランドの間に生じることになる国境線の問題（いわゆる「バックストップ」問題）であった。

　厳しい交渉の末，2018年11月に離脱協定がまとまった。しかしイギリス議会は2019年1月，同協定を歴史的大差で否決した。その後EUは，イギリスに最長で2019年10月末まで離脱延長を認めたが，それまでにEUとイギリスの双方が完全に納得する離脱案が合意される保証はどこにもない。また，自らが率いる保守党からの支持を完全に失ったメイ首相は2019年6月に保守党党首を辞任し，後任には離脱キャンペーンを率いたジョンソン元外相が選出された（*Column 12* 参照）。さらにイギリス国内では，2016年6月の国民投票がそもそもの誤りであったとして，2回目の国民投票の実施を求める動きが活発化するなど，混迷の度合いを深めている。

　仮に離脱が実現すれば，EUの歴史上はじめて，「拡大」ならぬ「縮小」を経験することになる。しかし一連の離脱交渉は，EU加盟国が離脱を試みるということが，いかに非現実的で荒唐無稽であるかを描き出した。このことは，他のEU諸国にも思わぬ効果をもたらした。かつては，他のEU加盟国の一部の政党でもEU離脱論が主張されたことはあり，「（イタリアの離脱を意味する）イタリーブ」，「（チェコの離脱を意味する）チェッコアウト」などの可能性が，半分冗談交じりで，半分まことしやかに語られたこともあった。しかし，国民投票以降大混乱を続けるイギリスの姿を前に，他の加盟国でのEU離脱論は影を潜めつつある。離脱に苦しむイギリスの姿は強烈な反面教師となり，他の加盟国にEUの重要性と離脱の困難さを改めて示唆することになったのである。

す行動計画案で，5Gへの外国製品の使用は「EUの安全保障を危険にさらすリスクがある」と警告していた。しかし，その後2週間後の3月26日に公表した欧州委員会勧告では，5Gへのファーウェイ製品の採用に関しては判断を加盟国に委ねるとの立場を公表した。この勧告では，中国製品の採用にはリスクがあるとの認識が改めて示され，5Gに関するセキュリティ上の監視を強化するべく，加盟国間で連携することを求めた。一方，EUとしてファーウェイ製品を一律で除外するのは当面見送ったという判断である。この問題に関しては，ヨーロッパ内部での見解の統一のみならず，アメリカとの意見調整も継続的な課題となると思われる。

　ただし，ヨーロッパ諸国の対中国スタンスも全く統一的ではない。イギリスやドイツなどの諸国や，欧州委員会などが，中国に対する懸念を近年急速に強めている一方，上記の「16＋1」諸国は中国との関係構築に高い優先順位をおいているし，2019年前半にはイタリアがG7諸国で初めて，一帯一路構想に対する協力に関する覚書に署名をし，大きな論議を巻き起こしている。

　すでにみてきたような，新旧様々な問題に直面し，EUの安全保障認識は大きく揺れ動いている。新たな制度構築に伴う連関性・一貫性の確保や，新たな脅威に対するEUの一体性の確保がどの程度成功し，EUがどの程度成熟した安全保障アクターとして発展していくのかに関しては，今後とも注視していく必要がある。

推薦図書

The International Institute for Strategic Studies（IISS）*Strategic Survey 2018 : The Annual Assessment of Geopolitics.* Routledge.
　　イギリスで定評あるシンクタンクが毎年発行する，世界の各地域の安全保障情勢の解説。ヨーロッパ安全保障の知識のアップデートのため，「ヨーロッパ」の章だけでも毎年読むことを勧めたい。

Nicole Koenig and Marie Walter-Franke, "France and Germany : Spearheading a European Security and Defence Union ?," *Policy Paper* No. 202, Jacque Delors Institute, Berlin, 19 July 2017.
　　まさに本章で述べたような，ヨーロッパ安全保障をめぐる仏独協力の可能性と問

題点，さらには「欧州防衛連合」の形成可能性について，コンパクトかつわかり
やすく解説。

東野篤子「ヨーロッパと一帯一路──脅威認識・落胆・期待の共存」『国際安全保障』
第47巻第 1 号，2019年。
　EU・中国関係と，それがヨーロッパ安全保障にもたらすインプリケーションに
ついて論じている。

⑴　合意当初の PESCO のより詳しい内容については以下を参照。European
　　External Action Service, *EU Defence historic day : EU ministers agree
　　implementation plan for closer military cooperation,* 6 March 2018.〈https://eeas.
　　europa.eu/headquarters/headquarters-homepage/40853/eu-defence-historic-day
　　-eu-ministers-agree-implementation-plan-closer-military-cooperation_en〉

⑵　European External Action Service, *Defending Europe : The European Defence
　　Fund.*〈https://eeas.europa.eu/sites/eeas/files/defence_fund_factsheet_0_0.pdf〉

⑶　Tocci, Natalie (2018) "The Demise of the International Liberal Order and the
　　Future of European Project," *IAI Commentaries,* No. 18.〈https://www.iai.it/en/
　　pubblicazioni/demise-international-liberal-order-and-future-european-project〉

⑷　EU の文民的安全保障については，小林正英「EU 文民的安全保障政策の成立と
　　発展」『法学研究』第84巻 1 号，2011年が参考になる。

⑸　Joint Position by Defence Ministers Ursula von der Leyen and Jean Yves le
　　Drian, Revitalizing CSDP. towards a comprehensive, realistic and credible
　　Defence in the EU, 11 September 2016 ; Joint contribution by Foreign Ministers
　　Jean-Marc Ayrault and Frank-Walter Steinmeier, A strong Europe in a world of
　　uncertainties, 27 June 2016.

⑹　Nicole Koenig and Marie Walter-Franke, "France and Germany : Spearheading
　　a European Security and Defence Union ?," *Policy Paper* No. 202, Jacque Delors
　　Institute, Berlin, 19 July 2017.

⑺　鶴岡路人「欧州とトランプ政権の 1 年」『国際情報ネットワーク分析 IINA』笹
　　川平和財団，2018年 3 月10日アクセス。〈https://www.spf.org/iina/articles/tsuruo
　　ka-europe-trump.html〉；鶴岡路人「NATO 首脳会合は何だったのか──米欧同
　　盟の行方」『国際情報ネットワーク分析 IINA』笹川平和財団，2018年 8 月 1 日ア
　　クセス。〈https://www.spf.org/iina/articles/tsuruoka-europe-nato.html〉

⑻　The International Institute for Strategic Studies (IISS) Strategic Survey 2018 :

The Annual Assessment of Geopolitics, Routledge, p. 239.

(9)　"France and Germany are pushing rival models for defence co-operation," *The Economist*, 31 January 2019.

(10)　本項についてのより詳細な分析については，東野篤子「EU と『絶縁体国家』トルコ──疎外と期待」『共振する国際政治学と地域研究』勁草書房，2019年を参照。

(11)　墓田桂『難民問題──イスラム圏の動揺，EU の苦悩，日本の課題』中央公論新社，2016年。

（東野篤子）

第12章

漂流の危機にある NATO

　2014年以降のロシアによるウクライナへの介入は，ヨーロッパ安全保障に深刻な影響を与えた。NATO は戦力整備の見直しを迫られ，集団防衛のための演習や警戒監視任務が増加した。一方，そうしたコストのかかる態勢強化には足並みの乱れもあり，ヨーロッパの加盟国の間には深刻な負担の格差問題が生じている。この負担格差の背景には，2014年以降の国際安全保障環境に対する認識の大きな差があり，そのこと自体，NATO の将来像に波紋を投げかけている。

第1節　2014年ショックと NATO

1 　戦力の見直し

　2014年3月のロシアによるクリミア併合にはじまるウクライナ危機は，NATO にとって「ベルリンの壁崩壊以来，ヨーロッパにおける最も深刻な危機」であった。「2014年ショック」というべきロシアの軍事行動は，とりわけロシア周辺の NATO 加盟国であるエストニア，ラトビア，リトアニアのバルト三国とポーランドに対して，大きな衝撃を与えた。ジョージア紛争（2008年）をめぐって冷却化していたロシアとの関係をいったんはリセットさせていたオバマ米政権も，2014年3月以降，対ロ強硬姿勢へと転じた。同年6月にアメリカは「ヨーロッパ再保証構想（ERI）」を発表し，削減がすすんでいた在欧米軍の再強化を決めた。

　2014年の国際情勢の変化を受けて，NATO も同年9月のウェールズでの首脳会議において，「即応行動計画（RAP）」を発表した。NATO の RAP は，危機や脅威に迅速かつ断固として対処するための戦力整備と，防衛態勢を強化し

加盟国の安全を再確認するための任務・演習の実施という2つの柱からなっていた。新たに脅威を感じているロシア周辺の加盟国に対して，NATO は防衛態勢を再編し，安全保障上の安心感をあらためて提供する必要に迫られたのである。

　NATO の戦力整備の中心は，NATO 即応部隊（NRF）の改編であった。NRF とは，危機管理任務を迅速に行えるよう，グローバルに即応展開が可能な形に編成された戦力で，出動命令から5日以内に展開し，最大30日間もちこたえるという「最初に展開し，最初に撤収する(5)」部隊とされていた(6)（⇨詳しくは第3章参照）。しかし，2008年夏にジョージア紛争が勃発すると，対ロ脅威認識を高めたバルト三国やポーランドは，NRF について，域外での危機管理よりも，むしろ領土防衛，すなわち5条任務用の部隊としての機能を期待するようになった。こうして NRF は，危機管理のための緊急展開の必要性に基づく構想でありながら，2008年以降，5条任務への期待を寄せられるという二面性を内包することとなった。この二面性こそが，NRF の混迷をもたらした最大の要因であった(7)。

　NRF の低迷に，より大きなインパクトをもたらしたのが，2014年のロシアによるクリミア併合であった。プロパガンダ活動，ロシア系住民との提携，特殊部隊による事前の潜伏活動を経て，きわめて短期間にウクライナ軍を封じ込めて併合を可能としたロシア軍のハイブリッド戦術に対して，NATO はあらためて即応能力の高い戦力編成の必要性を痛感させられたのである。2015年2月，NATO 国防相会議は，RAP に基づいて，NRF の刷新強化を決断した。それまでの NRF に対して，大きく2つの変更が打ち出された。

　第1は，従来の NRF における中核的な部隊とされた IRF（即時対応部隊）が，より高い烈度への対応力と即応性をもった VJTF（超即応統合部隊）に改編されたことである。これは約2万人（3個旅団規模＋航空・海上・特殊部隊）で構成され，その一部（1個旅団）は48〜72時間以内に展開し，ローテーションの直前の VJTF と直後の VJTF（計2個旅団）が，IFFG（早期増援部隊）として編成されることとなった。IFFG は「危機に対応し，VJTF に続いて早期に展開できる即応部隊」と規定されていた(8)。また VJTF の前方展開をスムーズに受け

入れるために，エストニア，ラトビア，リトアニア，ポーランド，ルーマニア，ブルガリアなどに，約50名ずつからなる NATO 部隊統合調整室（NFIU）が設置された。[9] 第 2 に，NRF は明確に集団防衛とリンクされた。そのため2015年以降 NATO は，新しい VJTF/NRF の枠組みによる集団防衛のための演習を計画し実施するようになった。

　では，NATO の実際の防衛態勢はどのようなものだったのであろうか。

第 2 節　集団防衛のための態勢強化

1 　任務

　2014年以降，NATO は10あまりの任務を実施している。その中で，同盟国の集団防衛のための態勢を強化し潜在的な脅威を抑止するために，ロシアと隣接する加盟国領域において実施されている代表的な任務が，バルト三国およびポーランドへの NATO 部隊の「前方プレゼンス強化（EFP）」である。

　EFP は2016年ワルシャワでの NATO 首脳会議において実施が決定した。[10] もともとバルト三国やポーランドは2010年の戦略概念策定の頃より，自国内への NATO 軍基地設置を求めていた。しかしこれは，1997年の NATO ロシア基本議定書における NATO 側の誓約（新規加盟国へ部隊の常駐〔permanent stationing〕をしないこと）[11] に抵触すると考えられていた。対ロ関係は2014年以降，厳しくなっていたものの，多くの加盟国はロシアとの決定的対立を回避したいと考えており，NATO ロシア基本議定書の誓約を逸脱することには積極的ではなかった。そうした経緯から，バルト三国とポーランドへの NATO 部隊派遣は，いわゆる常駐的な基地設置と区別して，「前方プレゼンス強化（EFP）」と呼ばれている。EFP は，NATO 加盟国がローテーションにより，バルト三国とポーランドに，それぞれ大隊規模の戦闘群（Battlegroup）を計 4 個展開するというものであった。[12]

　これらの部隊は，単独でロシア軍に対抗できるわけではないが，NATO にとって「トリップワイヤー（仕掛け線）」的な機能をもつと考えられる。仮にロシアがエストニアに侵攻した場合，最初に EFP が交戦することで NATO が

関与することになり，EFP が抵抗している間に増援部隊を送り込むことができるようになる。また，そうした可能性を提示することで，ロシアの侵攻を抑止することになるわけである。

　しかし，2017年8月に作戦可能態勢となった EFP は，各国にそれぞれ機械化歩兵部隊を中心とするわずか1個大隊規模の配置で，兵力のみならず重火器，対空能力，電子戦能力などが決定的に不足しており，航空部隊も伴っていなかった。アメリカのシンクタンクであるランド研究所が2016年に行ったシミュレーションの結果によると，ロシア軍は侵攻後60時間でエストニアの首都タリン，ラトビアの首都リガに到達するとされており，それを防ぐには3個機甲旅団を含めた7個旅団が必要との結論を出している。そうであるならば，4カ国への配備を合計しても1個旅団程度の EFP では非常に弱体なため，NATO による増援部隊の到着前に前線を突破されてしまう懸念がある。そもそも，ロシアがカリーニングラードにおいて対空ミサイルや対艦ミサイルなどによる強力な A2／AD（接近阻止・領域拒否）態勢を構築しつつあるため，NATO の VJTF による増援も容易でない。したがって，EFP の対ロ抑止力は必ずしも十分とはいえない状況にあるといえよう。

2　演習

　軍事演習は，部隊の戦闘能力，即応性，展開能力，兵站能力等を検証するために実施されるが，多国間同盟にとって軍事演習は，同盟国の結束の強さと相互運用性の高さを示すことで，脅威に対する抑止力を提供するという役割がある。また，一般に NATO の軍事演習という場合，厳密には NATO 主要司令部主催の演習と，特定の NATO 加盟国主催の演習（に他の加盟国が参加する演習）とに分けることができる。さらに，これらの演習はその形式により，LIVEX と呼ばれる部隊演習，CPX/CAX と呼ばれる指揮所・司令部演習，Exercise Study と呼ばれるセミナーの3種類に分けられる。本節では，NATO としての防衛態勢の状況を解明するために，NATO 司令部主催の部隊演習を中心に概観する。

　NATO 司令部主催の部隊演習は，90年代のバルカン半島および2003年から

2014年までのアフガニスタンで NATO が危機管理活動に従事したことを反映
して，2013年頃まで，その演習目的は捜索・救難活動のような相互協力の確認
と，テロ対処や平和維持活動のような危機管理が中心であった。集団防衛のシ
ナリオに基づく部隊演習は，2013年11月にバルト三国とポーランドで約6,000
人を動員して実施された Steadfast Jazz が実に10数年ぶりであった。その後，
2014年の1万3000人を動員したポーランド，リトアニアでの演習（Noble
Justification 14），2015年の1万3000人を動員したエストニアでの演習（Steadfast
Javelin 15）から2018年の冷戦後最大規模（5万人以上）の演習（Trident Juncture
18）まで，NATO 司令部主催の演習では，集団防衛型の演習の比重が大きく
なっていた。

　しかし，2014年からの集団防衛型演習の増加や規模の拡大にもかかわらず，
対ロ抑止力という点では，NATO は加盟国に必ずしも十分な安心感を提供し
ているとはいえない状況にあった。なぜならば，NATO の演習は規模の面な
どで，ロシア軍の演習より，はるかに劣っていたからである。

　ロシアは2013年以降，大規模演習をさかんに実施しており，NATO の軍事
演習との間には，動員兵力数に大きなギャップがあった。**図12-1** は2013年か
ら2018年にかけて兵力1万人以上を動員した NATO（司令部および加盟国）と
ロシアの演習を示したものである。ロシアは2013年から18年までの6年間に6
万人以上を動員した演習を7回（うち3回は10万人以上動員）実施しているのに
対して，NATO は同時期，加盟国主催の演習をあわせても，5万人規模の演
習がわずか1回，3万人規模の演習が3回で，その他はすべて2万人未満で
あった。[17]

　ロシアの演習とのギャップをさらに大きくしているのが，ロシアの「抜き打
ち（snap）」演習という手法である。これは部隊の即応性を検証するため，参
加部隊にも事前に知らせず演習を実施するものである。ロシアを含めた欧州安
全保障協力機構（OSCE）加盟国は，軍事行動の透明性や予測可能性を高める
ため，2011年ウィーン文書に基づいて，9000人以上の部隊演習については相互
に事前通告することを義務づけている。ただしこの規定は，即応性検証のため
の「抜き打ち」演習実施を例外として認めている。[18] NATO はウィーン文書の

図12-1　NATO ロシア演習規模の比較（2013〜18年：兵力1万人以上）

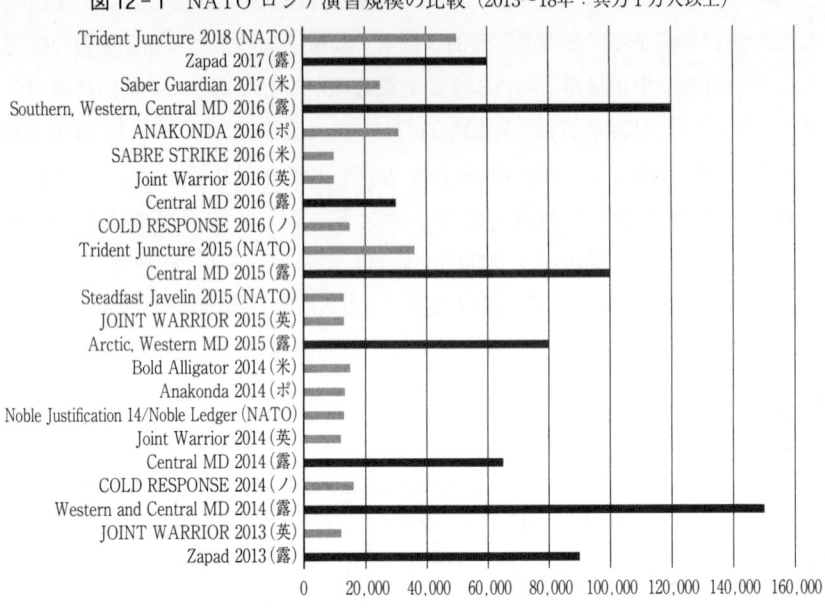

（出所）　注(16),(17)の文献に基づき筆者作成。

精神を遵守して，すべての演習について事前通告を行っているが，ロシアはこの例外規定を利用して，2013年以降，少なくとも15回の「抜き打ち」演習を実施しており，これが規模の大きさとあいまって近隣諸国に切迫した脅威感を与えているのだ[19]。NATO 側は軍事演習の透明性を求める立場から「抜き打ち」演習について，再三，ロシアを批判しており，ウィーン文書の改訂も求めている[20]。

　NATO は2014年ショックを受けて，遅ればせながらロシアを念頭においた集団防衛態勢構築のための任務や演習に着手した。しかし，任務においても，演習においても，対ロ抑止力は必ずしも十分ではなかった。さらに2017年になって NATO は新たな政治的ショックに見舞われた。アメリカのトランプ政権誕生である。

Column 14　NATO 戦力の本当の実力は？

　NATO は2014ショックを受けて VJTF（超即応統合部隊）のような戦力計画を打ち出した。しかし多国間同盟である NATO の戦力とは，各国からの部隊の寄せ集めであり，いかに高い即応性に応じた戦力計画を作成したとしても，実際にそれらが展開できるのかは別問題である。

　このことを考える上で興味深い小説がある（General Sir Richard Shirreff, *War With Russia: An urgent warning from senior military command: A Menacing Account*, Coronet, 2016.）。この小説は，原油価格下落に伴う経済不振，政権の長期化による支持率の低迷，ドンバス（東ウクライナ）での手詰まりといった内外の状況を打開するため，冒険主義的な軍事行動に出たロシアに対して，NATO がどのように立ち向かったかを描いたフィクションである。時は2017年春，ロシアは突如ドンバスからクリミアへの回廊地域に侵入，これに世界の耳目が集まっている間に，今度は NATO 加盟国であるバルト三国を急襲する。これは，まず特殊部隊要員が先行的に侵入し，現地ロシア系住民を扇動して騒擾を引き起こし，彼らへの支援を求めるロシア国内ナショナリズムの高揚を背景に，西部軍管区で「抜き打ち」軍事演習を開始したロシア軍がエストニア，ラトビアになだれ込むという，クリミアと同じハイブリッド戦術である。

　これに対して，北大西洋理事会が緊急に開催され，NATO 事務総長が直ちに VJTF の出動態勢を整えるよう主張する。しかし，NATO 最高副司令官からは，VJTF はあくまで14カ国からなる紙の上での編成で，訓練もなされておらず，参加国の協力もまちまちで，「超即応」といっても 1 カ月ほどかかるとの現状報告がなされる。さらにローテーションで VJTF 枠組み国のドイツが，ロシアは脅威なのか疑問があるとした上で，部隊展開には本国との協議が必要として先延ばしをはかり，ハンガリー，ギリシャがこれに同調する。結局，コンセンサスに縛られる NATO は何も決定できないまま，ストーリーは米英軍が中心に反撃を行うという流れになる。

　小説といいながら妙に生々しいのは，著者が2014年まで 3 年間，NATO 最高副司令官であったからだ。NATO という機構の内部の意思決定の流れ，軍人たちの議論，北大西洋理事会での各国 NATO 大使のふるまいなど，現場での経験をふまえたと思われる詳細な記述がありとても興味深い。サブタイトルに「軍幹部からの緊急の警告」とあるように，元 NATO 最高副司令官は，小説の形を借りながら，NATO の「戦力」整備のあり方や意思決定の現状に警鐘を鳴らしているように思われる。

第3節　トランプ・ショックと負担の不均衡

⬜1⬜　「2％」をめぐる政治力学：コスト負担の問題

　2017年1月，アメリカ大統領に就任したトランプ氏は，大統領選挙期間中から NATO への容赦ない批判を展開していた。彼は，国防費を GDP（国内総生産）比2％とするとの2014年 NATO ウェールズ首脳会議の公約を，大半のヨーロッパ加盟国が満たしていないことについて「ただ乗り（free-ride）」と糾弾したのである。[21]

　NATO の負担共有（burden-sharing）の不均衡という問題は，冷戦期から存在していた。例えば1950年代には，アメリカが大量報復戦略を採用して核戦力を増強させたことに便乗してヨーロッパ加盟国は通常戦力の補強を怠っているとアイゼンハワー大統領が不満を漏らしていた。[22]しかし，60年代に入ってケネディ政権がヨーロッパの通常兵力の役割と比重を拡大した柔軟反応戦略を採用すると，負担不均衡問題は鎮静化に向かった。70年代以降はヨーロッパ側もソ連の脅威を強く認識していたため，高い国防費対 GDP 比水準を保っていた。例えば1989年時点でもヨーロッパ NATO 加盟国の国防費対 GDP 比平均は3.1％で，ルクセンブルクを除くと各国は GDP 比2％をはるかに超えていた。[23]しかし冷戦の終焉とともに，ヨーロッパ諸国では「平和の配当」として国防費の削減が進んだのであった（⇨第3章参照）。

　そもそも GDP 比2％という基準はどこから出てきたのか。これは，2004年に7カ国の NATO 加盟が実現する際の基準の1つとして，NATO と加盟候補国の間の非公式協議において登場したのである。その算定根拠は，実際の安全保障上の必要性から出されたものではなく，1991年から2003年の加盟国国防費の中央値が2.05％であったことに由来している。[24]やがて2006年の NATO 国防相会議において，この2％基準の達成が加盟国の努力目標として正式に掲げられた。[25]

　しかしこの基準も，2008年に発生した世界的な金融危機の影響により各国が緊縮財政政策を採ったために達成できなくなっていた。そのようなタイミング

で勃発したのがロシアによるクリミア併合であり，NATO は，2014年のウェールズ首脳会議の共同宣言において，同基準をあらためて確認した。すなわち，現に基準を突破している国はその状態を継続し，2％にいたっていない国は今後10年以内の2％基準達成に向けて努力するというものである。また，国防費の内訳についても，研究開発を含む主要装備品支出充当率20％を基準とすることが求められていた。しかし，2018年の時点で国防費対 GDP 比2％基準を達成したのは，アメリカ以外にわずか6カ国（ギリシャ，イギリス，エストニア，ポーランド，ラトビア，リトアニア）に過ぎなかった。

　この国防費対 GDP 比という基準については，いくつかの批判が寄せられている。第1に，各国とも国防費がそのまま NATO への貢献になるわけではない。例えばアメリカは GDP 比3.39％（2018年）を誇っているが，これはヨーロッパだけでなく，中東からアフリカ，アジアまで米軍のグローバルな展開の費用を広くカバーしているわけで，ヨーロッパへのコストが果たして「2％」に達しているのかは自明ではない。第2に，すでにみたように「2％」という数値が恣意的で，国際環境の変化やそれに基づく必要経費の算出など，具体的な算定根拠に基づいた数値ではない。第3に，紛争の根本原因である貧困に対する開発援助や難民支援など，現代の安全保障を考える上で不可欠な非軍事的側面の負担が考慮されていない。例えば国連は政府開発援助について，各国に国民総所得（GNI）の0.7％の支出を求めているが，ノルウェー（0.94％），デンマーク（0.72％）がこの基準を満たし，ドイツも0.61％と高水準なのに対して，アメリカは0.17％に過ぎないのである。

　しかしなによりも大きな問題は，実際の NATO の軍事的活動におけるリスク負担がまったく反映されていないことである。

［2］　任務への参加実態：リスク負担の問題

　NATO は，冷戦期には集団防衛の実任務を果たすことはなかったが，冷戦が終結すると，バルカン半島，地中海，アフガニスタン，リビアなどにおいて危機管理任務に従事することとなった。その結果，負担共有の指標として新たに任務へのリスク負担の観点が加わった。すなわち，どれほどの兵力を任務に

図12-2　加盟国別の国防費対 GDP 比および任務参加率（2014〜18年）[33]

(単位：%)

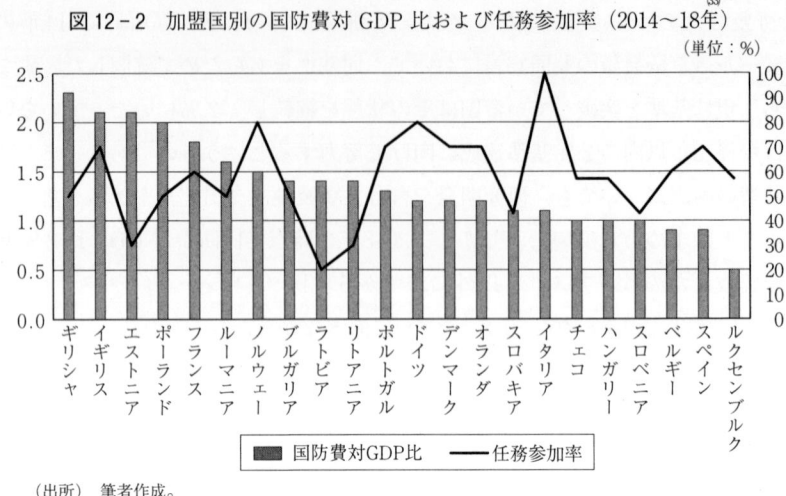

（出所）　筆者作成。

捧げているか，あるいは人的犠牲を払っているかということが焦点となったのである[30]。ロシアによるクリミア併合の2014年から2018年までの間に NATO は10の任務を実施している[31]。

　そこで，これらの任務へヨーロッパ加盟国が参加している割合を算出し[32]，2014年から2018年までの任務参加率と，同時期の国防費対 GDP 比の平均値を国別に示したのが図12-2である。横軸の国名は，国防費対 GDP 比の高い順番に並べた。左側の縦軸は国防費対 GDP 比，右側の縦軸は任務参加率である。国防費対 GDP 比は棒グラフで，任務参加率は実線の折れ線グラフでそれぞれ示している。

　この図をみると，同じ同盟の負担でも，国防費対 GDP 比が測定しているものと，任務参加率が測定しているものには，かなりの開きがあることがわかる。例えばギリシャは国防費対 GDP 比では最上位に位置するが，任務参加率は50％程度であり，エストニアも GDP 比では2％を突破しているが，任務参加率は30％に過ぎない。一方，国防費対 GDP 比が1.2％程度でトランプ大統領にしばしば批判されるドイツは，任務参加率は80％と上位を占めており，イタリアも国防費対 GDP 比は1.1％と低迷しているが，任務参加率は100％となっている。このように国防費対 GDP 比という指標は，必ずしも軍事的活動にお

けるリスク負担を反映しているわけではないことがわかる。

第4節　交錯するヨーロッパ加盟国の思惑

　コスト負担にせよリスク負担にせよ，格差が生じる背景には各加盟国の同盟に対する期待値や将来像の違いが存在する。そうした違いは，各国政府の安全保障認識の違いといってもよいだろう。そこで，2014年以降にヨーロッパ各国政府が刊行した戦略関係文書を手がかりに，それぞれの脅威認識，とりわけ対ロ認識を概観してみたい。[34]

　脅威認識について，もっとも顕著な傾向がみられるのが，バルト三国およびポーランドである。いずれの国の戦略関係文書においても，懸念すべき国際環境の冒頭にロシアの攻撃的行動があげられていた。例えばリトアニアは『国防白書2017』の中で，ロシアの修正主義を長期的な安全保障上の課題の筆頭に掲げ，他の課題の数倍にも及ぶ記述を展開していた。ラトビアの『国家安全保障概念2016』でも，約3頁にわたる脅威に関する項目のうち2頁をウクライナ危機に割き，ロシアの動向を細かく分析していた。[36]

　一方，イギリスの『戦略防衛・戦略見直し2015』は，懸念すべき事項の筆頭にテロや過激主義，不法移民や組織犯罪を掲げながら，2番目に警戒すべきこととして，ロシアのような国家主体の脅威の復活に言及していた。ドイツの『国防白書2016』においても，国際テロを最も切迫した課題として強い警戒感を示し，ついでサイバー攻撃や情報操作を懸念事項として掲げる一方で，ハイブリッド戦術への懸念という文脈の中で，ロシアの問題にも触れていた。[38]

　これらに対して，イタリア，スペインなど南欧諸国は，ロシアを脅威とする認識はほとんどみられず，それより不法移民やテロへの関心の高さが際立っていた。例えばスペインは『国家安全保障戦略2017』において，国際テロを特記すべき脅威とし，他の脅威に比して多くの紙幅を割いているほか，自国の地理的位置から移民・難民の流入という課題にさらされているとして，移民・難民管理の必要性を指摘していた。[39]

　その他の中欧からバルカンの国についてみると，チェコ，ブルガリア，スロ

図12-3　NATO の将来像をめぐる志向の違い

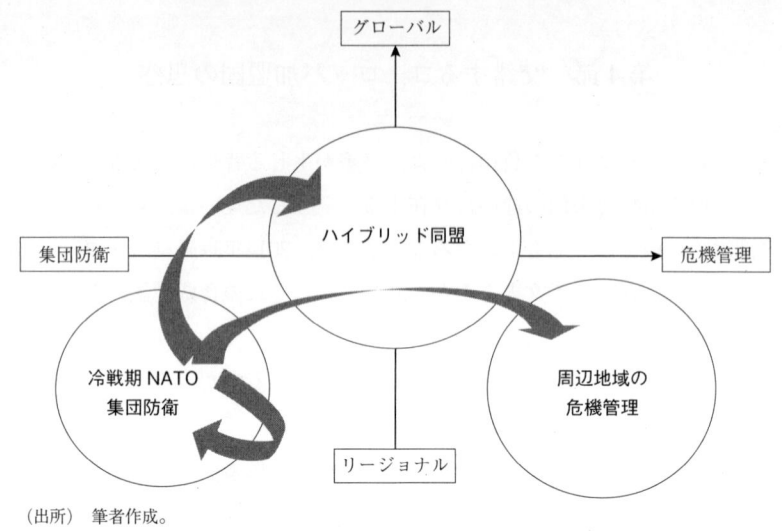

（出所）　筆者作成。

ベニアの戦略関連文書においてはロシアへの言及がまったくみられず，スロバキアやルーマニアにおいても，ロシアを直接的に脅威とする形での言及はなかった。他方，スロベニアが「西バルカンの不確定な政治状況」を脅威として冒頭に掲げ[40]，ブルガリアやルーマニアも主要な脅威として「テロ」に加えてヨーロッパの周縁部の不安定性を懸念事項としてあげ，具体的に「西バルカンの不安定性」と「黒海地域の凍結された紛争（沿ドニエストル，南オセチア，アブハジアなど）」に言及をしていた[41]。冷戦終焉直後にソ連を警戒していた中・東欧からバルカンの国においては，いまやポーランドを例外として，ロシアに対する脅威認識は希薄になっており，むしろ，西バルカンや黒海周辺地域の問題が，より切実な脅威として認識が共有されていた。

　このように負担共有の背景として戦略文書を読み解くと，2014年ショック以降の NATO 加盟国の間では，安全保障上の関心や脅威認識が多様化していることがうかがえる。そうした各加盟国の認識の違いを大まかに類型化するとすれば，集団防衛機能重視，危機管理重視，ハイブリッド機能重視の３つに分けることができるだろう。バルト三国やポーランドが求めている NATO とはロ

シア脅威への備えであり，いわば冷戦期 NATO の近代化である。それに対して対ロ脅威認識の希薄な南欧諸国や中欧・バルカン諸国が求めているのは，難民・移民管理やテロ対策など，ヨーロッパとその周辺地域の危機管理である。そしてイギリス，ドイツなどの主な西欧加盟国は，両機能の適正なバランスの上に成り立つ「ハイブリッド」な NATO を志向しているといえよう。図12-3 はこうしたヨーロッパ加盟国の抱く NATO への将来像を，冷戦期 NATO（第3象限）からの変化として模式的に示したものである。

第5節　2つのショックと NATO にとっての課題

　NATO は2014年のロシアによるクリミア併合を，冷戦後のヨーロッパ安全保障体制への挑戦とみなし，公式声明では集団防衛強化で一致している姿勢をたびたび強調してきた。しかし，そのための戦力整備は遅れが目立つ上，任務や演習によって構築されつつあるロシア周辺での NATO の防衛態勢は，ロシア軍との間に大きなギャップをかかえている。そもそも NATO の最新の戦略文書である2010年戦略概念は，その前提を「欧州大西洋は安定しており，NATO 領域に対する通常戦力による攻撃への脅威は低い[42]」としているので，まず，2014年以降の国際環境の変化に即した形での戦略概念の全面的改訂が必要であろう。

　一方，2017年のトランプ・ショックにおいては，コスト面での負担不均衡問題を契機に同盟に亀裂が入った。さらにヨーロッパ加盟国の間では，リスク面での負担不均衡も露わになっていた。負担問題の根底には，各加盟国の脅威認識の違いが存在する。2014年ショックにもかかわらず，実はロシアを深刻な脅威ととらえ集団防衛を重視しているのは，ごく一部の国々に過ぎない。冷戦期に NATO を結束させた集団防衛機能は，2014年ショック後の NATO においては同盟の求心力にはなりえていないのである。他方，危機管理についても，グローバルなテロ対処から周辺地域の安定性確保まで相当に幅広い志向性の違いもあり，必ずしも結束力を強化する方向には作用していない。

　2つのショックにより表面化した軍事的な集団防衛態勢の不備と負担共有を

めぐるヨーロッパ加盟国の足並みの乱れは，同盟としての NATO への信頼感を損ないかねない事態となっている。冷戦期に最強の同盟とされた NATO は，いまや漂流の危機にある。

[推薦図書]

渡邊啓貴『アメリカとヨーロッパ──揺れる同盟の80年』中央公論新社，2018年。
　　米欧同盟を NATO に限定せず広義にとらえ，20世紀初頭の米欧関係の原点からトランプ・ショックに揺れている現在までの米欧関係をわかりやすく分析した概説書。

Magnus Petersson, *NATO and the Crisis in the International Order : The Atlantic Alliance and Its Enemies,* Routledge, 2018.
　　修正主義のロシア，孤立主義的なアメリカ，ポピュリズムの台頭するヨーロッパといった国際環境がもたらすリスクを分析した上で，いかに NATO が適応できるかを論じた本。

----

(1)　"A Strong NATO in a Changed World," Speech by NATO Secretary General Anders Fogh Rasmussen at the Brussels Forum," 21 March 2014 〈https://www. nato.int/cps/en/natohq/opinions_108215.htm〉（以下，特に断りのない限り，2019年1月22日アクセス）

(2)　NATO は2014年4月4日に緊急理事会を開催したが，この開催を北大西洋条約第4条（安保上の脅威に際しての協議要請）に基づいて要求したのはポーランドであった。

(3)　The White House Office of the Press Secretary For Immediate Release, June 03, 2014, FACT SHEET : European Reassurance Initiative and Other U.S. Efforts in Support of NATO Allies and Partners. 〈https://obamawhitehouse.archives. gov/the-press-office/2014/06/03/fact-sheet-european-reassurance-initiative-and -other-us-efforts-support-〉

(4)　Wales Summit Declaration, Press Release (2014) 120, 05 Sep. 2014, para 5-8. 〈http://www.nato.int/cps/ic/natohq/official_texts_112964.htm〉

(5)　Sten Rynning, *NATO Renewed : The Power and Purpose of Transatlantic Cooperation* (New York : Palgrave Macmillan), 2005, p. 151.

(6)　Riga Summit Declaration, Press Release (2006) 150, 29 November 2006, para.

23 ; Joris Janssen, "NRF on track full capability but its purpose remains a matter of debate," *International Defense Review,* 1 January 2005（電子版）.

(7)　Jens Ringsmose, "Taking Stock of NATO's Response Force," *Research Paper,* NATO Defense College, Roma, No. 54, January 2010, pp. 6-7.

(8)　Statement by the NATO Defence Ministers on the Readiness Action Plan, Press Release (2015) 027, 5 Feb. 2015.〈https://www.nato.int/cps/ua/natohq/official_texts_117222.htm〉

(9)　Ringsmose & Rynning, *op. cit.,* pp. 5-6 ; NATO Force Integration Unit (NFIU) Fact Sheet.〈http://www.jfcbs.nato.int/page5725819/nato- force- integration-units/nato-force-integration-units-fact-sheet〉

(10)　Warsaw Summit Communique, Press Release (2016) 100, 9 Jul. 2016, para 40.〈http://www.nato.int/cps/en/natohq/official_texts_133169.htm〉

(11)　Founding Act on Mutual Relations, Cooperation and Security between NATO and the Russian Federation signed in Paris, France, 27 May 1997 : IV. Political-Military Matters.〈http://www.nato.int/cps/en/natohq/official_texts_25468.htm〉

(12)　エストニアの戦闘群はイギリスが主導国，ラトビアの戦闘群はカナダが主導国，リトアニアの戦闘群はドイツが主導国，ポーランドの戦闘群はアメリカが主導国。Nicholas Fiorenza, "NATO declares enhanced Forward Presence battlegroups fully operational," *Jane's Defence Weekly,* 04-Sep-2017（電子版）.

(13)　David A. Shlapak and Michael W. Johnson, "Reinforcing Deterrence on NATO's Eastern Flank : Wargaming the Defense of the Baltics," RAND Corporation, 2016, pp. 4-6.

(14)　Martin Zapfe, "Deterrence from the Ground Up : Understanding NATO's Enhanced Forward Presence," *Survival,* 5 : 3（2017）, p. 148.

(15)　Supreme Headquarter Allied Powers Europe, Exercises & Training.〈https://www.shape.nato.int/exercises〉

(16)　以下の NATO 司令部や NATO 加盟国による演習データについては，*The Military Balance : The Annual Assessment of Global Military Capabilities and Defence economics,* The International Institute of Strategic Studies の2011年版から2017年版の Chapter 10 Country comparisons-commitments, force levels and economics に収録されている Selected Training Activity, Europe をもとに，NATO の連合軍司令部ホームページ参照（ACO MILITARY TRAINING AND EXERCISE PROGRAMME 2010, 2011, 2012, Key NATO and Allied Multinational exercises in 2015, 2016）。

⑰　ロシアの演習データについては以下を参照。Lukasz Kulesa, "Toward a New Equilibrium: Minimizing the risks of NATO and Russia's new military postures," European Leadership Network, February 2016, pp. 42-44; Ian Brzezinski and Nicholas Varangis, "The NATO-Russia Exercise Gap⋯ Then, Now, & 2017," Atlantic Council 25 October 2016. 〈http://www.atlanticcouncil.org/blogs/nato source/the-nato-russia-exercise-gap-then-now-2017〉

⑱　2011年に OSCE で交わされたウィーン文書では，72時間未満の部隊の演習と，部隊への事前通知なしに実施される演習については，事前通告の例外としている。Vienna Document 2011 on Confidence and Security-Building Measures, FSC. DOC/1/11, V. Prior Notification of Certain Military Activities (41), 30 Nov 2011, p. 21.

⑲　Tomasz K. Kowalik and Dominik P. Jankowski, "The dangerous tool of Russian military exercises," 09 May 2017. 〈http://cepa.org/EuropesEdge/The-dangerous-tool-of-Russian-military-exercises〉

⑳　NATO Deputy Secretary General discusses risk reduction and military transparency at OSCE conference, 3 Oct. 2016. 〈http://nato.int/cps/ic/natohq/news_135531.htm〉

㉑　Glenn Kessler, "Trump's claim that the U.S. pays the 'lion's share' for NATO," *The Washington Post*, March 30, 2016.

㉒　Alexander Lanoszka, "Do Allies Really Free Ride?" *Survival*, Vol. 5, No. 3, June/July 2015, pp. 133-134.

㉓　NATO Information on defence expenditures. 〈https://www.nato.int/cps/en/natohq/topics_49198.htm.〉

㉔　Sten Rynning, "NATO Must Put Its Money Where Its Mouth Is.," Strategic Europe, 2 June 2015. 〈https://carnegieeurope.eu/strategiceurope/60271?fbclid=IwAR2IVximFI_A3OoR-TyXI4m2fEYv3pzC6-5Zrn7z8RebARastHahGzPesw4〉

㉕　NATO HQ, "Defense Ministers Meetings," Press Briefing by James Appathurai, 8 June 2006. 〈https://www.nato.int/docu/speech/2006/s060608m.htm.〉

㉖　NATO, "Wales Summit Declaration," 5 September 2014. 〈https://www.nato.int/cps/en/natohq/official_texts_112964.htm?mode=pressrelease.〉

㉗　NATO, "Warsaw Summit Communiquē," 9 July 2016. 〈https://www.nato.int/cps/en/natohq/official_texts_133169.htm?selectedLocale=en.〉

㉘　Joseph Dobbs, "A New Approach to Transatlantic Burden-sharing," *ELN Issue Brief*, September 2017, pp. 4-5.

⑵⑼　OECD, Development finance data.〈https://www2.compareyourcountry.org/oda?cr=oecd&lg=en.〉

⑶⑼　Peter Viggo Jakobsen and Jens Ringsmose, "Burden-sharing in NATO The Trump effect won't last," *Norwegian Institute of International Affairs*, 29 November 2017, p. 2.

⑶⑴　2014〜18年の任務は以下のとおり。Operation Joint Guardian（コソボ，1999年から），Operation Active Endeavour（地中海，2001年から2015年まで），ISAF（アフガン，2003年から2014年まで），Baltic Air Policing（バルト三国，2004から），Icelandic Air Policing（アイスランド，2008年から），Operation Ocean Shield（ソマリア沖，2009年から），Operation Active Fence（トルコ，2012年から），Resolute Support Mission（アフガン，2015年から），Operation Sea Guardian（地中海，2016年から），Enhanced Forward Presence（バルト三国，ポーランド，2017年から）。

⑶⑵　ヨーロッパ加盟国中，内陸国（ルクセンブルク，チェコ，スロバキア，ハンガリー，スロベニア）については，任務総数から，海軍主体の任務・演習を差し引いた（Active Endeavour, Ocean Shield, Sea Guardianの3つ）。

⑶⑶　本図作成にあたっては清水隆氏（陸上自衛隊）の協力を得た。ここに記して謝意を表したい。

⑶⑷　今回使用したのは，ヨーロッパ加盟国22カ国中，クリミア併合の2014年以降に刊行された英語で入手可能な15カ国の戦略関係文書である。各文書の英語版タイトルは以下のとおり。*National Security Strategy and Strategic Defence and Security Review 2015*［イギリス］；*White Paper on German Security Policy and the Future of the Bundeswehr 2016*［ドイツ］；*Setting the course for Norwegian foreign and security policy*［ノルウェー］；*Foreign and Security Policy Strategy 2017-2018*［デンマーク］；*White Paper for International Security and Defence 2015*［イタリア］；*National Security Strategy 2017*［スペイン］；*The Defence Concept of the Republic of Poland*［ポーランド］；*National Security Concept of Estonia*［エストニア］；*National Security Concept of the Repubilc of Latvia 2016*［ラトビア］；*Security Strategy of the Czech Republic 2015*［チェコ］；*The White Paper on Lithuanian Defence Policy 2017*［リトアニア］；*White Paper on Defence of the Slovak Republic-2016*［スロバキア］；*Strategic Defence Review 2016: Increasing Slovenia's Defence Capability*［スロベニア］；*National Security Strategy 2015-2019*［ルーマニア］；*Programme for the Development of the Defence Capabilities of the Bulgarian Armed Forces 2020*［ブルガリア］。

(35)　*The White Paper on Lithuanian Defence Policy*, 2017, pp. 7-9.

(36)　*National Security Concept of the Repubilc of Latvia 2016*, pp. 3-5.

(37)　*National Security Strategy and Strategic Defence and Security Review 2015*, pp. 15-18.

(38)　*White Paper on German Security Policy and the Future of the Bundeswehr 2016*, pp. 34-42.

(39)　*National Security Strategy 2017*, pp. 58-60, 72.

(40)　*Strategic Defence Review 2016 : Increasing Slovenia's Defence Capability*, p. 4.

(41)　*Programme for the Development of the Defence Capabilities of the Bulgarian Armed Forces 2020*, 2018, pp. 1-2; *National Security Strategy 2015-2019*, p. 14.

(42)　Active Engagement, Modern Defence : Strategic Concept, 19 Nov. 2010, para. 7.

（広瀬佳一）

ヨーロッパ安全保障関連資料

1. 北大西洋条約

[条約締結地] ワシントンＤＣ
[年月日] 1949年4月4日作成, 1949年8月24日発効

前　文

　この条約の締約国は, 国際連合憲章の目的及び原則に対する信念並びにすべての国民及び政府とともに平和のうちに生きようとする願望を再確認する。

　締約国は, 民主主義の諸原則, 個人の自由及び法の支配の上に築かれたその国民の自由, 共同の遺産及び文明を擁護する決意を有する。

　締約国は, 北大西洋地域における安定及び福祉の助長に努力する。

　締約国は, 集団的防衛並びに平和及び安全の維持のためにその努力を結集する決意を有する。

　よつて, 締約国は, この北大西洋条約を協定する。

第1条　締約国は国際連合憲章に定めるところに従い, それぞれが関係することのある国際紛争を平和的手段によつて, 国際の平和及び安全並びに正義を危うくしないように解決し, 並びに, それぞれの国際関係において, 武力による威嚇又は武力の行使を, 国際連合の目的と両立しないいかなる方法によるものも慎むことを約束する。

第2条　締約国は, その自由な諸制度を強化することにより, これらの制度の基礎をなす原則の理解を促進することにより, 並びに安定及び福祉の条件を助長することによつて, 平和的かつ友好的な国際関係の一層の発展に貢献する。締約国は, その国際経済政策における食違いを除くことに努め, また, いずれかの又はすべての締約国の間の経済的協力を促進する。

第3条　締約国は, この条約の目的を一層有効に達成するために, 単独に及び共同して, 継続的かつ効果的な自助及び相互援助により, 武力攻撃に抵抗する個別的の及び集団的の能力を維持し発展させる。

第4条　締約国は, いずれかの締約国の領土保全, 政治的独立又は安全が脅かされているといずれかの締約国が認めたときはいつでも, 協議する。

第5条　締約国は, ヨーロッパ又は北アメリカにおける1又は2以上の締約国に対する武力攻撃を全締約国に対する攻撃とみなすことに同意する。したがつて, 締約国は, そのような武力攻撃が行われたときは, 各締約国が, 国際連合憲章第51条の規定によつて認められている個別的又は集団的自衛権を行使して, 北大西洋地域の安全を回復

し及び維持するためにその必要と認める行動（兵力の使用を含む。）を個別的に及び他の締約国と共同して直ちに執ることにより，その攻撃を受けた締約国を援助することに同意する。

前記の武力攻撃及びその結果として執つたすべての措置は，直ちに安全保障理事会に報告しなければならない。その措置は，安全保障理事会が国際の平和及び安全を回復し及び維持するために必要な措置を執つたときは，終止しなければならない。

第6条　第5条の規定の適用上，1又は2以上の締約国に対する武力攻撃とは，次のものに対する武力攻撃を含むものとみなす。

（i）　ヨーロッパ若しくは北アメリカにおけるいずれかの締約国の領域，フランス領アルジェリアの諸県，トルコの領土又は北回帰線以北の北大西洋地域におけるいずれかの締約国の管轄下にある島

（ii）　いずれかの締約国の軍隊，船舶又は航空機で，前記の地域，いずれかの締約国の占領軍が条約の効力発生の日に駐とんしていたヨーロッパの他の地域，地中海若しくは北回帰線以北の北大西洋地域又はそれらの上空にあるもの

第7条　この条約は，国際連合の加盟国たる締約国の憲章に基づく権利及び義務又は国際の平和及び安全を維持する安全保障理事会の主要な責任に対しては，どのような影響も及ぼすものではなく，また，及ぼすものと解釈してはならない。

第8条　各締約国は，自国と他のいずれかの締約国又はいずれかの第三国との間の現行のいかなる国際約束もこの条約の規定に抵触しないことを宣言し，及びこの条約の規定に抵触するいかなる国際約束をも締結しないことを約束する。

第9条　締約国は，この条約の実施に関する事項を審議するため，各締約国の代表が参加する理事会を設置する。理事会は，いつでもすみやかに会合することができるように組織されなければならない。理事会は，必要な補助機関を設置し，特に，第3条及び第5条の規定の実施に関する措置を勧告する防衛委員会を直ちに設置する。

第10条　締約国は，この条約の原則を促進し，かつ，北大西洋地域の安全に貢献する地位にある他のヨーロッパの国に対し，この条約に加入するよう全員一致の合意により招請することができる。このようにして招請された国は，その加入書をアメリカ合衆国政府に寄託することによつてこの条約の締約国となることができる。アメリカ合衆国政府は，その加入書の寄託を各締約国に通報する。

第11条　締約国は，各自の憲法上の手続に従つて，この条約を批准し，その規定を実施しなければならない。批准書は，できる限りすみやかにアメリカ合衆国政府に寄託するものとし，同政府は，その寄託を他のすべての署名国に通告する。この条約は，ベルギー，カナダ，フランス，ルクセンブルグ，オランダ，連合王国及び合衆国の批准書を含む署名国の過半数の批准書が寄託された時に，この条約を批准した国の間で効

力を生じ，その他の国については，その批准書の寄託の日に効力を生ずる。

第12条　締約国は，この条約が10年間効力を存続した後に又はその後いつでも，いずれかの締約国の要請があつたときは，その時に北大西洋地域の平和及び安全に影響を及ぼしている諸要素（国際連合憲章に基づく国際の平和及び安全の維持のための世界的及び地域的取極の発展を含む。）とを考慮して，この条約を再検討するために協議するものとする。

第13条　締約国は，この条約が20年間効力を存続した後は，アメリカ合衆国政府に対し廃棄通告を行つてから１年後に締約国であることを終止することができる。アメリカ合衆国は，各廃棄通告の寄託を他の締約国政府に通知する。

第14条　この条約は，英語及びフランス語の本文をともに正文とし，アメリカ合衆国政府の記録に寄託する。この条約の認証謄本は，同政府により他の署名国政府に送付される。

以上の証拠として，下名の全権委員は，この条約に署名した。

1949年４月４日にワシントンで作成した。

（出所）　データベース「世界と日本」（代表：田中明彦）
　　　　　日本政治・国際関係データベース
　　　　　政策研究大学院大学・東京大学東洋文化研究所

2. ヨーロッパの地域機構 (2019年)

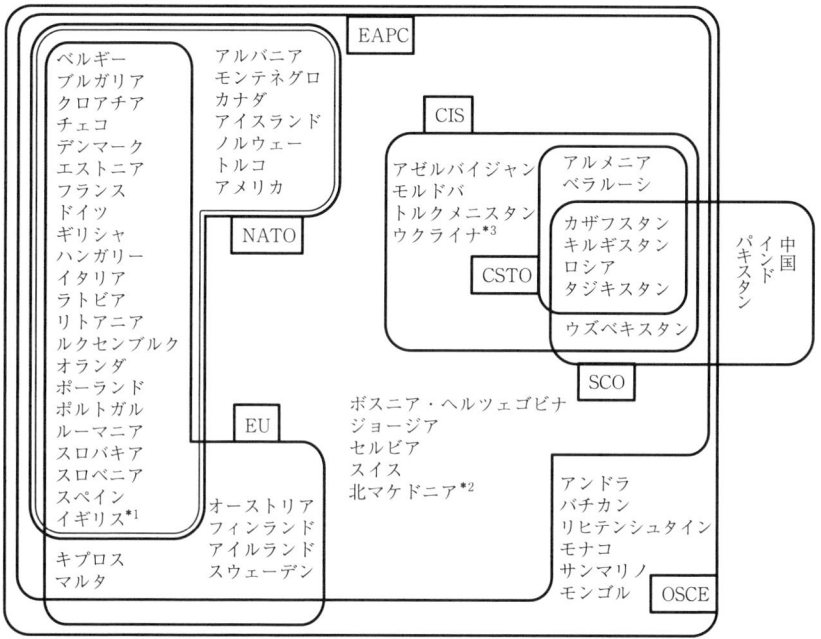

EAPC：欧州大西洋パートナーシップ理事会	CIS：独立国家共同体	
CSTO：集団安全保障条約機構	SCO：上海協力機構	
OSCE：欧州安全保障協力機構		

＊1　EU脱退交渉中
＊2　2020年にNATO加盟予定
＊3　2014年に脱退を宣言

3. 歴代の NATO 事務総長・最高司令官

■NATO 事務総長 (Secretary General of NATO)

氏　　名		在任期間	国籍	主要閣僚歴
Hastings Ismay	ヘイスティングス・イズメイ	1952-1957	イギリス	英連邦関係相(1951-1952)
Paul-Henri Spaak	ポール＝アンリ・スパーク	1957-1961	ベルギー	首相(1938-1939, 　　1946,1947-1949) 外相(1936-1949,1954- 　　1958,1961-1966)

Dirk Stikker	ディルク・スティッケル	1961-1964	オランダ	外相(1948-1952)
Manlio Brosio	マンリオ・ブロージオ	1964-1971	イタリア	国防相(1945-1946)
Joseph Luns	ジョセフ・ルンス	1971-1984	オランダ	外相(1952-1971)
Peter Carrington	ピーター・キャリントン	1984-1988	イギリス	国防相(1970-1974) エネルギー相(1974) 外相(1979-1982)
Manfred Wörner	マンフレート・ヴェルナー	1988-1994	ドイツ	国防相(1982-1988)
Willy Claes	ウィリー・クラース	1994-1995	ベルギー	外相(1992-1994)
Javier Solana	ハビエル・ソラーナ	1995-1999	スペイン	外相(1992-1995)
George Robertson	ジョージ・ロバートソン	1999-2003	イギリス	国防相(1997-1999)
Jaap de Hoop Scheffer	ヤープ・デ・ホープ・スヘッフェル	2004-2009	オランダ	外相(2002-2003)
Anders Fogh Rasmussen	アナス・フォー・ラスムセン	2009-2014	デンマーク	首相(2001-2009)
Jens Stoltenberg	イェンス・ストルテンベルグ	2014-	ノルウェー	首相(2000-2001, 2005-2013)

■欧州連合軍最高司令官（Supreme Allied Commander Europe：SACEUR）

氏　名		在任期間	軍種・階級	その他
Dwight Eisenhower	ドワイト・アイゼンハワー	1951-1952	陸軍元帥	米陸軍参謀総長(1945-1948) 第34代大統領(1953-1961)
Matthew Ridgway	マシュー・リッジウェイ	1952-1953	陸軍大将	連合国軍最高司令官（GHQ） (1951-1952) 米陸軍参謀総長(1953-1955)
Alfred Gruenther	アルフレッド・グランサー	1953-1956	陸軍大将	
Lauris Norstad	ローリス・ノースタッド	1956-1963	空軍大将	
Lyman Lemnitzer	ライマン・レムニツァー	1963-1969	陸軍大将	米陸軍参謀総長(1959-1960) 米統合参謀本部議長(1960-1962)
Andrew Goodpaster	アンドリュー・グッドパスター	1969-1974	陸軍大将	
Alexander Haig, Jr.	アレクサンダー・ヘイグ	1974-1979	陸軍大将	大統領首席補佐官(1973-1974) 国防長官(1981-1982)
Bernard Rogers	バーナード・ロジャース	1979-1987	陸軍大将	米陸軍参謀総長(1976-1979)
John Galvin	ジョン・ガルビン	1987-1992	陸軍大将	米南方軍司令官(1985-1987)
John Shalikashvili	ジョン・シャリカシュヴィリ	1992-1993	陸軍大将	米統合参謀本部議長(1993-1997)
George Joulwan	ジョージ・ジョルワン	1993-1997	陸軍大将	米南方軍司令官(1991-1993)
Wesley Clark	ウェズリー・クラーク	1997-2000	陸軍大将	米南方軍司令官(1996-1997)
Joseph Ralston	ジョセフ・ラルストン	2000-2003	空軍大将	米統合参謀本部副議長(1996-2000)

James Jones	ジェームス・ジョーンズ	2003-2006	海兵隊大将	国家安全保障担当補佐官 (2009-2010)
John Craddock	ジョン・クラドック	2006-2009	陸軍大将	米南方軍司令官 (2004-2006)
James Stavridis	ジェームス・スタヴリディス	2009-2013	海軍大将	米南方軍司令官 (2006-2009)
Philip M. Breedlove	フィリップ・ブリードラブ	2013-2016	空軍大将	米空軍副参謀長 (2011-2012)
Curtis M. Scaparrotti	カーティス・スカパロッティ	2016-2019	陸軍大将	在韓米軍司令官 (2013-2016)
Ted D. Walters	テッド・ウォルターズ	2019-	空軍大将	在欧米空軍司令官 (2016-2019)

■大西洋連合軍/変革連合軍最高司令官
（Supreme Allied Commander Atlantic/Transformation：SACLANT/SACT）

氏　名		在任期間	国籍	階級
Lynde McCormick	リンド・マックコーミック	1952-1954	米国	海軍大将
Jerauld Wright	ジェラウド・ライト	1954-1960	米国	海軍大将
Robert Dennison	ロバート・デニソン	1960-1963	米国	海軍大将
Harold Page Smith	ヘラルド・ページ・スミス	1963-1965	米国	海軍大将
Thomas Moorer	トーマス・モーナー	1965-1967	米国	海軍大将
Ephraim Holmes	エフライム・ホームズ	1967-1970	米国	海軍大将
Charles Duncan	チャールズ・ダンカン	1970-1972	米国	海軍大将
Ralph Cousins	ラルフ・カズンズ	1972-1975	米国	海軍大将
Isaac Kidd Jr.	イサック・キッド	1975-1978	米国	海軍大将
Harry Train Ⅱ	ハリー・トレイン	1978-1982	米国	海軍大将
Wesley McDonald	ウェズリー・マクドナルド	1982-1985	米国	海軍大将
Lee Baggett Jr.	リー・バジェット	1985-1988	米国	海軍大将
Frank Kelso Ⅱ	フランク・ケルソー	1988-1990	米国	海軍大将
Leon Edney	レオン・エドニー	1990-1992	米国	海軍大将
Paul Miller	ポール・ミラー	1992-1994	米国	海軍大将
John Sheehan	ジョン・シーハン	1994-1997	米国	海兵隊大将
Harold Gehman, Jr.	ハロルド・ゲーマン	1997-2000	米国	海軍大将
William Kernan	ウィリアム・ケルナン	2000-2002	米国	陸軍大将
Edmund Giambastiani Jr.	エドモンド・ジャンバスティアーニ	2002-2003	米国	海軍大将
※2002年のNATOプラハ首脳会議の決定により，大西洋連合軍は変革連合軍に改組され，その結果，大西洋連合軍最高司令官（SACLANT）は2003年6月より変革連合軍最高司令官（SACT）となった。				
Edmund Giambastiani Jr.	エドモンド・ジャンバスティアーニ	2003-2005	米国	海軍大将
Lance Smith	ランス・スミス	2005-2007	米国	空軍大将

James Mattis	ジェームス・マティス	2007-2009	米国	海兵隊大将
Stéphane Abrial	ステファン・アブリアル	2009-2012	フランス	空軍大将
Jean-Paul Paloméros	ジャン=ポール・パロメロ	2012-2015	フランス	空軍大将
Denis Mercier	ドゥニ・メルシエ	2015-2018	フランス	空軍大将
Andre Lanata	アンドレ・ラナタ	2018-	フランス	空軍大将

4. 歴代の欧州連合各機関代表

■EU（EC／EEC）委員長（氏名・在任期間・国籍）

EEC 委員長

Walter Hallstein	ヴァルター・ハルシュタイン	1958-1967	西ドイツ

EC 委員長

Jean Rey	ジャン・レイ	1967-1970	ベルギー
Franco Maria Malfatti	フランコ・マリア・マルファッティ	1970-1972	イタリア
Sicco Mansholt	シッコ・マンスホルト	1972-1973	オランダ
François-Xavier Ortoli	フランソワ=グザヴィエ・オルトリ	1973-1977	フランス
Roy Jenkins	ロイ・ジェンキンス	1977-1981	イギリス
Gaston Thorn	ガストン・トルン	1981-1985	ルクセンブルク
Jacques Delors	ジャック・ドロール	1985-1993	フランス

欧州委員会委員長

Jacques Delors	ジャック・ドロール	1993-1995	フランス
Jacques Santer	ジャック・サンテール	1995-1999	ルクセンブルク
Romano Prodi	ロマーノ・プローディ	1999-2004	イタリア
José Manuel Barroso	ジョゼ・マヌエル・バローゾ	2004-2014	ポルトガル
Jean-Claude Juncker	ジャン=クロード・ユンケル	2014-2019	ルクセンブルク
Ursula von der Leyen	ウルズラ・フォンデアライエン	2019-	ドイツ

■欧州理事会常任議長（氏名・在任期間・国籍）

Herman Van Rompuy	ヘルマン・ファン・ロンパウ	2009-2014	ベルギー
Donald Tusk	ドナルド・トゥスク	2014-2019	ポーランド
Charles Michel	シャルル・ミシェル	2019-	ベルギー

■EU 外務・安全保障政策上級代表（氏名・在任期間・国籍）

Javier Solana	ハビエル・ソラーナ	1999-2009	スペイン
Catherine Ashton	キャサリン・アシュトン	2009-2014	イギリス
Federica Mogherini	フェデリカ・モゲリーニ	2014-2019	イタリア
Josep Borrell	ジョセップ・ボレル	2019-	スペイン

■EU 軍事委員会委員長（氏名・在任期間・国籍・階級）

Gustav Hägglund	グスタフ・ハッグルンド	2001-2004	フィンランド	陸軍大将
Rolando Mosca Moschini	ロランド・モスカ・モスキーニ	2004-2006	イタリア	陸軍大将
Henri Bentégeat	アンリ・ボンテジャー	2006-2009	フランス	陸軍大将
Håkan Syrén	ホーカン・スィリン	2009-2012	スウェーデン	海軍大将
Patrick de Rousiers	パトリック・ドゥ・ルージェ	2012-2015	フランス	空軍大将
Michail Kostarakos	ミハイル・コスタラコス	2015-2018	ギリシャ	陸軍大将
Claudio Graziano	クラウディオ・グラツィアーノ	2018-	イタリア	陸軍大将

5. 歴代の欧州安全保障協力機構（OSCE）事務総長

氏　名		在任期間	国籍
Wilhelm Höynck	ヴィルヘルム・ヘインク	1993-1996	ドイツ
Giancarlo Aragona	ジャンカルロ・アラゴーナ	1996-1999	イタリア
Ján Kubiš	ヤン・クービッシュ	1999-2005	スロバキア
Marc Perrin de Brichambaut	マルク・ペラン・ド・ブリシャンボー	2005-2011	フランス
Lamberto Zannier	ランベルト・ザニエル	2011-2017	イタリア
Thomas Greminger	トーマス・グレミンガー	2017-	スイス

6. ヨーロッパ安全保障主要年表

年	月	出来事
1947	3	アメリカ，ギリシャとトルコへの軍事援助決定（トルーマン・ドクトリン）
	6	アメリカ，全ヨーロッパへの経済援助計画発表（マーシャル・プラン）
1948	2	チェコスロヴァキアの共産党，クーデタにより政権奪取
	3	ベルギー，フランス，ルクセンブルク，オランダ，イギリス，ブリュッセル条約（西方同盟）調印
	6	ベルリン封鎖はじまる
	7	北大西洋防衛の設立を巡る議論をブリュッセル条約加盟国とアメリカ，カナダが開始
	11	軍事同盟参加の条件などを定めたヴァンデンバーグ決議，米上院で採択
	12	北大西洋条約をめぐる交渉開始（ワシントン）
1949	4	北大西洋条約調印（ベルギー，カナダ，デンマーク，フランス，アイスランド，イタリア，ルクセンブルグ，オランダ，ノルウェー，ポルトガル，イギリス，アメリカ）
	5	ベルリン封鎖，解除される
	8	北大西洋条約発効
	10	トルーマン米大統領が相互防衛援助法に署名
1950	6	朝鮮戦争勃発
	12	アイゼンハワー元帥（米）が初代 NATO 欧州連合軍最高司令官（SACEUR）に就任
	12	ブリュッセル条約加盟国，西方同盟防衛機構（WUDO）を NATO の欧州連合軍最高司令部（SHAPE）へ統合することに同意
1951	4	NATO の欧州連合軍最高司令部（SHAPE），パリ近郊で運用開始
	4	欧州石炭鉄鋼共同体（ECSC）条約調印
1952	2	ギリシャ，トルコ，NATO 加盟
	3	イズメイ卿（英）が NATO の初代事務総長に就任
1954	10	西ドイツ，パリ協定により主権回復
1955	5	西ドイツ，NATO 加盟
	5	ブリュッセル条約加盟国，西ドイツ，イタリアが西欧同盟条約に調印し，西方同盟は西欧同盟となる
	5	ワルシャワ条約機構成立（アルバニア，ブルガリア，チェコスロヴァキア，東ドイツ，ハンガリーポーランド，ルーマニア，ソ連）
1956	10	ハンガリーで自由化を求める運動発生（ハンガリー動乱）
	10	ソ連，人工衛星スプートニク打ち上げに成功（スプートニク・ショック）
1957	3	ローマ条約（欧州経済共同体および欧州原子力共同体を設立する条約）調印
1961	8	東ドイツ政府，「ベルリンの壁」の建設開始
1966	3	ドゴール大統領（仏），フランスの NATO 統合軍事機構からの脱退を公式表明

	12	NATO の防衛計画委員会（DPC）が，核防衛問題委員会（NDAC）と核計画グループ（NPG）を設立
1967	3	NATO の欧州連合軍最高司令部（SHAPE），パリからモンス（ベルギー）に移転
	7	ECSC, EEC, EAEC の執行機関融合条約発効により EC（欧州共同体）誕生
	10	NATO の新しい本部，ブリュッセルに移転
	12	北大西洋理事会，同盟の将来に関する「アルメル報告」採択
	12	NATO の防衛計画委員会（DPC）が柔軟反応戦略を承認
1968	1	チェコスロヴァキアで自由化運動「プラハの春」（8月に弾圧）
1973	1	イギリス，アイルランド，デンマークが EC 加盟
	7	ヘルシンキにおいて CSCE（欧州安全保障協力会議）開催
1974	4	ギリシャにおいて軍事クーデタ発生
	8	ギリシャ，NATO の統合軍事機構から脱退
1975	8	CSCE 首脳会議（ヘルシンキ），最終議定書を採択
1979	12	NATO，中距離核戦力（INF）に関する「二重決定」発表
	12	ソ連，アフガニスタン侵攻
1980	10	ギリシャ，NATO の統合軍事機構へ復帰
1981	1	ギリシャ，EC 加盟
	12	ポーランド，戒厳令発布により自由労組「連帯」運動弾圧
1982	5	スペイン，NATO 加盟（ただし統合軍事機構参加は1999年）
1985	3	ソ連，ゴルバチョフ書記長就任
1986	1	スペイン，ポルトガルが EC 加盟
	4	ソ連でチェルノブイリ原発事故発生
1987	12	米ソ，中距離核戦力（INF）条約調印
1989	5	ソ連軍，アフガニスタンから撤退
	9	ハンガリー，東ドイツ市民に対し西部国境を開放
	11	「ベルリンの壁」崩壊
1990	7	NATO 首脳会議，同盟の変革に関するロンドン宣言発表
	8	イラク，クウェートへ侵攻
	10	ドイツ統一
	11	NATO 加盟国，ワルシャワ条約加盟国，ヨーロッパ通常戦力条約（CFE）に調印
1991	1	NATO，トルコ南東に防空部隊展開（～3月）
	1	米主導の多国籍軍，「砂漠の嵐（Desert Storm）」作戦開始（湾岸戦争～3月）
	7	ワルシャワ条約機構の正式解散
	11	NATO 首脳会議（ローマ）開催，戦略概念発表
	11	欧州理事会（マーストリヒト），「共通外交・安全保障政策（CFSP）」の条項を含む EU 条約を承認
	12	北大西洋協力理事会（NACC），初会合

	12	ソ連邦解体
1992	2	ユーゴ紛争への対応として国連保護軍（UNPROFOR）創設
	6	NATO 外相会議（オスロ）開催，CSCE の責任のもと，NATO が平和維持活動を支援すると発表
	6	WEU 加盟国の外相・国防相会議開催（ボン近郊のペータースベルク）
	7	NATO，アドリア海での「海上監視（Maritime Monitor）」作戦開始
	10	NATO，ボスニア・ヘルツェゴビナ上空の飛行禁止空域の監視のための「航空監視（Sky Monitor）」作戦開始
	11	NATO，「海上監視（Maritime Monitor）」作戦終了，「海上警備（Maritime Guard）」作戦開始
	12	NATO 外相会議，CSCE ないし国連安保理の委任のもとでの平和維持活動支援に合意
1993	4	NATO，ボスニア・ヘルツェゴビナ上空の飛行禁止空域の強制的実施のための「飛行禁止（Deny Flight）」作戦開始（〜95年12月）
	8	北大西洋理事会は，ボスニア・ヘルツェゴビナにおける国連安保理の権限下での空爆計画を承認
1994	1	NATO 首脳会議（ブリュッセル），PfP, CJTF 概念を承認
	2	ボスニア・ヘルツェゴビナ上空の飛行禁止空域へ侵入した航空機を NATO が撃墜（NATO 史上初の武力行使）
	12	CSCE を OSCE（欧州安全保障協力機構）に改組
	12	NATO，「地中海対話（Mediterranean Dialogue）」開始
1995	1	オーストリア，フィンランド，スウェーデンが EU 加盟
	8	NATO，ボスニアでの空爆「デリバレート・フォース（Deliberate Force）」作戦開始
	11	ボスニア紛争の停戦合意がデイトンのライト・パターソン米空軍基地で成立
	12	北大西洋理事会，「ジョイント・エンデバー（Joint Endevour）」作戦を承認し，6万人の部隊のボスニア派遣に同意
	12	ボスニアの和平合意，パリにて調印
	12	国連安保理決議のもと，NATO，ボスニアに IFOR（和平履行部隊）展開
1996	12	SFOR（安定化部隊）が結成され，IFOR を継承
1997	5	NATO ロシア基本議定書調印，NATO・ロシア常設合同理事会（PJC）設立
	5	NACC, EAPC（欧州大西洋パートナーシップ理事会）に改組
1998	12	英仏首脳会議（仏・サン・マロ），欧州防衛に関するサン・マロ合意を発表
1999	1	単一通貨「ユーロ」導入
	1	スペイン，NATO 統合軍事機構へ参加
	3	チェコ，ハンガリー，ポーランド，NATO 加盟
	3	NATO，コソボ紛争に対する「アライド・フォース（Allired Force）」作戦開始（〜6月）
	3	NATO 首脳会議（ワシントン），新戦略概念発表，また防衛能力イニシアティブ（DCI）と NATO 加盟行動計画（MAP）を承認
	6	KFOR（コソボ治安維持部隊）をコソボに展開
	12	欧州理事会開催（ヘルシンキ），EU は，ペータースベルク任務を実施するための欧州

		緊急展開部隊（RRF）創設を発表
2001	8	NATO，マケドニアで武装解除のための「エッセンシャル・ハーヴェスト（Essential Harvest）」作戦開始（～9月）
	9	アメリカにおいて同時多発テロ発生
	9	NATO，マケドニアで「アンバー・フォックス（Amber Fox）」作戦開始（～2002年12月）
	10	北大西洋理事会，アメリカの同時多発テロに関して，史上初の北大西洋条約第5条発動を確認
	10	NATO，アメリカ支援のための8項目の個別的または集団的措置に同意
	10	アメリカ，「不朽の自由（Enduring Freedom）作戦」開始
	10	NATO，アメリカ本土上空を監視する「イーグル・アシスト（Eagle Assist）」作戦開始（～2002年5月）
	10	NATO，東地中海の海域を監視する「アクティブ・エンデバー（Active Endeavour）」作戦開始
	12	NATO，「テロに対するNATOの対応（NATO's Response to Terrorism）」を発表
	12	G8のボン合意によりアフガニスタンにISAF（国際治安支援部隊）設立
2002	5	北大西洋理事会（レイキャヴィク），NATO任務における地理的制約を実質的に削除
	5	NATO・ロシア常設合同理事会に代わり，NATO・ロシア理事会（NRC）設立
	11	NATO首脳会議（プラハ），プラハ能力コミットメント（PCC），NATO即応部隊（NRF），対テロ・イニシアチブについて合意
	12	NATO，マケドニアの「アライド・ハーモニー（Allied Harmony）」作戦，「アンバー・フォックス」作戦を継承
2003	2	イラク戦争勃発に備えるトルコ防衛計画をめぐり北大西洋理事会が決裂し，防衛計画委員会（DPC）にて承認
	2	NATO，トルコ防衛のための「ディスプレイ・デターランス（Display Deterrence）」作戦開始（～4月）
	3	EU＝NATO間での「ベルリン・プラス」，最終合意
	3	米主導の多国籍軍，「イラクの自由作戦（Operation Iraqi Freedom）」開始（イラク戦争）
	3	「アライド・ハーモニー」作戦をEUが引き継ぎ，「コンコルディア（Concordia）」作戦開始（～12月）
	5	アメリカ，イラクにおける主要戦闘作戦の終了を宣言
	6	NATOの大西洋連合軍（SACLANT）が閉鎖され，変革連合軍（ACT）設立
	8	NATOがISAFの指揮権継承
	9	NATOの欧州連合軍（ACE）が閉鎖され，作戦連合軍（ACO）設立
	12	欧州理事会，「欧州安全保障戦略（ESS）」採択
2004	3	マドリッドにて列車爆破テロ
	3	NATO，「アクティブ・エンデバー（Active Endeavour）」作戦を地中海全体に拡大
	3	ブルガリア，エストニア，ラトビア，リトアニア，スロヴァキア，スロヴェニア，ルーマニア，NATO加盟
	3	NATO，バルト三国領空警備任務開始

	5	ポーランド，チェコ，スロヴァキア，ハンガリー，スロベニア，エストニア，ラトビア，リトアニアとキプロス，マルタの計10カ国がEU加盟
	6	NATO，イラク治安部隊の訓練任務開始（2011年まで）
	12	EUがEUFOR Althea（欧州連合部隊アルテア作戦）を設立し，ボスニアでのSFORのミッションを継承
	12	EU，欧州防衛機関（EDA）設立
2005	6	NATO，ダルフールのアフリカ連合（AU）ミッションに対して空輸および訓練支援（〜2007年12月）
	7	ロンドンにて同時爆破テロ事件
	9	NATO/NRF，米ハリケーン・カトリーナへの支援
	10	NATO/NRF，パキスタン地震への人道支援
2006	12	NATO首脳会議（リガ），太平洋諸国との域外協力を協議
2007	1	安倍晋三総理，日本の首脳として初めて北大西洋理事会で演説
	1	ブルガリア，ルーマニアがEU加盟
	12	ロシアが欧州通常戦力（CFE）条約の履行を停止
2008	4	NATO首脳会議（ブカレスト），アルバニアとクロアチアの加盟で合意，アフガニスタン復興・安定化に向けた「戦略ビジョン」を採択
	5	NATO加盟国，合同でサイバー防衛センターをエストニアに設置
	8	ジョージア紛争発生，NATO緊急外相会議が「従来の関係維持は不可能」と対ロ警告
	9	NATO，国連との間で事務局間協力に関する共同宣言調印
	11	マケドニア，NATO加盟を妨害しているとしてギリシアを国際司法裁判所に提訴
2009	1	ジョージアとアメリカが「戦略的パートナーシップ宣言」
	2	集団安全保障条約機構（CSTO），合同部隊の創設を決定
	3	フランス国民議会がNATO軍事機構への復帰を承認
	4	アルバニアとクロアチア，NATOに正式加盟（加盟国は28カ国に）
	4	NATO創設60周年記念首脳会議（ストラスブールとケール），フランス，NATO統合軍事機構へ復帰
		ジョージア紛争によって停止していたNATO・ロシア理事会（NRC），再開
	12	EU，リスボン条約発効により欧州安全保障防衛政策（ESDP）に代わって共通安全保障・防衛政策（CSDP）を開始
	12	NATO・ISAF合同外相会議，アフガニスタンへ増派を表明
2010	11	NATO首脳会議（リスボン），新戦略概念を採択，MD構築と対ロ協力を承認，2014年にアフガンの治安権限を現地政府へ移譲決定
2011	3	北大西洋理事会が対リビア軍事作戦「ユニファイド・プロテクター（Unified Protector)」の開始を承認
	6	西欧同盟（WEU）終了（機能はEUのCSDPへ移行）
	10	リビア国民評議会がシルト制圧，内戦終結，「ユニファイド・プロテクター」作戦終了
	12	国際司法裁判所，国名を理由にギリシャがマケドニアのNATO加盟を阻んでいるのは違法と認定する判決
2013	1	NATO，シリア国境近くのトルコ領内にパトリオット・ミサイル配備（2015年まで）

	7	クロアチア，EU 加盟（加盟国は28カ国に）
2014	2	ウクライナ危機
	3	クリミア（およびセヴァストポリ），ロシアに併合
	4	NATO・ロシア理事会（NRC）停止
	9	NATO ウェールズ首脳会議，「即応行動計画（RAP）」および軍事費 GDP 比 2 ％目標の10年以内達成について合意
	12	NATO，ISAF 終了
2015	1	NATO，アフガニスタンにおいて新たに RSM（確固たる支援任務）開始
	11	トルコ，領空侵犯のロシア空軍機撃墜
2016	4	2014年以来，停止していた NATO・ロシア理事会（NRC）再開
	6	英国，国民投票により EU 離脱派が勝利（離脱52％，残留48％）
	7	NATO ワルシャワ首脳会議，バルト三国とポーランドにそれぞれ1個大隊（計 4 個大隊）を配備する「強化された前方展開（EFP）」の実施決定
2017	5	欧州理事会，CSDP の強化を目指す EU グローバル戦略を採択
	6	モンテネグロ，29番目の NATO 加盟国に
	8	NATO の EFP，配備完了
	9	トルコ，ロシアから防空ミサイルシステムS400導入を決定
	12	EU の安全保障防衛政策を強化するための「常設構造化協力（PESCO）」，25カ国で開始
2018	6	ヨーロッパ介入イニシアティブ（E2I）設立
	7	EU と NATO，協力強化のための共同宣言調印
	7	NATO，イラク軍訓練任務を開始
2019	2	アメリカ，INF 破棄をロシアに通告，NATO は INF 破棄を支持
	2	NATO，国名を変更した北マケドニアに対して正式に加盟招致決定（全加盟国の批准後に加盟）
	7	トルコ，ロシアの防空ミサイルシステムS400の配備開始
	8	INF 条約失効

あ と が き

　1989年に「ベルリンの壁」が崩壊してまもなく30年になる。ドイツ統一，ソ連解体を引き起こし，安定した「自由で一体となったヨーロッパ」(G.W. ブッシュ) が遠からず出現するのではないかとされた90年代の楽観的気分は，いまや見る影もない。その間，2001年の「9.11」テロ，2003年のイラク戦争，ロンドン，マドリードやパリでのテロ，2008年のジョージア紛争などが発生し，ヨーロッパ内には亀裂が入り，米欧関係は緊張し，ロシアとの対立も発生した。しかしその都度，ヨーロッパにおいては，冷戦後の協調的な国際秩序を維持しようとする復元力のようなものが働いてきたように思う。しかし，2014年のロシアによるクリミア併合やウクライナ危機は，それまでとは異なり，持続的かつ構造的にヨーロッパの国際関係を揺さぶっている。このヨーロッパ国際関係の不安定化とパワーポリティクスの復活のように見える動きは，ミアシャイマーの予言の，遅れてきた的中とでもいうべきものなのだろうか。それはまた，新たな冷戦への幕開けなのだろうか。

　軍事的安全保障の面からみると，そうした見方を肯定するかのような兆候がある。例えば通常戦力については，1990年に欧州通常戦力削減条約 (CFE) が1年足らずでまとまったが，その後，NATO 拡大により実態にそぐわなくなったものの，それを修正するための合意がないまま，ジョージア紛争，ウクライナ危機により事実上破綻した。1つの兵器カテゴリー全体がゼロとなる画期的な取り決めであり，冷戦終焉にも大きな役割を果たした中距離核戦力 (INF) 全廃条約も，2019年8月に失効した。これは直接にはロシアの合意破りによる INF 開発が原因だが，グローバルにみれば，INF 全廃条約が締約国を米ロの2カ国としているために，中国をはじめイラン，パキスタンなど，INF 開発を推進している国を規制できないという問題に突き当たる。より短い射程の戦術核については，そもそも何の規制もない上，いまや通常戦力が西側に劣

るロシアは核戦力で補う戦略をとっており，戦術核削減の交渉に応ずる気配はない。こうしてみると，現状は90年代の協調的な軍備管理軍縮体制どころか，ほぼ冷戦期に逆戻りしているかのようにみえる。

　とはいえこのことは，2014年以降のヨーロッパが再び冷戦を迎えるということにはならないだろう。ロシアはかつてと異なり，まがりなりにも議会制民主主義と自由主義経済に移行しており，他の国々にとって魅力的な独自の社会モデルを提供しているわけではない。また軍事的パワーについても，通常戦力を中心に冷戦期よりはるかに縮小され，NATO諸国全体の軍事力に対して圧倒的な劣勢にある。このため，軍事面とイデオロギー面での同時並行的な対立をその大きな特徴としていた冷戦とは，ほど遠い状況にあるといえよう。

　また，冷戦期とは違い，NATO，EU，OSCEなどの地域機構が，西欧のみならずヨーロッパ全域の安全保障に影響を及ぼしうるアクターとなっている。たしかに，2014年のウクライナ危機，2015年のヨーロッパ難民危機などにより，NATOやEUの機能や凝集力に問題が生じているのも事実である。NATOは集団防衛から危機管理へと機能を拡大させた結果，加盟国の利害の集約はかえって難しくなった。EUはブレグジット（英国離脱）の影響が読み切れない上，ヨーロッパ各地でのポピュリズムの台頭により，さらなる深化と拡大の調整に手間取っている。このように2014年以降のNATOやEUは，ロシアのむき出しの暴力による現状変更というパワーポリティクスに対して，ヨーロッパの安全保障を支える支柱としての役割を十分に果たせていないようにみえる。しかしそのことは，自立的なヨーロッパ安全保障のありようを模索する上での必要なコストといえるのかもしれない。

　振り返ってみれば，90年代に民族紛争への対処に対してNATOと協力したロシアは，「9.11」以降，対テロでも協力を継続してきた。NATO，EU，OSCEのような地域機構が，ロシアをはじめ周辺国と多様な対話と協力のチャネルを確保し，先鋭化しがちなロシアとの二国間関係を緩和し，狭隘な民族主義やポピュリズムの台頭をおさえて地域的安定を図るといった機能により，ヨーロッパにおける大国間のパワーポリティクス復活に歯止めをかける防波堤となる可能性は決して小さくない。これが1967年のアルメル報告，1975年の

CSCE ヘルシンキ宣言，冷戦後の NATO・ロシア理事会にいたる，歴史の教訓が示すところである。このように考えるとロシアの問題は，当面，注意深い対処が必要であるにせよ，中・長期的には，協調的なヨーロッパ国際関係への復元の可能性を十分に残しているように思われる。

　ところで，2014年以降のヨーロッパ安全保障の危機は，2017年のトランプ政権誕生により増幅されている。このことは，アジアの安全保障に対しても重い意味をもつことになるかもしれない。「世界の警察官」であることをやめたアメリカが，NATO のヨーロッパ加盟国に「公平な負担」を求めたように，アジアの安全保障における日本の役割と貢献に不満を抱く可能性がある。また，力による現状変更が行われた2014年ショックの意味は，周辺に領土問題を抱える日本にとっても重要である。朝鮮半島の基本的構図が変わらず，効果的な多国間安全保障枠組みをもたないアジアにおいては，そもそも冷戦終焉直後に一時的にヨーロッパが享受したユーフォリアさえ欠いており，依然としてパワーポリティクスが支配的な厳しい国際政治の現実が続いている。アメリカが内向きになる中で，アジアの安全保障をどのように運営するのかをめぐっては，2014年以降のヨーロッパと同じ課題を部分的にせよ共有しているといえよう。

　編者は2012年に『冷戦後の NATO』（ミネルヴァ書房）という本の編集にも携わった。この本においては，NATO が危機管理と集団防衛のはざまで揺れている状況を描いて，ヨーロッパの安全保障の行方は決して楽観できないとの見通しを示した。それは決して間違ってはいなかったと思うが，その2年後にロシアによるクリミア併合が勃発するとは思いもよらなかった。こうした現実の展開に，編者は分析の甘さを痛感させられたものの，同時に幾重もの歴史の層の上に築かれてきたヨーロッパ安全保障の重層的構造の重みをも思い知らされた。このことが，新たに若手・中堅の専門家の方々と，冷戦後のヨーロッパ安全保障を俯瞰しつつ，2014年以降の動向の意味を読み解く作業として本書を企画するに至った理由である。

　『冷戦後の NATO』に引きつづき，ヨーロッパの安全保障・国際関係の重要性に理解を示してくださり，出版を後押ししてくださったミネルヴァ書房の梶谷修氏には深く感謝申し上げたい。2014年以降のヨーロッパ安全保障が今後ど

のような展開をみせるのか，そのことはアジアを含めたグローバルな安全保障
にどのような影響を及ぼすのか，本書がそのような問題の理解への鍵となるこ
とを願ってやまない。

　2019年8月

広瀬佳一

人名索引

事項索引

執筆者紹介 （所属，執筆分担，執筆順，＊は編者）

＊広瀬佳一（防衛大学校総合安全保障研究科教授，第1章，第4章，第12章）

篠﨑正郎（航空自衛隊幹部学校戦略教官室教官，第2章）

小川健一（防衛大学校防衛学教育学群准教授，第3章）

小林正英（尚美学園大学総合政策学部准教授，第5章）

湯浅　剛（上智大学外国語学部教授，第6章）

小森宏美（早稲田大学教育・総合科学学術院教授，第7章）

中村健史（筑波大学人文社会系助教，第8章）

今井宏平（日本貿易振興機構アジア経済研究所研究員，第9章）

小泉　悠（東京大学先端科学技術研究センター特任助教，第10章）

東野篤子（筑波大学人文社会系准教授，第11章）

《編著者紹介》

広瀬佳一（ひろせ　よしかず）
　　1960年　生まれ
　　　　　　筑波大学大学院社会科学研究科博士課程満期退学
　　現　在　防衛大学校総合安全保障研究科教授（法学博士）
　　主　著　『国際関係・安全保障用語辞典［第2版］』（編著）ミネルヴァ書房，2017年
　　　　　　『平和構築へのアプローチ』（編著）吉田書店，2013年
　　　　　　『冷戦後のNATO』（編著）ミネルヴァ書房，2012年
　　　　　　『対テロ国際協力の構図』（編著）ミネルヴァ書房，2010年
　　　　　　『ユーラシアの紛争と平和』（編著）明石書店，2008年
　　　　　　『ヨーロッパ国際関係史』（共著）有斐閣，2002年

　　　　　　　　　　現代ヨーロッパの安全保障
　　　　　　　　　──ポスト2014：パワーバランスの構図を読む──

　　2019年11月25日　　初版第1刷発行　　　　　　　　　　　〈検印省略〉

　　　　　　　　　　　　　　　　　　　　　　　定価はカバーに
　　　　　　　　　　　　　　　　　　　　　　　表示しています

　　　　　　　　　編著者　　広　瀬　佳　一
　　　　　　　　　発行者　　杉　田　啓　三
　　　　　　　　　印刷者　　坂　本　喜　杏

　　　発行所　　株式
　　　　　　　　会社　ミネルヴァ書房
　　　　　　607-8494　京都市山科区日ノ岡堤谷町1
　　　　　　　　　　　電話代表　（075）581-5191
　　　　　　　　　　　振替口座　01020-0-8076

　　　　　　　　ISBN 978-4-623-08731-0
　　　　　　　　Printed in Japan